2008年中國大陸地區投資環境與風險調查

蛻變躍升

謀商機

台灣區電機電子工業同業公會　著

台灣區電機電子工業同業公會
2008年中國大陸地區投資環境與風險調查
編審成員名單

理　事　長：焦佑鈞

大陸經貿委員會主任委員：沈尚弘

研　究　顧　問：高孔廉

計畫主持人：呂鴻德

協同主持人：黃銘章

執　行　委　員：王美花、王鉑波、史芳銘、朱雲鵬、吳燦坤、
　　　　　　　　呂榮海、李永然、杜啟堯、邱柏青、洪明洲、
　　　　　　　　范良棟、徐鉦鑑、袁明仁、高　長、張寶誠、
　　　　　　　　陳文義、陳信宏、陳昭義、陳德昇、傅棟成、
　　　　　　　　曾文雄、曾欽照、游盈隆、黃志鵬、詹文男、
　　　　　　　　趙永全、蔡裕慶、鄭富雄、賴文平、羅懷家

研　究　人　員：王怡勳、吳雅雯、李宗韓、林書佑、林雅琪、
　　　　　　　　林瑋珊、邱筱鈞、張嘉容、陳月卿、陳劭寰、
　　　　　　　　黃婉楓、黃筑婕、盧芊如、賴惠君、謝典熹、
　　　　　　　　羅佩文

研　究　助　理：林妤濃

廠商內修外進　經濟蛻變躍升

　　中國大陸近年經濟連年高速成長，外貿也持續增加，目前外匯儲備已是世界最多，進出口總額與國內生產總值已分居世界第三及第四；然而高速增長也帶來人民幣升值、環境污染、物價上漲、貧富差距擴大等壓力。針對此種情勢，中國大陸陸續實施調降出口退稅率、合併內外資所得稅制、推動新《勞動合同法》等因應措施。又值2007年國際經濟持續走緩，石油及大宗物資價格高漲，廠商經營面臨空前挑戰。此等情勢對於長期習慣於勞力密集的出口型中小企業帶來極大壓力，特別是以珠江三角洲及長江三角洲為生產基地的台商。

　　針對前述情勢，公會自2007年下半年起陸續率團拜訪大陸，提醒台商注意經濟情勢與經營環境變化，並提供台商及時充分資訊以促進核心競爭力提昇。同時公會也在台商投資密集地區設立聯絡機構，協助台商進行工廠自動化、供應鏈整合、新興科技引進、產供銷管理精進、擴大內外貿及融資貸款等升級轉型工作。

　　最近兩岸關係改善並有新發展，雙方達成建立互信、擱置爭議、追求雙贏等共識，同時兩岸經貿亦有了突破性的發展，例如：雙方陸續簽署海峽兩岸包機會談紀要與大陸居民赴台旅遊協議，以及放寬對大陸的投資上限。我們欣見新政府自上任以來推動的多項兩岸經貿政策，值此興革之際，公會亦積極拜會政府相關部會，提供多項產業發展建議與政策改善建言，以期能儘快改善整體經貿環境，促進兩岸交流正常發展。

　　本年「中國大陸地區投資環境與風險調查」，持續「兩力兩度」之TEEMA模式架構，以問卷調查內容為基礎，將大陸各主要地區投資環境及台商重視之投資風險，做一最新且客觀的評估。不僅使台灣廠商及國際投資者得以掌握大陸投資環境，大陸主管部門及各地政府更可據以改善投資環境以增招商績效。

　　面對整體經濟環境的變化，傳統的管理模式與經營策略不再適用，台商企業的轉型已是當務之急，本研究更特別進行「大陸台商轉型升級專題報告」，分析台商面臨之壓力、障礙與需求，並進一步分析策略、效益與成功因素，提供廠商參考，達永續經營之目的。

　　公會大陸委員會本年繼續委請中原大學企管研究所呂鴻德教授主持，靜宜大學企管系黃銘章副教授協同主持，並敦請高孔廉教授（現職海基會副董事長兼秘書長）擔任研究顧問，以及眾多熟悉中國大陸投資環境之學者專家共同研議，在此予以鄭重感謝。

台灣區電機電子工業同業公會理事長　焦佑鈞

關鍵時刻　引領商機

　　2008年是大陸台商高度挑戰的一年，若是以立足台灣全球化佈局的策略來看，我們面對除了大環境經濟層面的許多衝擊，諸如次貸風暴、油價高漲等，再加上大陸經貿政策的重大調整，對於台商經營的壓力更甚已往，轉型升級成為一項必須嚴肅思考看待的重要議題，台商如何在這關鍵時刻能夠擁有正確的資訊，做出適合的決策來面對挑戰，是我們持續做此議題研究的一大初衷。

　　台灣區電機電子工業同業公會為服務全體會員，並為「立足台灣，佈局全球」的台灣產業先進，提供最新穎、最完整的投資資訊；自2000年起，即針對大陸地區的投資環境與投資風險，進行有系統的專案調查。除邀請專業學者組成研究團隊，精心規劃以「兩力兩度」（「競爭力」、「環境力」及「推薦度」、「風險度」）為分析主軸的各項作業過程，逐一推行外；並延聘30餘位產、官、學界之知名專家學者擔任評審工作。經由共同的努力以及眾多已赴中國大陸各地投資的台商先進熱忱支持，本調查報告確已獲得海內外及兩岸間，有關機構及廠商的重視與肯定，對參與本研究之所有人員，在此特別要表達感謝之意。

　　今年，我們再度邀請中原大學企管研究所呂鴻德教授擔任計畫主持人，並請具有國際企業管理專長的靜宜大學企管系黃銘章教授協同主持，同時也持續敦聘高孔廉教授（現任海基會副董事長兼秘書長）擔任研究顧問。延續前8年的研究成果，我們將相關統計資料作一完整的分析比較，讓讀者對中國大陸各地區與各城市間的發展趨勢有一個更明確的認識。

　　期盼這本報告能帶給所有投資者及相關機構最具參考價值的投資資訊！

台灣區電機電子工業同業公會
大陸經貿委員會主任委員　　沈尚弘

深耕台灣　連結全球

　　兩岸開放經貿交流以來，我對大陸地區無論在貿易、投資或其他層面的交流活動，皆呈現不斷擴張之趨勢。目前，中國大陸已成為我廠商對外投資金額最大地區、第一大出口市場及最大順差來源地。因此，中國大陸經營環境的改變，將對台商造成廣泛而深遠的影響。

　　2008年對大陸台商而言，更是充滿挑戰的一年。中國大陸內外資企業所得稅合一及《勞動合同法》等政策措施，均自2008年1月1日起實施。中國大陸的引資方向已從「招商引資」轉變為「招商選資」，使台商過去利用中國大陸作為廉價生產基地、加工出口的經營模式不得不進行調整。

　　為因應中國大陸經貿新措施對台商營運之衝擊，經濟部2008年將加強台商診斷諮詢，尤其針對受衝擊較大之傳統加工製造產業，提出改善建議、可行作法。此外，也將透過在大陸地區辦理講座、國內舉辦研討會等方式，引導台商升級轉型，進一步強化其內部經營體質；同時協助台商因應外部投資環境改變，調整其投資策略，積極協助台商在當地順利營運，提高競爭力。

　　兩岸經貿為台灣產業全球化之一環，為落實「深耕台灣、連結全球」的施政理念，政府已啟動兩岸經貿鬆綁列車，包括放寬企業赴大陸投資上限比率至60%（企業營運總部及跨國企業在台子公司不受限制）、兩岸金融鬆綁及小三通擴大到全台等。此外，為平衡兩岸資金往來，未來將進一步開放中國大陸資金來台投資，以利資金、技術、人才、市場等與全球接軌，吸引跨國企業及國際資金持續投資台灣，提昇台灣在國際和亞洲區域經貿體系的地位。

　　台商為台灣經濟力量的延伸，多年來台商對台灣經濟發展貢獻良多，也一直扮演相當重要的角色。因此，務實推動兩岸經貿關係正常化，發揮台灣優勢、釋放民間活力，引導企業以台灣為核心，整合全球與大陸市場商機，讓台灣在全球供應鏈成為不可或缺的一環，將是台灣經濟進一步提昇的重要關鍵，也是政府未來整體施政的重要環節。

　　台灣區電機電子工業同業公會出版之「中國大陸地區投資環境與風險調查」，已邁向第九個年頭。在公會同仁的用心編排下，向來為會員廠商、大陸台商甚至國際投資者掌握中國大陸投資環境之重要參考依據，深獲各界好評。今年更針對中國大陸投資環境的變動，提供不同產業面向升級轉型的具體案例，值得給所有關心兩岸經貿發展的各界人士參閱。

行政院院長　劉兆玄　

兩岸經濟交流　商機無遠弗屆

　　2008年是台灣經濟發展非常關鍵的一年，新選出的馬英九總統一就任之後，就決定大幅鬆綁兩岸政策，開放兩岸包機直航和大陸觀光客來台旅遊，而且可以預期的，未來台商投資大陸上限、十二吋晶圓廠登陸等限制也會陸續解除，使兩岸經濟能夠發揮互補的綜效。

　　中國大陸歷經多年的經濟成長之後，當局決定立法加強對於勞工權利和環境保護工作，我們雖樂見其成，但不可諱言的，此舉也相對增加台商的經營成本與風險。最近國內媒體報導，有不少台商因為在大陸的經營環境改變，而不得不撤資或關廠，這對台灣的經濟發展，無疑是敲響一記警鐘。

　　台灣區電機電子工業同業公會的「2008年中國大陸地區投資環境與風險調查」中指出，台商在中國大陸面臨的營運問題已從過去的「民工荒、水電荒、融資荒、人才荒、原料荒、土地荒」，再增添「生態荒、治安荒、道德荒、法治荒、優惠荒、利潤荒」等12荒，中國大陸投資環境的改變，使台商蒙受前所未有的衝擊。

　　以台商的融資問題為例，由於許多台商都是中小企業，擔保信用不足，加上中國大陸銀行收縮銀根和大陸當局的宏觀調控力度加大，使得台商自有資金成本偏高，營運規模當然相對的受到限制；若再加上新實施的《勞動合同法》，不但增加台商財務負擔，也引發不少勞資爭議。這些議題都已超出台商能力所及的範圍之外，需要我方政府公權力的介入與協助。

　　政府兩岸政策需要衡酌國際政經情勢，逐步開放，但是如何保障台商權利，也是政府思考兩岸經貿政策時必須優先處理的課題。金平長期以來一直呼籲政府有關部門應該與中國大陸會商簽署兩岸投資保障協定，並爭取台灣銀行業者登陸營運，才能有效保護台商權益。我們期待，政府很快能克服障礙，強化台商在大陸的競爭力。

　　值得注意的是，此次的調查中顯示，部分中國大陸台商有意回到台灣或是前往越南投資，因此政府如何改善國內基礎建設，強化研發能力，吸引更多台商回台；或者是積極提供台商赴越南投資的各種協助，是當前政府重要的任務。因為唯有經濟實力不斷壯大的台灣，人民才能越來越幸福！

立法院院長　王金平

掌握發展趨勢　鏈接全球榮茂

　　自1979年中國大陸改革開放以來，以其廣大的土地、龐大的內需市場、充沛的廉價勞力與天然資源，吸引了大量外資的投入，促使中國大陸成為「世界工廠」。台商在深耕台灣與連結全球的策略上，也積極在這充滿商機與風險的中國大陸謹慎經營。

　　經濟部為協助在中國大陸的台商，提昇彼等管理能力、強化競爭力及降低經營風險，自2003年起辦理「全球台商產業輔導計畫」，委請國內產業專家至大陸辦理企業經營診斷、幹部培訓及創新講座等活動。此外，經濟部另特別推出「台商回台投資技術升級轉型輔導計畫」，以鼓勵企業在台設立營運總部、研發中心，並提供各項協助與優惠，積極輔導台商回國投資，協助企業深耕台灣。

　　今（2008）年開始，中國大陸施行《勞動合同法》、《企業所得稅法》、加工貿易新制、出口退稅調整等影響企業經營的重大政策，加上人民幣升值、土地與原材料上漲、環保條件日趨嚴格等，在在對台商的經營造成莫大的衝擊。對此，經濟部自今年起，也更進一步加強廠商診斷諮詢服務，協助提昇台商企業經營效率及產品競爭力。但如何掌握中國大陸的政經發展情勢，如何能正確瞭解大陸各地區的投資環境資料，如何能規避相關的投資風險等，這些仍是我國廠商深盼獲得的寶貴資訊與經驗。

　　本書除延續往年之問卷調查、次級資料分析、個案訪談，並對中國大陸各主要城市投資環境優劣排名提供翔實的資訊外，更參酌瑞士洛桑國際管理學院（IMD）及經濟論壇（WEF）等國際知名投資環境評等機構的評比指標、彙整富比士（Forbes）及財富雜誌（Fortune）等對中國大陸各城市之評比資訊、針對影響廠商競爭力的重要因素做專題分析及個案解說，這些均使本次調查更具周延性及客觀性，也提高了本書的實用價值。

　　「2008年中國大陸地區投資環境與風險調查」有助於我國企業至中國大陸各地區投資的風險評估，從而可以有較佳的投資決策，誠為企業投資中國大陸的重要指南。在此，我們要對台灣區電機電子工業同業公會及研究團隊等所做的努力與貢獻，致上由衷的感謝。

經濟部部長　尹啟銘

開展兩岸經貿交流繽紛的畫卷

2008年政黨再次輪替，兩岸關係展現新契機，追求兩岸和平、和諧、合作已成為台灣的主流民意，馬蕭新政主張「以台灣為主，對人民有利」的前提下，建立兩岸和平穩定互動架構及簽署兩岸綜合性經濟合作協議。5月底，孔廉奉命接任海基會副董事長兼秘書長，站上兩岸協商的第一線，希冀為兩岸和平雙贏前景，竭盡個人棉薄之智力。未來4年將是兩岸發展的關鍵時期，胡溫體制4年後即將換屆，馬蕭團隊亦將於4年後尋求連任，換言之，2012年是兩岸領導人重要歷史定位之年，也是為中華民族展開繽紛畫卷的關鍵之年。

TEEMA調查報告已成為對中國大陸投資環境與風險調查的權威研究，孔廉六度擔任計畫顧問，對於台商的心聲多所傾聽，對台商的建言多所察納，並將中國大陸四面八方的台商智慧，融合在TEEMA歷年的建言之中，希冀政府在制定兩岸政策之際，能在台灣為主的前提下，以台商永續經營為最終依歸，今角色轉變，成為現階段兩岸經貿實質交流的推動者之一。孔廉更堅信只有掌握兩岸經貿情勢之變局、體察台商經營之困境、掌握台商轉型升級之需求，才能夠真正協助台商順渡難關，開展新局。

從2008《TEEMA調查報告》的總結趨勢觀察，首次出現投資環境力下降，且投資風險度上升的現象；首次出現越南成為未來台商佈局的十大熱門地區，這「兩個首次」顯示中國大陸在經歷30年的改革開放已累積部分經濟實力與產業資本，昔日「中國製造」已被「中國創造」的呼聲漸漸取代，因此「中小企業結構、加工貿易型態、勞力密集導向、傳統製造思維」四合一的台商企業將面臨救亡圖存之窘境，也使得「中國唯一」的思維必須轉變為「中國加一」的新佈局，此外，就中國大陸區域經濟的投資環境而言，多年來台商所深耕的「長三角」依舊優於「環渤海」與「珠三角」，當然這3個區域仍是台商最密集的群聚，而「西部開發」、「振興東北」、「中部崛起」似乎還未得到台商青睞，但隨著東協10+1市場的崛起，「泛北部灣」已成為台商中國大陸佈局之重鎮，因此，台商應該利用此次中國大陸政策變局之際，秉持「行有不得、反求諸己」的自省態度，回歸基本功，加強自我修鍊，將過去賺中國大陸崛起「機會財」的心態，蛻變為重視企業文化、慎謀發展策略、建構核心能力、強化經營體質，如此才能夠贏得永續經營的「管理財」。所謂「上進才能前進、自助方得天助」，願以此與廣大的台商經營者互勉之。

本計畫研究顧問 高孔廉

2008 兩岸經貿互動關鍵之年

　　2008年是一個特殊的年份，對全球經濟而言，次貸危機、油價波動、通膨陰霾的「詭譎之年」；對中國大陸而言，百年奧運、改革而立，胡溫新政的「偉大之年」；對台灣政經而言，政黨輪替，終結紛擾、曙光乍現的「希望之年」；對兩岸互動而言，擱置爭議，和平發展、共創雙贏的「關鍵之年」；然而，對台商佈局而言，則是迎應逆局、轉型升級、先蹲後躍的「蛻變之年」，總結而論，2008年在全球經濟風雲變幻、中國大陸宏觀政策重擊頻仍之際，對台商佈局中國大陸是「危險」與「機會」並存的「危機之年」；更是台資企業與內地企業「競爭」與「合作」兼容的「競合之年」。

　　根據歷年TEEMA調查報告顯示，2000～2005年這6年中國大陸投資環境力評價逐年上升，投資風險度則逐次下降，彰顯中國大陸投資總體環境不斷趨優的現象。然而，隨著中國大陸「築巢引鳳」、「引鳳築巢」、「騰籠換鳥」、「梯度轉移」的招商引資政策變遷，2006～2007年連續兩年呈「雙漲現象」，即投資環境力趨好，但投資風險度變高，當時TEEMA研究團隊曾預言2008年中國大陸投資總體環境將面臨發展的轉折點，果不其然，2008年TEEMA調查報告的總結發現，中國大陸主要台商密集城市，首次出現投資環境力下降，而投資風險度上升的情景，顯示整體投資環境在空前的政策變局壓力下，出現台商企業進退維谷之困境，TEEMA 2008年度專題特以台商「轉型升級」為主軸，藉由結構式問卷、轉型升級卓越案例以及轉型升級過程涉及法律問題之專論，期盼台商面對此政策「瞬變」之際，能有「預變、知變、控變」的能力，以明智的策略抉擇，再造企業家創業精神，為台商「分工兩岸、佈局全球」繪出第二條成長曲線。

　　《文心雕龍‧物色》之文「然物有恆姿，而思無定檢」，對於當今的兩岸經貿互動是最佳的寫照，中國大陸和台灣之發展可謂「物有恆姿」，但是隨著兩岸經貿互動在融冰之旅、破冰之旅及雨過天晴之旅，形塑前所未有的兩岸和平、合諧的「思無定檢」之境。所謂「物換星移、形隨勢轉、心依境悟」，台商如何在中國大陸邁向大國崛起之路所進行「產業升級、產業換代、產業轉型」的陣痛，以及兩岸經貿互動邁向和平發展之路所呈現「互信謀贏、互利雙贏、互補共贏」的榮景中，找到可持續發展、永續經營、基業長青的核心競爭力及營運模式，乃是TEEMA 2008報告誠摯的冀盼。於此報告付梓之際，立漢唐之心，秉春秋之筆，為兩岸繁榮富裕竭盡棉薄。

計畫主持人　呂鴻德

CONTENTS

第一篇

關鍵時刻──
2008兩岸經貿互動新契機

第**1**章 TEEMA報告見證兩岸互動

　　「企業經營唯一不變的就是變，唯一確定的就是不確定」，這一句話對2008年而言，是最佳的寫照。中國大陸人民日報2008年元旦獻詞特以「喜迎偉大的2008」，為2008年進行歷史定調，文章內容顯示：重大時間節點、重大歷史事件，注定讓一些年份成為一個民族、一個國家發展進程中的永恆記載。2008年是中國大陸改革開放的30週年，是中共十七大之後的開局年，亦是實施「十一五」規劃的承先啟後年，當然最重要的是13億中華兒女熱切企盼的北京奧運年。換言之，是世界向中國大陸投注更多目光的一年，然而，在中國大陸政府以「無愧於人民、無愧於民族、無愧於時代、無愧於歷史」的新高度，譜寫2008年光輝篇章之際，1月25日席捲中國大陸14省市的大雪災；3月14日拉薩騷動事件；5月12日四川汶川縣八級大地震；6月7日華南暴雨釀成水災等不測之逆境，都讓中國大陸在戮力發展經濟與喜迎百年奧運的歡騰心境之中，產生對外在環境瞬息萬變的危機意識。

　　值此中國大陸經濟充滿機會與威脅交雜之際，全球經濟成長減速、全球貿易成長趨緩、全球通膨壓力增加、國際原油價格高漲、國際原料價格攀升、美國次貸危機及二房風暴，此等全球經濟變局，均讓2008年的中國大陸經濟受到嚴重的波及，加之中國大陸依循十一五規劃的策略思路，於2008年相繼頒布新的《勞動合同法》、《企業所得稅法》；調整加工貿易政策、出口退稅政策；實施土地從嚴政策，使得中國大陸台商企業面臨前所未有的經營壓力與困局，而2008年3月22日台灣大選，國民黨獲得勝利，其主張包機直航週末化、開放陸客來台觀光、開放中資投入愛台十二項建設、力促海基、海協兩會復談。使得兩岸經貿互動前景頓顯一片光明。2008年對全球經濟而言，是榮枯轉折、瞬息萬變的一年；對兩岸經貿互動而言，是和平推進、建構雙贏的關鍵年；對台商企業佈局中國大陸而言，是創造第二曲線之危機與轉機並存的一年。

中國大陸由改革之初的「短缺經濟」到1992年「小康經濟」，現在正朝「共同富裕經濟」方向邁進。因此隨著中國大陸內外在環境的變遷，中國大陸政府隨時提出新的經濟發展新思路，諸如：對外資的招商策略而言，從早期的「招商引資」到「招商選資」乃至於現階段的「挑商選資」；對台商的策略思維從早期的「築巢引鳳」到「引鳳築巢」乃至於現階段的「騰籠換鳥」的梯度發展策略；就中國大陸引進外資主要的目的而言，從最早的「以市場換就業」到「以市場換稅收」、「以市場換技術」的目的。演進至今，中國大陸提出引進外資的目的就是能夠「以市場支撐自主創新」，中國大陸隨著經濟發展策略思路不斷調適與修正，其總體方向是往全球性、有成長性的目標邁進。

一、TEEMA 兩力兩度模式引領市場商機

為掌握中國大陸市場的脈動，「台灣區電機電子工業同業公會，以下簡稱電電公會」（Taiwan Electrical and Electronic Manufacturers' Association，以下簡稱TEEMA），從2000年開始以「市場競爭力」、「投資環境力」、「投資風險度」、「台商推薦度」的「兩力兩度」TEEMA評估模式，描述中國大陸經濟區域及台商密集投資城市之投資機會與風險，冀以節省台商投資中國大陸之「嘗試錯誤成本」；TEEMA「兩力兩度」模式經過2000～2007年這8年來的系統性、一致性分析與調查，讓《TEEMA調查報告》得到肯定與認同，除獲致中國大陸台商經營者的好評外，亦得到中國大陸政府及地方官員的重視，更是許多國際研究機構探索中國大陸市場重要參考資訊。然而《TEEMA調查報告》的終極願景，乃是希望藉由反映台商在中國大陸的投資經驗與對當地城市的投資環境所進行的評價結果，提供中國大陸地方政府改善投資環境，更重要的是策勵台灣政府重視中國大陸市場的崛起，傾聽台商在中國大陸佈局的心聲，積極改善台灣投資環境，引導台商在全球佈局之路有清晰的策略方向，讓台商真正做到「立足台灣，分工兩岸，佈局全球」的經營大策略。

二、TEEMA 年度專題報告敦促轉型升級

依據十一五規劃核心理念，中國大陸不斷強調經濟發展要轉變發展模式，提昇自主創新能力，推展產業架構優化升級，這和過去「積極發展勞動密集型產業」的政策有很大的不同。然而在這種思維的轉變回應在經濟政策上，2007年中國大陸陸續發布多項經貿措施或法規，推出之頻繁程度、調整幅度及對台商之

衝擊度均超過往年。其中2007年發布的法規較為重要有：3月發布的企業所得稅法、4月發布的加工貿易禁止類商品目錄、6月發布的《勞動合同法》及調整部分商品出口退稅率通知、7月發布的加工貿易限制類商品目錄、12月發布的《企業所得稅法實施條例》及第2批加工貿易禁止類商品目錄。其中，尤其又以《勞動合同法》及《企業所得稅法》，直接增加台商營運成本及經營難度。

前述中國大陸的各項經貿措施對於外商投資的影響，整體而言，台商將面臨經營成本提昇、勞資關係緊張、營運困難及不確定性風險提昇等問題。又因為對高新技術產業仍然提供部分優惠，形成企業加速升級轉型的急迫性。另外，由於勞動成本增加，企業必須提昇自動化生產比率或採取更有效率的管理模式來因應。面對此一轉型的關鍵時刻，中國大陸政府在中西部等內陸地區提供部分的優惠措施，讓各企業可以評估移往內陸的可能性；讓企業在面對中國大陸外貿新政策與經濟環境的快速變動下，改變傳統的投資經營模式和投資區域佈局、優化產品架構、完成新一輪的轉型與升級。

《TEEMA調查報告》從2002年開始都選擇年度主題進行深入剖析，歷年的年度研究主題如下：（1）2002年為「中國大陸加入WTO」；（2）2003年為「SARS對台商之衝擊與影響」；（3）2004年為「宏觀調控對台商經營的影響」；（4）2005年為「中國大陸內銷市場」；（5）2006年為「自主創新」；（6）2007年為「自創品牌」。2008《TEEMA調查報告》希冀以「轉型升級」為年度研究主題，藉由台商所面對的政策變化、法規調整、經營困境，跨業思維做好因應策略。

三、TEEMA策略建言內涵擘畫佈局藍圖

隨著中國大陸新一輪的經濟結構調整以及中國大陸政府確定「又好又快」的經濟發展主旋律，台商在中國大陸的未來經營策略必須重新檢討與調整，在經營模式上必須尋求轉型與升級，在經營心態上必須摒棄「候鳥投資」的「打帶跑策略」（hit-and-run strategy），否則，台商企業將因為僵固的經營模式而產生組織慣性，進而失去下一階段的競爭優勢，且台商經營者的心態也會產生「小富即安、小績即滿、小有即奢」的自滿現象，進而失去原有積極進取的企業家精神。企業經營是一條漫長發展的歷程，永續發展是企業唯一的定律，台商在中國大陸發展長期以來主要是從事以加工或代工為主的製造業，在中國大陸經濟發生新一輪的變革之際，尤其2008年北京奧運會、2010年上海世博會、2010年廣州亞運

會，都是給台商在中國大陸佈局帶來極大的機會與契機，而隨著中國大陸資本市場的蓬勃發展，台商如何佈局中國大陸內需市場，朝向零售、連鎖、加盟等服務業、將是未來台商轉型的重要方向。這幾年來台商已積極尋求跨行業發展，特別是向服務產業發展。

由於台商過去的國際市場經驗，累積了許多企業界的網絡關係，加上台商企業國際化比中資企業的國際化早，因此，如何將台商定位在兩岸經貿互動的整合者、國際網絡的樞紐者、國際經貿價值的創造者，乃是台灣政府應該給台商明確定位的方向與目標，不應該認為台商企業赴中國大陸投資即是不愛台灣的舉措，台灣政府對台商的傳統定位只會加速台商的出走與外移，若能夠對台商清楚的定位，將台商在中國大陸與國際市場佈局的綜效加以充分發揮，對台商企業征戰全球，成就台灣競爭力擴散的附加價值給予高度肯定的話，在傳統產業出走之後，台灣有序的引領產業升級，最後號召台商企業積極回流，讓台灣產業「從製造邁向服務」、「從傳統邁向現代」、「從低階邁向高階」，這樣賦予台商明確的定位，將有助於拉近台商熱愛台灣這塊土地之心，也能維繫台商關切台灣經濟發展之情。兩岸經貿和平互動的推動者終究是台商，因此，賦予台商明確的地位與角色，是推動兩岸經貿互動的不二法門。

第2章 16字箴言開啟兩岸互動新局

2008年3月22日，台灣再度經歷政黨輪替，主張兩岸和平發展的國民黨候選人馬英九先生當選，使得兩岸關係出現柳暗花明的新局，這也使得阻斷兩岸互動的重重困頓將有效的被排除。新政府上任後特別揭櫫「和平」與「繁榮」為兩岸政策的最終目標，因此，從3月22日迄今，兩岸高層多次互動，並紛紛以「16字箴言」作為兩岸互動指導之方針，茲依據提出的時間歸納如下：

一、**蕭萬長先生提16字箴言**：2008年4月12日，「蕭胡會」在博鰲亞洲論壇進行，當時副總統當選人蕭萬長先生坦言，兩岸正進入一個全新的時期，希望有個好的開始，特別主動向中國大陸胡錦濤總書記提出「正視現實、開創未來、擱置爭議、追求雙贏」的「16字箴言」，並提出4個具體要求：1.希望趕快進行落實兩岸直航；2.希望趕快開放中國大陸觀光客赴台；3.希望促進兩岸經貿交流的正常化；4.希望儘快恢復兩岸協商機制。「蕭胡會」最為突顯的歷史意義是宣告兩岸關係走向良性發展的開始，雙方會面不僅在多項經貿議題中取得共識，更是標誌兩岸關係踏出歷史性的步履。

二、**中國大陸胡錦濤先生提16字箴言**：2008年4月29日，中國大陸胡錦濤總書記在北京釣魚台國賓館與國民黨連戰榮譽主席會面，雙方在晤談中都強調要實現兩岸和平發展願景，胡錦濤總書記並提出「建立互信，求同存異，擱置爭議，共創雙贏」的「16字箴言」作為兩岸經貿互動之指導方針，其特別強調只要兩岸堅持這項方針，就一定能夠找到解決問題的辦法，兩岸關係和平發展的道路就一定會越走越寬廣。

三、**海基會高孔廉先生提16字箴言**：2008年5月26日，接任海基會秘書長一職的高孔廉先生提出：「重建互信、恢復協商、全面合作、創造雙贏」是現階段海基會最重要任務，未來兩岸最重要的是建立互信，過去因為政治上的紛爭，讓經貿、文化交流因此趨緩，其認為兩岸應該擱置政治爭議，建立互信，並在此基

礎上儘速恢復兩岸兩會的協商機制，全面合作，共同發展經貿及文化交流，創造兩岸雙贏新局。

四、國民黨吳伯雄先生提16字箴言：2008年5月28日，國民黨吳伯雄主席於北京人民大會堂拜會胡錦濤總書記表示，兩岸正面臨新的契機，最重要的是「掌握契機、正視歷史、面對現實、展望未來」，其希望兩岸透過不斷的善意互動，增進兩岸互信，至於歷史上累積的問題，不可能在一時之間解決，因此要擱置爭議，一起用智慧來創造雙贏，吳伯雄主席的「雨過天晴之旅」，開創了國共兩黨歷史新紀元。

五、中國大陸胡錦濤先生再提16字箴言：2008年6月13日，中國大陸胡錦濤總書記在釣魚台國賓館會見海基會江丙坤董事長，提出今後海基、海協兩會協商16字原則：「平等協商，善意溝通，積累共識，務實進取」。依胡錦濤總書記的闡述：1.「平等協商」就是在商談中雙方要平等相待，不把自己的意志強加於對方；2.「善意溝通」就是在商談中充分考慮對方的實際情況，多從善意的角度理解對方的想法，消除不必要的疑慮；3.「積累共識」就是要不斷擴大共識，縮小分歧，這樣才能取得更多更大的成果；4.「務實進取」就是要實事求是地尋求雙方都能接受的解決辦法，真正解決問題，做到行穩致遠。

六、海基會江丙坤先生提16字箴言：2008年6月13日，中國大陸胡錦濤總書記在釣魚台國賓館接見海基會江丙坤董事長率領的海基會協商代表團。胡錦濤總書記表示，兩會復談並取得實際成果，充分表明了兩岸人民有智慧、有能力通過協商談判解決存在的問題。相信只要兩岸雙方秉持「建立互信、擱置爭議、求同存異、共創雙贏」的精神，一定能夠不斷推進商談進程，不斷取得更加積極的成果。江丙坤董事長也提出台灣將以「和平繁榮、相互尊重、建立互信、共創榮景」的「16字箴言」，做為兩岸共同的願景。

七、中國大陸國務院台辦王毅先生提16字箴言：2008年7月9日，國台辦王毅主任在杭州參加由海峽兩岸關係研究中心主辦的「2008年度兩岸關係研討會」時表示，開創兩岸關係和平發展新局面，需要兩岸雙方發揮政治智慧、積極面向未來。如何做到積極抓住和切實把握機遇，冷靜務實地對待和化解分歧，保持和推動兩岸關係發展，是兩岸雙方共同面臨的課題。只要真正秉持和認真貫徹「建立互信、擱置爭議、求同存異、共創雙贏」的理念，兩岸關係和平發展的道路就一定會越走越寬廣。兩岸雙方現在比任何時候都更有條件攜手合作、共同發展，從如何為兩岸同胞謀福祉、為台海地區謀和平、為全體中華兒女謀利益出

發，積極探索交流合作的新思路，不斷拓寬交流合作的新領域，提出切實可行的建設性意見，並依靠兩岸同胞共同付諸實踐。

2008年台灣政黨再次輪替，兩岸關係乍顯契機，追求兩岸和平、和諧、合作已成為台灣的主流民意，馬英九總統及蕭萬長副總統也提出「以台灣為主，對人民有利」的前提下，建立兩岸和平穩定的互動架構及簽署兩岸綜合性經濟合作協議，而中國大陸胡錦濤總書記也在中國大陸對外主張和平崛起，對內構建和諧社會；兩岸推進和平發展的治國理念下，似乎兩岸都提出前所未有的善意，這預示著兩岸融冰雪為春暖、化僵局為活帛的關鍵時刻已至，如何掌握兩岸和平互動發展的新契機，是兩岸人民共同之期望。

第**3**章　2008中國大陸全球影響力

　　國際貨幣基金會（International Monetary Fund；IMF）於2008年4月9日發布《世界經濟展望》（World Economic Outlook）報告指出：「全球第一大經濟體的美國在2008年進入輕度衰退，而新興經濟體正逐漸成為穩定世界經濟的砝碼，世界經濟越來越依賴中國大陸、印度、俄羅斯等新興經濟體的表現」，就中國大陸而言，內需強勁、支出持續成長，有效抵銷對美出口減少所帶來的衝擊；IMF更進一步指出：「中國大陸將成世界經濟增長主要推動力」。而究竟中國大陸在2008年於世界經濟舞台上所扮演的角色，以下的分析將可窺見一二。

一、全球媒體論述「2008中國年」

　　2008年初始，各國媒體紛紛將目光投向中國大陸，提出「中國年」、「中國元年」的說法，指出2008年是中國大陸的「大國權力之年」。各國媒體認為中國大陸已經成為一個經濟大國，其依據正是中國大陸人口眾多、GDP與貿易規模雄厚、經濟高速增長、軍事實力堅強，自然而然，在國際舞臺上的權力也將空前強大。有關全球媒體論述「2008中國年」的評論，茲敘述如下：

　　1.美國《外交雜誌》：2007年12月26日，美國《外交雜誌》發表〈中國崛起和西方未來〉一文表示，中國大陸的崛起毫無疑問會終結美國的單極時代，擁抱中國大陸，西方才有未來。與中國大陸協調合作是對美國有利的。如果21世紀的決定性較量在中國大陸和美國之間展開，中國大陸是具有優勢的。

　　2.美國《新聞週刊》：2007年12月31日，美國《新聞週刊》發表〈一個強大而脆弱的超級大國的崛起〉一文表示，對中國大陸成為全球大國，繼先前頗多預兆之後，已「不再是一種預測，而是一種現實」，世界可能在2008年目睹中國大陸走上全球舞台的中心。以2007年為例，中國大陸對全球經濟增長的貢獻首次超過美國，對美國而言則是自20世紀的30年代以來首次遭到其他國家超越。

3.英國《獨立報》：2008年1月1日，英國《獨立報》發表〈2008，新超級強國的誕生之年〉一文表示：「一個新的超級強國誕生，以中國大陸投資倫敦金融市場為開端」，「中國製造」的標籤正要轉變成「中國擁有」。該文也表示，中國大陸已經飛快地變成了一個國際參與者，中國大陸要把2008年作為展示其全球巨人地位的一年。

4.日本《讀賣新聞》：2008年1月1日，日本《讀賣新聞》發表〈現在，世界正發生大變化〉一文表示，世界正發生大變化，唯一的超級大國美國的地位發生動搖，多極化趨勢愈發明顯。日本如何與中國大陸相處是外交政策上最為難辦而又最重要的課題，中國大陸保持著驚人的經濟增長。幾年內將趕超日本成為世界第二的經濟大國。

5.法國《世界報》：2008年1月4日，法國《世界報》發表〈如果沒有中國，我們該怎麼辦〉一文表示：「對世界經濟來說，中國大陸是一種恩惠，中國大陸經濟取得的重大成就給世界經濟帶來了活力」。

6.德國《法蘭克福匯報》：2008年1月28日，德國《法蘭克福匯報》發表〈處於奧運會權力之巔〉一文表示：奧運年時中國大陸將多麼強大地屹立於世界之林。中國大陸現在是世界最大的貿易體，它的經濟行為、對原料的需求以及金融政策影響著整個世界的經濟。在國際事務中中國大陸也不再低調，所有的國際問題幾乎都需要中國大陸參與意見，中國大陸成為外交協調員。

二、全球研究機構評述中國大陸「超美論」

從2003年，中國大陸經濟連續5年保持10%以上的高速成長，且成長速度逐年提高；2007年，中國大陸經濟成長再創新高，生產總值達人民幣246,619億元，比2006年成長11.4%，創下近10年來GDP成長速度的最高紀錄。中國大陸改革開放30年來，隨著經濟以令人難以想像的速度持續增長，全球越來越多的經濟學家開始把研究視野投向中國大陸，研究機構紛紛在研究報告中提出，中國大陸將於2015～2040年超越美國，成為全球第一大經濟體，各研究機構及學者對中國經濟之評論分述如下：

1.高盛（Goldman Sachs）的預測：高盛於2003年10月1日發表《與BRICs一起夢想：展望2050》報告，估計巴西將於2025年取代義大利經濟位置，並於2031年超越法國；俄羅斯的經濟狀況將於2027年超過英國，並於2028年超越德國。到2050年，世界經濟格局將會劇烈洗牌，全球新六大經濟體將變成中國大

陸、美國、印度、日本、巴西、俄羅斯，中國大陸則將在2039年取代美國成為全球第一經濟強國。另外，高盛於2004年2月21日發表《成長與發展：通向2050年之路》報告，指出中國大陸很可能會在2007年以前趕超德國，下一個目標便是在2015年趕超日本；到2039年，中國大陸經濟規模將超越美國。未來50年內，世界經濟體系將出現重大變化，中國大陸、俄羅斯、印度和巴西將成為這一體系中的強大力量，超過西方發達六國（G6，即美國、日本、德國、法國、義大利、英國）。印度經濟可能在未來30年內超過全世界除美國和中國大陸以外的國家，俄羅斯可能在2050年超過美國。

2. 經濟學家Angus Maddison的預測： Angus Maddison（2003）研究表明，中國大陸成為世界頭號經濟超級大國的時間比預期的要早，不是2050年，中國大陸可能在2015年擠下美國，重回全球最大經濟體寶座。根據Angus Maddison的測算，到2015年，中國大陸GDP水準將相當於美國的107%，相當於日本的394%，印度的263%。而在1990年，中國大陸GDP水準僅為美國的37%，到2030年，中國大陸GDP水準將是美國的138%，並達到世界總量的1/4，其人均收入水準會超過世界平均水準的1/3。

3. 韓國中央銀行金融經濟研究院的預測： 韓國中央銀行金融經濟研究院於2005年9月26日《亞洲經濟的未來報告書》中指出，從各國人均GDP看，中國大陸將從2003年的1,100美元增加到2040年的15,000美元；印度從560美元增加到7,500美元，分別增長10倍以上。2040年中國的人均GDP將是美國、日本兩國的1/4左右，印度將是美日兩國的1/8左右。認為中國大陸經濟實力在15年內將超越日本，35年後將達到和美國相同水準，亦即在2040年超越美國成為全球最大經濟體。

4. 普華永道（PricewaterhouseCoopers）的預測： 中國大陸經濟發達造成全球市場的位移，普華永道亦在《2050年的世界：「金磚四國」之外》的研究報告中指出，中國大陸經濟將於2025年或更早超越美國，成為世界最大的經濟體。報告同時指出，投資者不應把目光侷限於「金磚四國」，在這四國以外的新興市場地區，也有許多增長機會。此外，普華永道宏觀經濟主管John Hawksworth（2008）表示：「全球的經濟重心已經轉移至中國大陸、印度及其他大型新興經濟體。中國大陸將於2025年超越美國，問鼎全球最大經濟體的寶座。中國大陸的經濟會持續增長，其經濟規模於2050年或以前將增長至美國的1.3倍。印度的經濟規模到2050年可能增長至美國的90%。巴西亦有很大機會超越日本，位

列全球第四大經濟體,而俄羅斯、墨西哥及印尼均具巨大潛力,可能於本世紀中葉超越德國或英國。不過,發展最迅速的將是越南,其年增長率可能達到10%,按照此一速度,到2050年,越南的經濟規模可能增長至英國的70%」。

5. 卡內基國際和平基金會(Carnegie Endowment for International Peace)的預測: 卡內基國際和平基金會於2008年7月8日所發表之《2035年中國將成世界經濟首強》報告指出,內需帶動中國大陸經濟成長突飛猛進的力道更甚於出口,且將支撐中國大陸經濟在邁入21世紀後維持在較高個位數的成長率。再過27年,也就是到了2035年,中國大陸經濟就會趕上美國,成為世界頭號經濟大國。

6. 世界銀行(World Bank)資深副總裁林毅夫的預測: 世界銀行首席經濟學家兼資深副總裁的中國大陸學者林毅夫(2008)發表《中國獨特的新經濟現象》文章中預測,以日本過去經濟發展經驗分析與人民幣長期的幣值變化,再加上中國大陸人口是美國5倍,到2030年,中國大陸將超越美國和歐洲成為世界最大的經濟市場,「中國大陸、美國、歐洲、印度和日本將成為世界並行的5條巨龍」,屆時中國大陸整體經濟規模將為美國的2.5倍。至於往後10年至20年中國大陸經濟的走向,林毅夫也樂觀預估,縱使波動起伏難免,但大致上中國大陸經濟發展的態勢仍會保持過去25年的成長速度,即每年8%至10%的增長率。

三、全球知名機構論述中國大陸經濟「發展前景」

中國大陸經過30年的改革開放之路,造成前所未有的內部經濟繁榮與外部投資磁吸效應,對於中國大陸未來發展的前景,國際知名的研究機構紛紛提出各自的評述,茲將相關之內涵分述如下:

1. 美國《新聞週刊》(News Week): 2007年12月31日的年終特刊,特以「中國2008」作為主題,其中談到:「30年前,中國大陸一貧如洗,像是一個巨大的廢墟。文革帶來的精神創傷,還在隱隱作痛,1978年是古老中國大陸重生於當代的標誌性年份」。特刊認為,這30年帶給中國大陸的劇變,不僅僅表現在持續幾十年的經濟增長數字上,更表現在個人的命運之中。「過去30年,4億中國人擺脫了貧困」,這個數字占了整個上世紀脫貧人口的75%。到2007年,中國大陸對世界經濟增長拉動幅度首度超過美國,這也是1930年以來美國第一次被超過。

2. 美國蓋洛普(Gallup)民意調查機構: 2008年3月公布了一項民調,問了

美國人一個問題：「以經濟力量而言，你認為哪個國家是當今世界的領先國？」民調結果竟然有40%的美國人認為答案是中國大陸。中國大陸經濟在世界經濟總量中的分額雖然不高，但對世界經濟增長的貢獻卻比歐元區和日本都大得多，可見中國大陸崛起，帶給全球經濟有一定的影響力。

3. 美國《新聞週刊》（News Week）：2008年5月9日美國《新聞週刊》專文談到：「過去400年，世界上曾經有過全球力量的兩次巨大變化，第一次是歐洲的崛起，第二次是美國的崛起，如今中國大陸的崛起，外加印度的崛起和日本持續的影響力，標誌著全球力量的第三次巨大變化，即亞洲的崛起。對美國而言，中國大陸的挑戰無疑是最大的挑戰」。

4. 新加坡《聯合早報》：2008年3月4日專文指出：「隨著北京奧運的臨近，世界各大媒體都將焦點集中在中國大陸。奧運東風已經勁吹，2010年世博會東風也已漸起。中國大陸相關部門應該把握時機，統籌考慮如何推廣中華文化，包括把孔子學院的辦學內容提升到文化中心的高度」。

5. 韓國《中央日報》：2008年的中國特刊指出：「中國大陸崛起是2008年的話題，以2008年為起點，地球村將以中國大陸為中心運轉」。

第二篇

兩力兩度──
2008剖析中國大陸城市新排行

第4章 TEEMA「兩力兩度」評估模式

　　《TEEMA調查報告》根據相關研究國家競爭力、城市競爭力、國家投資風險度的研究報告，建構《TEEMA調查報告》有關「兩力兩度」的核心構面與指標，《TEEMA調查報告》主要的「城市競爭力」構面，主要包括：基礎條件、財政條件、投資條件、經濟條件、就業條件等五大構面，而「投資環境力」的評估構面包括：自然環境、基礎環境、公共設施、社會環境、法制環境、經濟環境、經營環境等七大構面，而「投資風險度」主要的衡量構面有社會風險、法制風險、經濟風險和經營風險等四大構面，此外，有關「台商推薦度」的衡量指標經過學者專家以及台商會會長的評估結果，《TEEMA調查報告》採取10個重要的推薦指標，分別為：城市競爭力、投資環境力、投資風險度、城市發展潛力、整體投資效益、國際接軌程度、台商權益保護、政府行政效率、內銷市場前景、整體生活品質，茲將TEEMA「兩力兩度」評估模式構面與衡量指標如圖4-1所示。

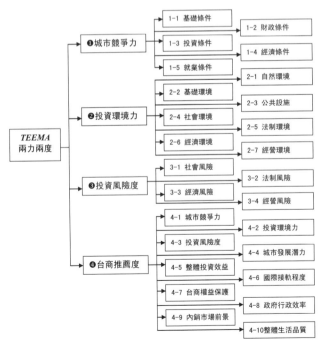

圖4-1　TEEMA「兩力兩度」評估模式構面與衡量指標

第5章　2008調查樣本結構

　　本研究將針對登錄在台灣區電機電子工業同業公會會員，中國大陸台商名錄中的台商，以隨機取樣的方式，寄發研究問卷，但有些問卷填答不完整，本研究再以電話和填答人聯繫，將問卷填答完整。

　　2008《TEEMA調查報告》共計收到2,880份問卷，其中有效問卷為2,612份，無效問卷是268份，其中無效問卷類型有四：1.填答未完整者有56份；2.填答有違反邏輯之問卷有41份；3.電腦偵測填答者有操弄填答問卷，而非依據真實情況填答者共有75份；4.未超過15份回卷門檻的城市其回卷的總數有96份，2008《TEEMA調查報告》將其視為無效問卷處理，以利區別超過15份樣本回收數列入此次90個調查城市分析的回卷數。此外，在有效問卷中，2008年超過15份的城市數方列入統計分析，2008《TEEMA調查報告》可茲使用進入15份以上城市數的回卷數總共有2,612份，其中經由固定樣本（panel）系統回收的有921份，而經由問卷郵寄、傳真、人員親訪、中國大陸台商協會協助發放填答之問卷回收數共計1,691份，有關2008年列入調查評比的城市數總共有90個城市，比2007年的88個城市，成長2.27%。

一、TEEMA 2008樣本回卷台商兩岸三地產銷分工模式分析

　　由表5-1顯示，就兩岸三地產銷分工模式而言：台商充分利用兩岸三地的經營優勢，進行最適分工專業化，兩岸三地的產銷分工為：1.台灣地區以接單（49.08%）、行銷（47.78%）和研發（43.84%）為主；2.大陸地區則以生產（73.58%）和出口（58.12%）為重；3.香港或第三地則以財務調度（24.73%）及接單（18.68%）為產銷價值鏈的重心。

表5-1　TEEMA 2008調查報告受訪廠商經營現況：產銷模式　（N=2612）

❶台灣地區			❷大陸地區			❸香港與第三地		
產銷模式	樣本	百分比	產銷模式	樣本	百分比	產銷模式	樣本	百分比
❶ 接　　單	1282	49.08%	❶ 生　　產	1922	73.58%	❶ 財務調度	646	24.73%
❷ 行　　銷	1248	47.78%	❷ 出　　口	1518	58.12%	❷ 接　　單	488	18.68%
❸ 研　　發	1145	43.84%	❸ 接　　單	1188	45.48%	❸ 押　　匯	448	17.15%
❹ 財務調度	849	32.50%	❹ 行　　銷	1068	40.89%	❹ 行　　銷	182	6.97%
❺ 生　　產	730	27.95%	❺ 研　　發	747	28.60%	❺ 出　　口	174	6.66%
❻ 出　　口	658	25.19%	❻ 財務調度	589	22.55%	❻ 研　　發	90	3.45%
❼ 押　　匯	557	21.32%	❼ 押　　匯	479	18.34%	❼ 生　　產	69	2.64%

二、TEEMA 2008台商在中國大陸發生經貿糾紛分析

　　2008《TEEMA調查報告》針對回收的2,612有效問卷進行台商經貿糾紛案例剖析，根據表5-2所顯示，共有經貿糾紛案例3,506個。所謂3,506個經貿糾紛案例是指在2,612份台商問卷中其所勾選的經貿糾紛案例類型，因為本次調查問卷設計總共有12項糾紛案例類型，此問項採取複選題，因此有可能填答回卷者在這12項糾紛案例類型全部發生，也有可能這12項都沒有發生過，因此2008《TEEMA調查報告》就根據3,506個案例作為統計的基礎。

　　從地區別來看，表5-2中可發現發生經貿糾紛比例在不同的地區是有明顯的差異，糾紛次數占樣本次數比率的經濟區域依次為：1.東北地區（229.11%）；2.西北地區（221.62%）；3.西南地區（205.10%）；4.華北地區（196.59%）；5.華中地區（189.35%）；6.華南地區（117.74%）；7.華東地區（98.97%）。若就區域經貿糾紛次數佔全部3,506個經貿糾紛案例中的比例以華東最高有1,153件，占32.89%，其次是華南地區的783件，占22.33%，這兩個區域造成經貿糾紛數最多的原因乃是因為這兩個地區是台商群聚最多的地區。

表5-2　TEEMA 2008調查區域別經貿糾紛發生分布

地區	樣本次數	糾紛次數	發生糾紛比例	占糾紛比例	解決途徑					滿意度之比率
					司法途徑	當地政府	仲裁途徑	台商協會	私人管道	
❶華東	1165	1153	98.97%	32.89%	126	160	91	108	58	24.89%
❷華南	665	783	117.74%	22.33%	99	108	54	53	60	23.76%
❸華北	293	576	196.59%	16.43%	36	38	25	21	16	24.57%
❹華中	216	409	189.35%	11.67%	22	35	10	15	9	28.24%
❺西南	157	322	205.10%	9.18%	16	27	9	13	6	33.76%
❻東北	79	181	229.11%	5.16%	4	12	4	3	2	34.18%
❼西北	37	82	221.62%	2.34%	7	8	2	2	3	29.73%
總和	2612	3506	134.23%	100.00%	310	388	195	215	154	25.73%

從表5-3顯示，在12項台商曾經發生經貿糾紛的類型中，以勞動糾紛所占的比率最高，達到681案，佔19.42%，其次為土地廠房糾紛，達461案，佔13.15%，而居第三的是關務糾紛，達383案，占10.92%。綜合而言，2008《TEEMA調查報告》所分析的台商經貿糾紛類型以勞動糾紛、土地廠房糾紛、關務糾紛、合同糾紛、買賣糾紛為前五大經貿糾紛類型。

從2007～2008年，台商在中國大陸投資所面對的經貿糾紛類型中，成長比例最快的前五大糾紛類型，若以調整後（由於每年回卷的數值不一，所以為了兩年度的比較，茲將樣本數標準化後，再進行成長百分比的計算）的成長白分比而言，分別為：1.知識產權（190.74%）；2.醫療保健（141.86%）；3.稅務糾紛（21.72%）；4.勞動糾紛（12.63%）；5.貿易糾紛（4.55%），此成長趨勢值得在中國大陸投資的台商特別注意，以免發生上述諸類經貿糾紛。

表5-3　2007～2008台商在中國大陸投資經貿糾紛成長比率分析

糾紛類型	2008（N=2612）	2008調整值	2007（N=2565）	調整後成長百分比	調整前成長百分比	成長排名
❶ 勞動糾紛	681	669	594	12.63 %	14.65%	04
❷ 土地廠房	461	453	489	-7.36 %	-5.73%	09
❸ 買賣糾紛	358	352	435	-19.08 %	-17.70%	11
❹ 關務糾紛	383	376	397	-5.29 %	-3.53%	08
❺ 合同糾紛	367	360	361	-0.28 %	1.66%	07
❻ 債務糾務	280	275	331	-16.92 %	-15.41%	10
❼ 稅務糾紛	274	269	221	21.72 %	23.98%	03
❽ 商標糾紛	100	98	127	-22.83 %	-21.26%	12
❾ 貿易糾紛	117	115	110	4.55 %	6.36%	05
❿ 知識產權	320	314	108	190.74 %	196.30%	01
⓫ 合資合營	59	58	94	-38.30 %	-37.23%	13
⓬ 醫療保健	106	104	43	141.86 %	146.51%	02
糾紛總數	3506	3443	3316	3.83 %	5.73%	

《TEEMA調查報告》為瞭解台商企業在中國大陸面對經貿糾紛問題解決的途徑及其滿意度，特別對經貿糾紛解決途徑與經貿糾紛解決滿意度進行次數分配，其統計結果如表5-4所示，就台商在中國大陸遇到經貿糾紛問題所採取的解決經貿糾紛途徑，所採用的比率依次為：1.當地政府（28.83%）；2.司法途徑（23.02%）；3.台商協會（18.34%）；4.仲裁途徑（17.41%）；5.私人管道

（12.40％）。而在解決經貿糾紛途徑中，「非常滿意」的比例依次為：1.台商協會（55.04％）；2.私人管道（36.70％）；3.當地政府（24.94％）；4.仲裁途徑（17.80％）；5.司法途徑（15.76％），顯示台商遇到經貿糾紛時，還是透過台商協會以及私人網絡關係作為解決經貿糾紛的滿意度最高，而透過正常的法律途徑，也就是由司法途徑及當地政府的兩種途徑滿意度是比較低的。

表5-4　TEEMA 2008台商經貿糾紛滿意度與解決途徑次數分配表

糾紛解決途徑	尚未解決	非常不滿意	不滿意	滿意	非常滿意	總和
❶ 司法途徑	30	68	161	35	55	349
	8.60%	19.48%	46.13%	10.03%	15.76%	23.02 %
❷ 當地政府	13	91	161	63	109	437
	2.97%	20.82%	36.84%	14.42%	24.94%	28.83%
❸ 仲裁途徑	8	44	90	75	47	264
	3.03%	16.67%	34.09%	28.41%	17.80%	17.41%
❹ 台商協會	7	5	84	29	153	278
	2.52%	1.80%	30.22%	10.43%	55.04%	18.34%
❺ 私人管道	14	13	66	26	69	188
	7.45%	6.91%	35.11%	13.83%	36.70%	12.40%
總　　和	72	221	562	228	433	1516
	4.75%	14.58%	37.07%	15.04%	28.56%	100%

正當2008《TEEMA調查報告》城市排行完成之際，在青島從事房地產開發多年的環宇集團負責人—新加坡籍吳振順於2008年7月22日在台灣召開記者會，指控青島當地不肖官商勾結，羅織罪名陷其入獄，並侵占環宇集團資產，兩年來投訴無門，最後只能在台刊登廣告並由立委陪同召開記者會，此案引起社會大眾的關切。經濟日報於該日向青島市台辦查證此一案件過程，青島市台辦官員指出，因吳振順自稱是新加坡商人，因此過去與台辦並無聯繫，無法就此問題進行評論，至目前為止該案還在陸委會經濟處積極的協調處理過程，但從2008《TEEMA調查報告》的重要結論中，似乎可窺見此一端倪：

1.青島城市綜合實力排行下降：2007《TEEMA調查報告》青島的排名為A11，而2008《TEEMA調查報告》青島的排名已經下降到A22，驟降11名，雖然其還列在極力推薦城市之列，但是排名的下降也顯示該地區的經貿糾紛風險，2008《TEEMA調查報告》基於調查的嚴謹性以及尊重青島地區受調查對象的客觀評價，仍維持2008年青島城市A22的排名，而無主觀調整或下降青島城市的評

估等級。另外，從2000～2008《TEEMA調查報告》這9年的統計顯示，青島有6年都列入極力推薦的A級城市，顯示當地台商對青島投資環境與投資風險的評價從時間的縱貫面而言是頗為一致的。

2. 2008經貿糾紛數比2007高：從表5-3顯示，2008年台商在中國大陸發生的經貿糾紛，依2008《TEEMA調查報告》有3,506件，經過與2007年對比標準化後為3,443件，比2007年的3,316件高出3.83%，這顯示台商在中國大陸發生經貿糾紛數將越來越多，此也說明此一青島控訴事件正透露台商在中國大陸投資經營的風險。

3. 透過當地政府及司法途徑解決經貿糾紛不滿意度最高：依據表5-4的分析顯示，2008《TEEMA調查報告》針對中國大陸台商遇到經貿糾紛問題時解決的五大途徑中，以司法途徑的「非常不滿意」加上「不滿意」的比例高達65.61%為最高，其次是當地政府57.66%，再其次為仲裁50.76%，這顯示青島控訴案為何遲遲沒有能夠得到官方合理解釋的主要理由。

三、台商未來佈局中國大陸城市分析

2008《TEEMA調查報告》為瞭解台商在中國大陸未來佈局的策略，包括未來企業轉型、擴張、成長以及最想到哪一個城市去投資，從2008年調查問卷回收結構分析的2,612份問卷中，由於該題是一個開放式的問項，因此有些填答者並未完全填答，且本開放式問項，總共預留兩個城市欄位供填答者填答，因此本次的計算方式，是以填答的城市作為計算的基礎，而不是以回卷的問卷數作為計算的基礎，在2008《TEEMA調查報告》中，有在此項調查問題中列入前15位佈局城市的總填答城市數共計1,700個城市數，因此根據回卷者的填答城市數統計，上海為企業未來佈局中國大陸或其他地區最想投資的城市，其百分比為16.47%，而2～10名分別為：昆山（13.94%）、北京（7.53%）、杭州（7.53%）、越南（6.82%）、蘇州（4.94%）、天津（2.53%）、成都（2.53%）、青島（2.41%）、廈門（2.35%）。有關台商未來佈局中國大陸的城市詳如表5-5所示。

表5-5 TEEMA 2008調查報告受訪廠商經營現況：未來佈局城市

排名	2007（N=1493）			2008（N=1700）		
	佈局城市	次數	百分比	佈局城市	次數	百分比
❶	上　海	298	19.96％	上　海	280	16.47%
❷	昆　山	223	14.94％	昆　山	237	13.94%
❸	蘇　州	198	13.26％	北　京	128	7.53%
❹	北　京	112	7.50％	杭　州	128	7.53%
❺	成　都	96	6.43％	越　南	116	6.82%
❻	廈　門	87	5.83％	蘇　州	84	4.94%
❼	天　津	76	5.09％	天　津	43	2.53%
❽	青　島	71	4.76％	成　都	43	2.53%
❾	寧　波	69	4.62％	青　島	41	2.41%
❿	杭　州	56	3.75％	廈　門	40	2.35%

四、台商佈局中國大陸城市依產業別分析

《TEEMA調查報告》從2006年開始，針對目前在中國大陸投資的台商未來佈局主要城市依產業類型進行投資城市分析，2008《TEEMA調查報告》將台商投資中國大陸的產業分為3類型：1.高科技產業；2.傳統產業；3.服務產業，如表5-6統計結果所示。

1.就高科技產業而言：2007年的排行順序為：蘇州、昆山、上海、寧波、廈門、成都、北京、廣州、中山、無錫，而2008年前5名的順序，依次為：蘇州、昆山、寧波、上海、廈門。換言之，2007年與2008年前5名的高科技產業台商，未來佈局的城市是一樣的，在高科技未來佈局的前10個城市中，似乎可以發現有6個城市都是座落在長三角，分別是：蘇州、昆山、上海、寧波、無錫、南京。這顯示，基於產業供應鏈、產業群聚的理論思維，企業未來佈局一定選擇具有產業完整價值鏈的經濟區域去進行投資佈局，因此可知高科技產業仍是以長三角為首選的地方。

2.就傳統產業而言：2007年排行順序為：昆山、蘇州、上海、天津、深圳、成都、北京、廈門、杭州、寧波，而2008年前5名的順序依次為：昆山、蘇州、上海、杭州、無錫。由於長三角的配套環境較為完善，而且港口密集，對於傳統製造出口型的產業，其運輸成本較為經濟，此外，長三角各政府行政透明度較高，從表5-6可得知，傳統產業未來佈局的前10大城市，有7個城市都位於長三角地區，分別為：昆山、蘇州、上海、杭州、無錫、寧波、嘉興。

3. 就服務產業而言： 2007年的排行順序為：上海、成都、蘇州、北京、深圳、廈門、青島、大連、昆明、廣州，而2008年前五名的順序，依次為：上海、成都、蘇州、北京、深圳，從上面5個城市分析發現，上海、北京、深圳是中國大陸三大超級都會區，隨著經濟的發展必然帶動服務業發展，因此，台商在面對中國大陸製造成本增加，出口加工型製造業的生存不易，許多台商已經在思索如何掌握中國大陸產業結構調整的脈動朝服務業發展，而台商思考的就是經濟發達、人口眾多、當地政府鼓勵服務業發展的城市，依據2008年中國大陸中央政治局第五次集體學習的主題：「中國加快轉變經濟發展方式研究」，特別指出積極發展（1）支援現代農業；（2）節能減排降耗；（3）科技自主創新（4）生產性服務業方面建設，是優化產業結構的發展方向，因此，台商赴中國大陸從事生產製造之外，應戮力於佈局中國大陸的內銷市場，以及零售服務產業，才能再創造台商的第二條經營曲線。

4. 就產業別佈局而言： 比較2007年與2008年高科技產業、傳統產業以及服務業之台商未來佈局主要城市，第一名的城市似乎都沒有改變，高科技是蘇州、傳統產業是昆山、服務業是上海，這也顯示台商對於企業永續經營尋找轉型升級的路徑與佈局城市，從長期觀點而言是一致的。

表5-6　TEEMA 2008調查報告受訪廠商經營現況：產業別佈局城市

❶高科技產業（N=538）			❷傳統產業（N=840）			❸服務產業（N=322）		
排名	城市	樣本	百分比	城市	樣本	百分比	城市	樣本	百分比

排名	城市	樣本	百分比	排名	城市	樣本	百分比	排名	城市	樣本	百分比
❶	蘇州	107	19.89	❶	昆山	191	22.74	❶	上海	66	20.50
❷	昆山	88	16.36	❷	蘇州	157	18.69	❷	成都	58	18.01
❸	寧波	75	13.94	❸	上海	128	15.24	❸	蘇州	56	17.39
❹	上海	73	13.57	❹	杭州	98	11.67	❹	北京	42	13.04
❺	廈門	51	9.48	❺	無錫	58	6.90	❺	深圳	28	8.70
❻	北京	42	7.81	❻	寧波	43	5.12	❻	廈門	18	5.59
❼	無錫	27	5.02	❼	武漢	40	4.76	❼	青島	17	5.28
❽	南京	26	4.83	❽	成都	40	4.76	❽	大連	10	3.11
❾	深圳	24	4.46	❾	嘉興	36	4.29	❾	昆明	9	2.80
❿	大連	18	3.35	❿	深圳	35	4.17	❿	廣州	7	2.17

第6章 2008中國大陸「城市競爭力」

  2008《TEEMA調查報告》首先進行中國大陸各城市之總體競爭力分析。2008年依回卷超過15份的城市且是地級市、省會、副省級城市、直轄市者共計有59個，並依此進行總體競爭力分析。其中，依加權分數之高低，將其分為A至E五個等級，如表6-1所示。

  一、就A級競爭力城市而言：A級競爭力城市共7個城市，前五名的城市為上海、北京、廣州、天津及深圳，只是在排名上略有變動。2007年B級競爭力城市的蘇州，2008年排名上升至A級的第六名，而南京則由2007年的A級競爭力城市下降至B級競爭力城市之列。整體而言，2008年A級競爭力城市較2007年變動不大，A級競爭力城市仍係以沿海、臨江及重要直轄市或大都會城市為主，這些城市所擁有的地理位置優勢，再加上建設的完備，配合地利，吸引外資進入而不斷發展進步，進而提昇整體競爭力，使得優秀投資環境吸引廠商持續投入投資，成為良性循環。

  二、就B級競爭力城市而言：B級競爭力城市入榜個數和2007年一樣為13個城市，但排名部分有些許調整，2007年B級競爭力城市榜首武漢在2008年排名落到B級的第五名，而寧波則是成長速度最快的城市，由B6到B2，排名上升了四名，且寧波在基礎條件、經濟條件和就業條件的分數都優於2007年競爭力排名表現。此外，煙台是由2007年C級競爭力城市躍升至B級競爭力城市，其在財政條件、經濟條件和就業條件上都反映出其強勁的成長力道，此與中國社會科學院（2008）公布《2008年中國城市競爭力藍皮書》調查排名結果相似，煙台在中國城市競爭力報告中，名列成長城市第二名。整體而言，從B級競爭力城市中，可發現大多屬於中國大陸中部地區之重要城鎮及內陸重要省會，顯示其地理環境及歷史發展仍有助於奠定現代化基礎，而B級競爭力城市中含有內陸都市，顯示中國大陸西進策略已有彰顯成效。

三、就C級競爭力城市而言：2008年C級競爭力城市排名入榜數為21個，比2007年多出了6個。在排名變動方面，廈門、長春二城市由B級競爭力城市下降至C級競爭力城市。2008年新加入調查的太原，其在基礎條件的表現優異，首次進榜就排入C級競爭力城市的第十四名。在C級競爭力城市中可發現多數以中國大陸東半部之沿岸省市城市為主，雖然表現不及A、B級競爭力城市，且在先天自然環境上有所限制，但其中有很多潛力十足的城市相信在未來仍有相當的成長空間。

四、就D級競爭力城市而言：2008年D級競爭力城市入榜有8個城市，分別為：徐州、鎮江、揚州、惠州、蘭州、泰安、泰州、江門。泰安是2008年新進入的評估城市，地處華東地區重要的交通樞紐，京滬鐵路縱貫南北，京福、京滬高速公路在泰安交匯，且高速公路6小時內可到達北京、上海、天津、南京、鄭州等重要城市，4小時內可到達青島、日照、連雲港等重要港口。此外，D級競爭力城市有許多歷史悠久的城市，且有一定的成長幅度，如泰州，其為蘇州入江達海5條航道的交匯處，鎮江也是個具悠久歷史的古城，宜昌歷史悠久，而近年經濟快速成長，綜合實力日益增強，其目前已初步形成以水電、載電體、化工、食品醫藥、新型建材等優勢產業為主導的產業格局。

五、就E級競爭力城市而言：在E級競爭力城市部分，從2007年的7個增加為2008年的10個，分別為宜昌、廊坊、淮安、漳州、桂林、汕頭、九江、莆田、吉安、北海，這些城市主要都是處於大城市附近的副城市，相對資源的受限與交通地理位置上的劣勢，導致發展並不如前幾級的大城市。由分析資料結果發現，這10個城市之經濟條件和就業條件都明顯較其他城市來的相對弱勢，但未來仍有發展之前景。

表6-1 TEEMA 2008 中國大陸城市競爭力排名分析

城市	❶基礎條件20%		❷財政條件10%		❸投資條件20%		❹經濟條件30%		❺就業條件20%		城市競爭力		等級
	評分	排名	評分	排名	評分	排名	評分	排名	評分	排名	評分	排名	
上海市	85.75	03	100.00	01	99.40	01	97.83	01	93.63	03	95.10	01	A01
北京市	87.45	02	98.20	02	98.23	02	92.20	05	96.50	01	93.92	02	A02
廣州	90.90	01	93.05	05	89.63	06	93.05	04	93.63	04	92.05	03	A03
天津市	82.28	04	93.10	04	90.17	04	87.48	07	85.57	05	87.15	04	A04
深圳	54.70	24	95.65	03	83.87	08	95.65	03	95.97	02	85.17	05	A05
蘇州	58.13	22	90.45	07	94.20	03	96.50	02	79.83	07	84.43	06	A06
杭州	79.70	06	87.05	08	81.00	09	86.60	08	83.30	06	83.49	07	A07
南京	75.80	07	82.70	10	79.27	12	78.43	11	75.80	08	77.97	08	B01
寧波	65.03	17	87.05	08	80.97	10	81.43	09	74.10	12	77.15	09	B02
青島	72.38	11	79.25	12	80.43	11	70.63	14	74.67	11	74.61	10	B03
瀋陽	74.95	08	79.25	12	90.17	04	68.05	16	64.90	15	74.34	11	B04
武漢	74.10	09	77.55	14	77.53	15	67.18	17	75.80	08	73.39	12	B05
成都	81.43	05	77.50	16	87.33	07	63.33	18	64.33	17	73.37	13	B06
大連	70.20	14	81.00	11	78.70	13	74.10	13	63.73	18	72.86	14	B07
無錫	48.65	31	77.55	14	78.13	14	88.75	06	54.00	29	70.54	15	B08
重慶市	60.30	20	93.05	05	76.97	16	61.15	22	47.63	34	64.63	16	B09
濟南	74.10	13	63.70	22	51.10	29	61.58	21	71.20	13	64.12	17	B10
佛山	47.38	33	71.50	17	60.30	23	80.15	10	56.27	25	63.98	18	B11
煙台	53.85	26	57.70	24	70.63	17	69.33	15	55.13	26	62.49	19	B12
長沙	68.50	15	68.90	19	68.90	18	48.20	34	56.30	24	60.09	20	B13
廈門	47.78	32	68.90	18	54.00	26	53.43	27	75.23	10	58.32	21	C01
東莞	39.20	39	66.35	20	58.00	24	74.95	12	45.37	37	57.63	22	C02
西安	70.65	13	50.80	28	63.20	19	36.15	40	63.17	20	55.33	23	C03
長春	65.00	18	50.80	28	63.17	20	48.65	33	45.93	36	54.50	24	C04
溫州	52.95	27	62.90	23	41.30	35	56.43	24	60.27	22	54.12	25	C05
常州	40.90	38	56.85	25	62.03	22	62.88	20	44.80	38	54.09	26	C06
紹興	37.03	43	47.35	33	49.97	30	63.30	19	60.30	21	53.18	27	C07
哈爾濱	62.88	19	66.35	20	43.07	34	44.35	35	58.57	23	52.84	28	C08
福州	56.85	23	53.40	27	51.67	28	49.10	32	53.40	30	52.45	29	C09
威海	54.28	25	35.30	39	48.23	32	60.73	23	49.93	33	52.24	30	C10

表6-1 TEEMA 2008中國大陸城市競爭力排名分析（續）

城市	❶基礎條件20% 評分	排名	❷財政條件10% 評分	排名	❸投資條件20% 評分	排名	❹經濟條件30% 評分	排名	❺就業條件20% 評分	排名	城市競爭力 評分	排名	等級
嘉興	31.40	46	39.60	37	53.40	27	54.68	26	64.90	15	50.30	31	C11
石家庄	59.00	21	49.10	31	48.80	31	51.23	30	37.33	41	49.30	32	C12
南通	42.63	37	50.00	30	62.60	21	52.98	28	35.60	45	49.06	33	C13
太原	71.53	12	40.45	36	35.03	39	35.28	41	63.73	18	48.69	34	C14
昆明	68.05	16	55.95	26	40.17	36	32.70	44	55.13	26	48.08	35	C15
泉州	37.48	41	48.25	32	39.07	37	55.15	25	54.57	28	47.59	36	C16
珠海	44.78	34	26.65	44	26.37	46	42.63	36	66.03	14	42.89	37	C17
中山	37.45	42	25.80	45	33.27	42	50.83	31	51.10	32	42.19	38	C18
合肥	49.53	30	43.95	34	56.23	25	30.15	46	37.30	42	42.05	39	C19
南寧	51.25	29	30.15	40	27.53	45	51.25	29	36.17	44	41.38	40	C20
南昌	44.78	34	36.15	38	45.93	33	37.45	38	39.63	39	40.92	41	C21
徐州	44.35	36	42.20	35	33.30	41	34.03	42	36.73	43	37.30	42	D01
鎮江	36.15	44	24.10	46	32.70	43	39.58	37	39.60	40	35.97	43	D02
揚州	34.00	45	29.25	42	39.03	38	37.00	39	28.67	46	34.37	44	D03
惠州	18.50	55	21.50	47	33.83	40	33.58	43	53.40	31	33.37	45	D04
蘭州	52.55	28	13.75	51	11.47	54	19.80	49	47.07	35	29.53	46	D05
泰安	39.15	40	26.70	43	13.73	52	27.55	48	22.37	48	25.99	47	D06
泰州	28.00	48	29.30	41	28.10	44	29.25	47	11.43	56	25.21	48	D07
江門	19.33	54	18.90	48	19.47	48	31.43	45	23.50	47	23.78	49	D08
宜昌	28.38	47	10.25	54	14.87	51	15.45	50	21.80	49	18.67	50	E01
廊坊	27.55	49	10.30	53	23.50	53	14.60	52	12.00	55	18.02	51	E02
淮安	24.08	52	14.60	49	18.37	49	10.30	54	10.87	57	15.21	52	E03
漳州	15.93	57	9.45	55	16.60	50	12.45	53	16.60	50	14.51	53	E04
桂林	24.95	51	14.60	49	9.13	55	5.55	56	15.47	51	13.04	54	E05
汕頭	14.20	58	11.15	52	8.00	56	14.60	51	15.47	51	13.03	55	E06
九江	24.98	50	5.10	57	13.17	53	5.55	57	13.17	54	12.44	56	E07
莆田	7.73	59	1.70	58	5.10	58	6.83	55	14.33	53	7.65	57	E08
吉安	16.75	56	5.10	56	6.87	57	1.28	59	1.13	59	5.84	58	E09
北海	19.75	53	0.00	59	0.00	59	2.58	58	2.83	58	5.29	59	E10

第7章　2008中國大陸「投資環境力」

一、TEEMA 2008中國大陸投資環境力評估指標分析

2008《TEEMA調查報告》是以中國大陸投資環境力七大構面及47個指標所做的分析研究，其建構項目為：（一）3個自然環境構面指標；（二）5個基礎建設構面指標；（三）4個公共設施構面指標；（四）5個社會環境構面指標；（五）13個法制環境構面指標；（六）7個經濟環境構面指標；（七）10個經營環境構面指標。表7-1為針對90個調查分析城市，進行投資環境力之各構面以及細項指標評分。

由表7-2顯示，以90個為評比基準城市之2008《TEEMA調查報告》所分析之投資環境力的評分為3.49，略低於2007年之評分3.54，換言之，2008年中國大陸台商在中國大陸整體投資環境力比2007年略遜一籌，顯示中國大陸整體的投資環境開始走向下坡的趨勢，從過往幾年之《TEEMA調查報告》中可以發現，從2004年至2007年中國大陸投資環境力由3.26分提高至3.54分，其成長幅度高達8.5%，整體而言，中國大陸台商對中國大陸城市投資環境力之評分，在經過連續3年呈現上升的趨勢後，開始有些微的下滑情況。中國大陸改革開放以後，近幾年因為市場廣大、生產成本低廉等眾多因素吸引大量外資以及台商快速進入佈局，以致中國大陸經濟快速起飛，而中國大陸台商對於中國大陸投資環境力之評分也愈來愈高。然而，從表7-2、表7-3以及表7-4的分析即可瞭解中國大陸因為人民幣快速升值以及通貨膨脹的影響，使得整體的投資環境力有些許下滑的狀況。不論是從表7-2的「平均觀點」或是從表7-3的「整體觀點」來看，我們都可以發現2008年之七大投資環境力構面指標大部分均略遜於2007年之評分。

由表7-2、表7-3、表7-4、表7-5的綜合分析顯示，2008《TEEMA調查報告》針對中國大陸投資環境力之七大評估構面、47項細項指標、平均觀點剖析投

資環境力以及整體觀點等分析論述如下：

1. 自然環境構面而言：由表7-2可以發現，2008《TEEMA調查報告》自然環境構面之評價為3.51分，從2007年七大投資環境力評估最高分跌落至第四名。在自然環境構面之3項細項指標中，以「當地生態與地理環境符合企業發展的條件」評分（3.60分）為最高，此指標在所有指標中排名第8。從以往的《TEEMA調查報告》中我們可以看到，「當地生態與地理環境符合企業發展的條件」指標於2004年、2005年、2006年之評價都是名列前茅，但2007年卻下滑至第七位，至2008年更是已經跌到第八位，這顯示中國大陸生態環境之惡化程度有愈來愈嚴重的趨勢，中國大陸有關當局對於生態保護應該投入更多之心力，以達到在經濟發展與環境保護間的平衡。

2. 基礎建設構面而言：2008《TEEMA調查報告》中，基礎建設構面之評價為3.63分，是2008年七大投資環境力評估構面中得分最高的構面。在基礎建設構面當中，以「當地海、陸、空交通運輸便利程度」以及「通訊設備、資訊設施、網路建設完善程度」兩者之評分（3.74）最高。2004～2008年「當地海、陸、空交通運輸便利程度」指標大都維持在評比項目中之前三名，其排名為：2004年（第二名）、2005年（第三名）、2006年（第一名）、2007年（第一名）、2008年（第一名），近幾年來，中國大陸為了因應經濟快速的發展，交通運輸、基礎建設的便利、完善成為其主要目標，且針對當地陸、海、空交通運輸設備積極發展。20年前，中國大陸的高速公路總長度不到300公里，至1999年底，中國大陸高速公路總里程已達到1.2萬公里，名列世界第三位。2001年底，中國大陸高速公路大約1.9萬公里，更躍居世界第二，僅次於美國，發展至2007年底中國大陸高速公路的總長度迅速達到5.36萬公里，由此快速發展可以預見，至2008年底，中國大陸高速公路總長度將成為世界第一。隨著「十一五」規劃的展開，中國大陸優先發展運輸業，提昇專業化的物流、社會化服務水平，並同時加快建設上海、天津、大連等中心以及主要港口。不論是從陸運發展還是海運建設，都可以看出中國大陸政府努力建設海、陸、空三種運輸方式，使其更為便利。「通訊設備、資訊設施、網路建設完善程度」指標也從2007年（3.68分）第六名躍進至2008年（3.74分）第一名，中國大陸面積約960萬平方公里，由此項指標證明，中國大陸在地大面積廣的土地上，藉由通訊聯繫設備以及網路設施的建設完善度來加強中國大陸國土內的快速聯繫，以期縮小各省市之間的距離，進而幫助中國大陸外資企業在當地投資的便利性。

3. 公共設施構面而言：2008《TEEMA調查報告》的評分為3.56分，在七項投資環境力構面中排名第二，其中「學校、教育、研究機構的質與量完備程度」是此構面中評分最高的項目（3.61分），其次則為3.60分的「當地的銀行商旅等商務環境便捷程度」指標。就公共設施構面之4項衡量指標而言，與2007年之評分相比，「學校、教育、研究機構的質與量完備程度」指標進步達0.03，是4個指標中進步最多的細項指標。麥肯錫（Mckinsey）（2006）研究調查報告顯示，如果中國大陸希望接下來的10～15年能繼續成長，仍需要7.5萬名有國際經驗的領導者，目前中國大陸僅有3,000～5,000名合格人才，而我們也看到近幾年來，中國大陸政府在當地教育上的努力。由表7-1可見，隨著中國大陸不斷的發展，為了因應全球快速化的變遷以及中國大陸和世界接軌的決心，中國大陸近年對於外資企業在當地之便捷程度以及中國大陸主要省市國際化程度之努力，2008年「當地的銀行商旅等商務環境便捷程度」由2007年的15名擠進前10名，而「當地的城市建設的國際化程度」也進步了10個名次。

4. 社會環境構面而言：依2008《TEEMA調查報告》顯示，社會環境構面的評分為3.44分比2007年的3.55分，下降0.11，居於七大構面之末，顯示整體的社會環境有愈來愈差的趨勢。在社會環境構面中，以「民眾及政府歡迎台商投資設廠態度」指標之評價最高（3.60分），縱使該指標在歷年所有細項指標的排行中，都是名列前茅者：2004年（第五名）、2005年（第二名）、2006年（第三名）、2007年（第三名），卻於2008年跌至第十名，此顯示縱使中國大陸知道大量吸引外資進入當地投資，不但可以提昇當地人民收入及生活水準，也可以增加稅收，但是中國大陸近年來招商政策（1）由過去的「來者不拒」向「擇善而從」的轉變；（2）由「招商引資」到「挑商選資」的態度轉變；（3）由「築巢引鳳」到「收巢改鳳」的轉變，上述這些轉變，都將使中國大陸過去著重在吸引外資策略，轉變為對民營企業發展的重視。

5. 法制環境構面而言：依2008《TEEMA調查報告》顯示，法制環境構面的評分為3.45，是繼2004年3.01分開始一路升高2005年的3.23分、2006年的3.39分、2007年的3.48分，直至2008年下降至3.45分。由此可見，中國大陸政府近年來在完善法制環境的努力已獲得台商高度的肯定，但是由於2008年初開始，中國大陸展開一連串的法制政策變革，而在執行上卻又執法不公或像是在《勞動合同法》過於犧牲資方權益，過份偏袒勞方的規定，使得台商對於中國大陸法制環境構面評分有些許下降。在13項法制環境構面的評估指標中，又以「行政命令與國

家發展的一致性程度」（3.60分）最高，其次是「當地的海關行政效率」（3.51分），居於最後的是「當地政府積極查處違劣仿冒品的力度」（3.30分）；Navarro （2007）在其所著的《中國戰爭即將到來》一書中提到：「全世界之仿冒品中約有2/3是由中國大陸製造。」雖然中國大陸禁止盜版和仿冒的法規相當完善，但政府為了避免國內市場物價上漲、創造就業機會以及擴張出口等原因，幾乎沒有執行查緝動作。執行單位只擁有沒收贗品和罰款的權利，而非具刑罰權力的司法執行單位，再加上罰款金額很少，反倒鼓勵而非反制盜版與仿冒的氾濫。此外，2007年法制環境在所有的投資環境力七大構面中排名最後，此排名與2004年、2005年排名居末是一致的，在經過中國大陸一整年針對法制環境及觀念的改革之後，法制環境之評分於2008年躍升至第五名。這個研究結果顯示中國大陸當局對於其法制環境之重視程度愈加深厚。

    6.經濟環境構面而言：依2008《TEEMA調查報告》顯示，經濟環境構面的評分為3.54，比2007年的3.59分小幅下降0.05分。報告顯示「當地人民的生活條件及人均收入狀況」（3.73）評分最高，此指標2006年大幅從2004年、2005年位居的第二十四名或二十五名提昇至第十二名，甚至於2007年名列投資環境力細項指標之冠，而2008年雖然評分增加0.01，但是投資環境力細項排名卻落居第三名，這顯示縱使這幾年隨著中國大陸城市化促使老百姓的所得增加，生活條件以及人均收入都提昇，而近期人民幣快速升值、通貨膨脹的加速等經濟因素在在影響到中國大陸當地人民生活條件和其收入間的水平程度變化。

    7.經營環境構面而言：依2008《TEEMA調查報告》顯示，經營環境構面的評分為3.44，和社會環境構面同樣位居七大構面之末，然而，從整體的趨勢來看排名：2004年（第三名）、2005年（第五名）、2006年（第六名）、2007年（第四名），顯示其排名雖於2007年有小幅上升，但整體大致是下滑趨勢，換言之，直接影響企業經營績效的構面是經營環境構面，因此，該構面也直接反映出台商企業對於中國大陸投資意願程度的減少。此項結果顯示，中國大陸當局以及各地的政府必須針對外資投資、經營環境加以改善，以吸引更多外資。在經營環境的10項細項指標中，「有利於形成上、下游產業供應鏈完整程度」得分最高（3.56分），其次為「當地台商享受政府自主創新獎勵的程度」（3.52分）；而其中以「台商企業在當地之勞資關係和諧程度」以及「當地的專業及技術人才供應充裕程度」得分最低（3.31分）。麥肯錫（2005）《應對中國隱現的人才短缺》之研究報告顯示，中國大陸對於專業及技術人才之嚴重缺乏的問題，而就

2008《TEEMA調查報告》顯示，「當地的專業及技術人才供應充裕程度」指標從2004～2007年其排名一直居於經營環境構面中之末，顯示專業人才缺乏問題的嚴重性，因此，對於中國大陸而言，針對各省市之學校、研究機構以及教育人才是刻不容緩的事情。

　　8.就投資環境力而言：依2008《TEEMA調查報告》顯示，針對七大投資環境力構面之評價的順序為（1）基礎建設；（2）公共設施；（3）經濟環境；（4）自然環境；（5）法制環境；（6）社會環境與經營環境。此一排序顯示台商改變以往認為法制環境為評分最低，並且社會環境與經營環境是目前中國大陸台商企業對於中國大陸評價最低的兩個構面，眾多企業認定，在中國大陸發展，當地政府與人民對於投資台商的配合度、當地治安、道德觀念以及在地經營的政策對台商而言是最為需要加以改善的；而雖然法制環境的排名由末位躍升至第五名，但法制環境的不完善，對台商而言，仍是一個不可忽視的問題。畢竟，對於在中國大陸投資的台商來說，唯有處於一個「天時」正在快速起飛的時間點，「地利」資源豐富、建設充足、政策完善以及「人合」當地政府配合、當地人民合作的情況下，才可以為台商企業利潤帶來最大的獲利。

表7-1 TEEMA 2008 中國大陸投資環境力指標評分與排名分析

投資環境力評估構面與指標	2008 評分	2008 排名	2007 評分	2007 排名	2006 評分	2006 排名	2005 評分	2005 排名	2004 評分	2004 排名	2004~2008 排名平均	2004~2008 總排名
自然-01）當地生態與地理環境環境符合企業發展的條件	3.60	08	3.66	07	3.55	02	3.65	01	3.56	01	3.80	02
自然-02）當地水電、燃料等能源充沛的程度	3.52	16	3.64	10	3.38	22	3.42	07	3.35	09	12.80	12
自然-03）當地土地取得價格的合理程度	3.42	34	3.56	19	3.40	16	3.38	09	3.40	07	17.00	18
基礎-01）當地海、陸、空交通運輸便利程度	3.74	01	3.72	01	3.56	01	3.60	03	3.52	02	1.60	01
基礎-02）通訊設備、資訊設施、網路建設完善程度	3.74	01	3.68	06	3.54	05	3.56	04	3.41	05	4.20	03
基礎-03）當地的污水、廢棄物處理設備完善程度	3.44	31	3.43	39	3.32	39	3.18	32	3.02	35	35.20	39
基礎-04）當地的倉儲物流處理能力	3.61	06	3.59	15	3.49	06	3.37	10	3.22	19	11.20	09
基礎-05）未來總體發展及建設規劃完善程度	3.60	08	3.69	05	3.54	03	3.49	05	3.39	08	5.80	06
公共-01）醫療、衛生、保健設施的質與量完備程度	3.49	23	3.48	32	3.31	40	3.16	36	3.03	33	32.80	35
公共-02）學校、教育、研究機構的質與量完備程度	3.61	06	3.58	17	3.36	30	3.29	21	3.13	21	19.00	20
公共-03）當地的銀行商旅等商務環境便捷程度	3.60	10	3.59	15	3.43	11	3.37	10	-	-	11.50	10
公共-04）當地的城市建設的國際化程度	3.55	15	3.53	25	3.37	25	3.29	21	3.24	17	20.60	22
社會-01）當地的社會治安	3.48	24	3.55	20	3.38	22	3.29	21	3.20	20	21.40	24
社會-02）當地民眾生活素質及文化水平程度	3.43	32	3.41	43	3.29	43	3.16	36	3.07	27	36.20	41
社會-03）當地社會風氣及民眾的價值觀程度	3.35	42	3.37	46	3.30	42	-	-	-	-	43.33	45
社會-04）當地民眾的誠信與道德觀程度	3.33	43	3.38	45	3.28	44	-	-	-	-	44.00	46
社會-05）民眾及政府歡迎台商投資設廠態度	3.60	10	3.71	03	3.54	03	3.63	02	3.41	05	4.60	04
法制-01）行政命令與國家法令的一致性程度	3.60	10	3.60	13	3.41	15	3.30	18	3.08	25	16.20	16
法制-02）當地的政策優惠條件	3.47	25	3.54	23	3.42	12	3.33	13	3.25	14	17.40	19
法制-03）政府與執法機構秉持公正執法態度	3.45	28	3.44	37	3.39	20	3.25	25	3.09	24	26.80	31
法制-04）當地解決糾紛的管道完善程度	3.40	37	3.44	37	3.34	35	3.18	32	3.02	35	35.20	39
法制-05）當地的工商管理、稅務機關行政效率	3.46	27	3.49	31	3.37	25	3.23	27	3.07	27	27.40	32

蛻變躍升謀商機──2008年中國大陸地區投資環境與風險調查

表7-1 TEEMA 2008 中國大陸投資環境力指標評分與排名分析（續）

指標												
法制-06	當地的海關行政效率	3.51	18	3.53	25	3.39	20	3.22	28	3.06	29	24.00	27
法制-07	勞工、工安、消防、衛生行政效率	3.40	37	3.47	35	3.36	30	3.17	34	3.05	31	33.40	37
法制-08	當地的官員操守清廉程度	3.45	28	3.42	41	3.37	25	3.16	36	3.02	35	33.00	36
法制-09	當地的地方政府對台商投資承諾實現程度	3.50	19	3.55	20	3.44	10	3.30	18	3.33	10	15.40	14
法制-10	當地環保法規規定適宜且合理程度	3.47	25	3.51	28	3.40	16	3.24	26	3.10	23	23.60	26
法制-11	當地政府政策穩定性及透明度	3.43	32	3.48	32	3.37	25	3.19	30	3.06	29	29.60	34
法制-12	當地政府對智慧財產權重視的態度	3.38	40	3.42	42	3.34	35	3.04	40	2.90	38	39.00	43
法制-13	當地政府積極查處違劣仿冒品的力度	3.30	47	3.34	47	-	-	-	-	-	-	47.00	47
經濟-01	當地人民的生活條件及人均收入狀況	3.73	03	3.72	01	3.42	12	3.27	24	3.08	25	13.00	13
經濟-02	當地的商業及經濟發展程度	3.62	04	3.60	13	3.42	12	3.32	16	3.25	14	11.80	11
經濟-03	金融體系完善的程度且貸款取得便利程度	3.36	41	3.43	39	3.31	40	3.17	34	3.05	31	37.00	42
經濟-04	當地的資金匯兌及利潤匯出便利程度	3.41	36	3.47	35	3.33	37	3.19	30	3.03	33	34.20	38
經濟-05	當地經濟環境促使台商經營獲利程度	3.45	28	3.53	25	3.38	22	-	-	-	-	25.00	28
經濟-06	該城市未來具有經濟發展潛力的程度	3.62	04	3.71	03	3.47	07	-	-	-	-	4.67	05
經濟-07	當地政府改善投資環境積極程度	3.58	13	3.66	07	3.45	08	3.42	07	3.32	07	9.20	07
經營-01	當地的基層勞力供應充裕程度	3.40	37	3.62	11	3.33	37	3.33	13	3.47	03	20.20	21
經營-02	當地的專業及技術人才供應充裕程度	3.31	45	3.40	44	3.22	45	3.14	39	3.11	22	39.00	43
經營-03	環境適合台商發展內需、內銷市場的程度	3.50	19	3.48	32	3.37	25	3.33	13	-	-	22.25	25
經營-04	台商企業在當地之勞資關係和諧程度	3.31	45	3.55	20	3.40	16	3.35	12	3.28	12	21.00	23
經營-05	經營成本、廠房與相關設施成本合理程度	3.33	43	3.54	23	3.35	32	3.30	18	3.27	13	25.80	30
經營-06	有利於形成上、下游產業供應鏈完整程度	3.56	14	3.58	17	3.40	16	3.31	17	3.24	17	16.20	16
經營-07	當地的市場未來發展潛力優異程度	3.50	19	3.65	09	3.45	08	3.43	06	3.45	04	9.20	08
經營-08	同業、同行間公平且正當競爭的環境條件	3.42	34	3.51	28	3.35	32	3.22	28	3.25	16	27.60	33
經營-09	當地台商享受政府自主創新獎勵的程度	3.52	16	3.51	28	3.35	32	-	-	-	-	25.33	29
經營-10	當地政府獎勵台商自創品牌措施的程度	3.50	19	3.61	12	-	-	-	-	-	-	15.50	15

表7-2 TEEMA 2008中國大陸投資環境力構面平均觀點評分與排名

投資環境力 評估構面	2008		2007		2006		2005		2004		2004～2008	
	評分	排名	評分	排名	評分	排名	評分	排名	評分	排名	評分	排名
❶自然環境	3.51	4	3.62	1	3.45	2	3.51	1	3.46	1	3.51	1
❷基礎建設	3.63	1	3.62	1	3.49	1	3.42	2	3.28	2	3.49	2
❸公共設施	3.56	2	3.55	4	3.39	3	3.34	3	3.19	4	3.41	3
❹社會環境	3.44	6	3.55	4	3.36	6	3.31	4	3.17	5	3.35	6
❺法制環境	3.45	5	3.48	7	3.39	3	3.23	7	3.01	7	3.31	7
❻經濟環境	3.54	3	3.59	3	3.39	3	3.27	6	3.13	6	3.38	4
❼經營環境	3.44	6	3.55	4	3.36	6	3.30	5	3.25	3	3.38	4
平均值	3.49		3.54		3.41		3.32		3.26		3.40	

表7-3 TEEMA 2008中國大陸投資環境力構面整體觀點評分與排名

投資環境力 評估構面	2008		2007		2006		2005		2004		2004～2008	
	評分	排名	評分	排名	評分	排名	評分	排名	評分	排名	評分	排名
❶自然環境	3.62	2	4.11	1	3.50	1	3.61	1	3.51	1	3.67	1
❷基礎建設	3.65	1	3.72	5	3.50	1	3.48	2	3.35	2	3.54	2
❸公共設施	3.60	3	3.81	2	3.44	4	3.42	3	3.28	4	3.51	3
❹社會環境	3.52	6	3.76	4	3.41	6	3.39	4	3.28	4	3.47	5
❺法制環境	3.53	5	3.79	3	3.45	3	3.39	4	3.25	6	3.48	4
❻經濟環境	3.59	4	3.62	6	3.41	6	3.35	6	3.31	3	3.46	6
❼經營環境	3.51	7	3.69	6	3.43	5	3.27	7	3.15	7	3.41	7
平均值	3.50		3.57		3.44		3.37		3.32		3.44	

表7-4 TEEMA 2007～2008投資環境力平均觀點與總體觀點差異分析

投資環境力 平均觀點	2008 評分	2007 評分	2007～2008 差異分析	投資環境力 整體觀點	2008 評分	2007 評分	2007～2008 差異分析
❶自然環境	3.51	3.62	-0.11	❶自然環境	3.62	4.11	-0.49
❷基礎建設	3.63	3.62	+0.01	❷基礎建設	3.65	3.72	-0.07
❸公共設施	3.56	3.55	+0.01	❸公共設施	3.60	3.81	-0.21
❹社會環境	3.44	3.54	-0.10	❹社會環境	3.52	3.76	-0.24
❺法制環境	3.45	3.48	-0.03	❺法制環境	3.53	3.79	-0.26
❻經濟環境	3.54	3.59	-0.05	❻經濟環境	3.59	3.62	-0.03
❼經營環境	3.44	3.55	-0.11	❼經營環境	3.51	3.69	-0.18
平均值	3.49	3.54	-0.05	平均值	3.50	3.57	-0.07

二、TEEMA 2007～2008中國大陸投資環境力比較分析

表7-5為2007～2008《TEEMA調查報告》中國大陸投資環境力比較結果，此外，為更加瞭解2007～2008《TEEMA調查報告》中國大陸投資環境力七大構面之間之比較關係，2008《TEEMA調查報告》也針對中國大陸投資環境力之七大構面進行差異分析，其分析結果以及排名變化如表7-6所示。由表7-5以及表7-6，可歸納下列之評述：

1. 就47項評估指標而言： 針對2008《TEEMA調查報告》在投資環境力的47項評估指標評價結果，其中有15項指標均比2007年之評價高，其中包括：基礎建設4項、公共設施4項、社會環境1項、法制環境2項、經濟環境2項以及經營環境2項；有31項指標均比2007年之評價要低，其中包括：自然環境3項、基礎建設1項、社會環境4項、法制環境10項、經濟環境5項以及經營環境8項；其餘1項指標均與2007年之評價相同：法制環境1項。

2. 就47項評估指標差異分析而言： 從表7-5可以看到，2008《TEEMA調查報告》在與2007年的評估指標進行差異分析後，進步最多的是基礎環境構面中的「通訊設備、資訊設施、網路建設完善程度」，從2007年的3.68分到2008年的3.74分，提高了0.06分，其次是公共設施構面的「學校、教育、研究機構的質與量完備程度」，從2007年的3.58分提升到2008年的3.61分，進展了0.03分。由上述分析我們可以知道，在最近一年中，中國大陸針對國內基礎建設之通訊設備、資訊設備有大幅地提昇，在此地大面積廣的土地上，中國大陸藉由通訊聯繫設備以及網路設施的建設完善度來加強中國大陸國土內的快速聯繫，以期縮小各省市之間的距離，來幫助中國大陸外資企業在當地投資的便利性；而為因應和國際接軌以及國內人才的培育，中國大陸也逐漸對於國內教育、人才培育、訓練的重視，以著重於學校、研究機構等品質與數量的提昇和增加；與2007年的評估指標進行差異分析，發現退步最多的是經營環境構面的「台商企業在當地之勞資關係和諧程度」，從2007年的3.55分到2008年的3.31分，下降0.24，其次是經營環境構面的「當地的基層勞力供應充裕程度」，從2007年的3.62分下降到2008年的3.40分，下降了0.22；而與2007年的評估指標進行差異分析，和2007年相比，差異最大的「台商企業在當地之勞資關係和諧程度」最主要是起源於2008年初所實施的《勞動合同法》，因為此項法規的訂立，已經嚴重影響中國大陸台商獲利以及管理勞工之權力，因《勞動合同法》而帶動中國大陸勞工對於權利的重視及要

求已經嚴重破壞原本台商企業在中國大陸之和諧的勞動關係；經營排名相同的是法制環境構面的「行政命令與國家法令的一致性程度」，2007年和2008年均維持在3.60分。

3.就47項評估指標進步比例分析： 如果以2008年之47項細項評估指標為基數，指標數上升的百分比為31.91%，和2007年評估指標進步比例100%相比較起來，這顯示出中國大陸投資環境力不斷下滑的趨勢，而指標數下降的百分比為65.96%，由以上數據可證明中國大陸吸引全世界的外資企業對中國大陸投資的力道也逐漸減弱。

4.就7項評估構面而言： 2008年和2007年相比較起來，在7項投資環境力評估構面中，僅有基礎建設以及公共設施呈成長趨勢，其餘皆為衰退趨勢，可見中國大陸為了吸引外資的進入以及為使其經濟之快速發展更為順利，仍不斷加強中國大陸國內基礎建設以及公共建設，以為未來之發展打下穩健的基礎；而投資環境力總平均2008年比2007年下降了0.05。基礎建設構面從2007年的3.62分到2008年的3.63分以及公共設施構面從2007年的3.55分到2008年的3.56分，均提昇了0.01。在其餘5項衰退構面中衰退最嚴重的是自然環境、社會環境以及經營環境三大構面，均衰退0.11，在自然環境中，中國大陸近年來快速開發再加上國際原物料價格不斷攀升，使自然環境方面有嚴重的衰退；最讓台商對於投資中國大陸卻步的因素即在於道德缺乏的問題，不單單是中資企業，甚至連當地政府官員都缺乏道德與法治的觀念，此一問題時常嚴重危及中國大陸台商之身家財產安危；2008年初實施的《勞動合同法》以及許多大大小小針對勞資雙方而修改的法案都已經嚴重威脅到台商與中國大陸勞工之間原本和諧的關係，再加上中國大陸對於當地企業的保護主義過於強烈，也都嚴重破壞原本台商在中國大陸經營、運作的環境優勢，且降低其獲利性及便利性。

表7-5　TEEMA 2007～2008投資環境力差異與排名變化分析

投資環境力評估構面與指標	2008評分	2007評分	2007～2008差異分析	差異變化排名 ▲	差異變化排名 ▼	差異變化排名 ―
自然-01) 當地生態與地理環境符合企業發展的條件	3.60	3.66	-0.06	-	19	-
自然-02) 當地水電、燃料等能源充沛的程度	3.52	3.64	-0.12	-	06	-
自然-03) 當地土地取得價格的合理程度	3.42	3.56	-0.14	-	05	-
基礎-01) 當地海、陸、空交通運輸便利程度	3.74	3.72	+0.02	04	-	-
基礎-02) 通訊設備、資訊設施、網路建設完善程度	3.74	3.68	+0.06	01	-	-
基礎-03) 當地的污水、廢棄物處理設備完善程度	3.44	3.43	+0.01	10	-	-
基礎-04) 當地的倉儲物流處理能力	3.61	3.59	+0.02	04	-	-
基礎-05) 未來總體發展及建設規劃完善程度	3.60	3.69	-0.09	-	09	-
公共-01) 醫療、衛生、保健設施的質與量完備程度	3.49	3.48	+0.01	10	-	-
公共-02) 學校、教育、研究機構的質與量完備程度	3.61	3.58	+0.03	02	-	-
公共-03) 當地的銀行商旅等商務環境便捷程度	3.60	3.59	+0.01	10	-	-
公共-04) 當地的城市建設的國際化程度	3.55	3.53	+0.02	04	-	-
社會-01) 當地的社會治安	3.48	3.55	-0.07	-	15	-
社會-02) 當地民眾生活素質及文化水平程度	3.43	3.41	+0.02	04	-	-
社會-03) 當地社會風氣及民眾的價值觀程度	3.35	3.37	-0.02	-	29	-
社會-04) 當地民眾的誠信與道德觀程度	3.33	3.38	-0.05	-	21	-
社會-05) 民眾及政府歡迎台商投資設廠態度	3.60	3.71	-0.11	-	07	-
法制-01) 行政命令與國家法令的一致性程度	3.60	3.60	0.00	-	-	01
法制-02) 當地的政策優惠條件	3.47	3.54	-0.07	-	15	-
法制-03) 政府與執法機構秉持公正執法態度	3.45	3.44	+0.01	10	-	-
法制-04) 當地解決糾紛的管道完善程度	3.40	3.44	-0.04	-	24	-
法制-05) 當地的工商管理、稅務機關行政效率	3.46	3.49	-0.03	-	28	-
法制-06) 當地的海關行政效率	3.51	3.53	-0.02	-	29	-
法制-07) 勞工、工安、消防、衛生行政效率	3.40	3.47	-0.07	-	15	-
法制-08) 當地的官員操守清廉程度	3.45	3.42	+0.03	02	-	-
法制-09) 當地的地方政府對台商投資承諾實現程度	3.50	3.55	-0.05	-	21	-
法制-10) 當地環保法規規定適宜且合理程度	3.47	3.51	-0.04	-	24	-
法制-11) 當地政府政策穩定性及透明度	3.43	3.48	-0.05	-	21	-
法制-12) 當地政府對智慧財產權重視的態度	3.38	3.42	-0.04	-	24	-
法制-13) 當地政府積極查處違劣仿冒品的力度	3.30	3.34	-0.04	-	24	-
經濟-01) 當地人民的生活條件及人均收入狀況	3.73	3.72	+0.01	10	-	-
經濟-02) 當地的商業及經濟發展程度	3.62	3.60	+0.02	04	-	-
經濟-03) 金融體系完善的程度且貸款取得便利程度	3.36	3.43	-0.07	-	15	-
經濟-04) 當地的資金匯兌及利潤匯出便利程度	3.41	3.47	-0.06	-	19	-
經濟-05) 當地經濟環境促使台商經營獲利程度	3.45	3.53	-0.08	-	13	-
經濟-06) 該城市未來具有經濟發展潛力的程度	3.62	3.71	-0.09	-	09	-
經濟-07) 當地政府改善投資環境積極程度	3.58	3.66	-0.08	-	13	-
經營-01) 當地的基層勞力供應充裕程度	3.40	3.62	-0.22	-	02	-
經營-02) 當地的專業及技術人才供應充裕程度	3.31	3.40	-0.09	-	09	-
經營-03) 環境適合台商發展內需、內銷市場的程度	3.50	3.48	+0.02	04	-	-
經營-04) 台商企業在當地之勞資關係和諧程度	3.31	3.55	-0.24	-	01	-
經營-05) 經營成本、廠房與相關設施成本合理程度	3.33	3.54	-0.21	-	03	-
經營-06) 有利於形成上、下游產業供應鏈完整程度	3.56	3.58	-0.02	-	29	-
經營-07) 當地的市場未來發展潛力優異程度	3.50	3.65	-0.15	-	04	-
經營-08) 同業、同行間公平且正當競爭的環境條件	3.42	3.51	-0.09	-	09	-
經營-09) 當地台商享受政府自主創新獎勵的程度	3.52	3.51	+0.01	10	-	-
經營-10) 當地政府獎勵台商自創品牌措施的程度	3.50	3.61	-0.11	-	07	-

表7-6　　TEEMA 2007～2008投資環境力細項指標變化排名分析

投資環境力構面	2008評分	2007評分	2007～2008差異分析	名次	評估指標升降			
					指標數	▲	▼	一
❶ 自然環境	3.51	3.62	-0.11	5	3	0	3	0
❷ 基礎建設	3.63	3.62	+0.01	1	5	4	1	0
❸ 公共設施	3.56	3.55	+0.01	1	4	4	0	0
❹ 社會環境	3.44	3.55	-0.11	5	5	1	4	0
❺ 法制環境	3.45	3.48	-0.03	3	13	2	10	1
❻ 經濟環境	3.54	3.59	-0.05	4	7	2	5	0
❼ 經營環境	3.44	3.55	-0.11	5	10	2	8	0
投資環境力平均值	3.49	3.54	-0.05		47	15	31	1
百分比					100.00%	31.91%	65.96%	2.13%

　　針對2008《TEEMA調查報告》有關投資環境力的評估結果，如表7-7顯示，投資環境力名列前10優的評估指標，分別為：1.當地海、陸、空交通運輸便利程度與通訊設備、資訊設施、網路建設完善程度；3.當地人民的生活條件及人均收入狀況；4.當地的商業及經濟發展程度與該城市未來具有經濟發展潛力的程度；6.當地的倉儲物流處理能力與學校、教育、研究機構的質與量完備程度；8.當地生態與地理環境符合企業發展的條件、未來總體發展及建設規劃完善程度、當地的銀行商旅等商務環境便捷程度、民眾及政府歡迎台商投資設廠態度，以及行政命令與國家法令的一致性程度。由上述排名我們可以看到，投資環境力名列前10大優勢的評估指標還是以基礎建設為主，其次為經濟環境，由此可證明，中國大陸的發展仍以國家之基本建設與經濟發展為主軸。

　　此外，表7-8為2008《TEEMA調查報告》，是針對投資環境力47項細項指標排名最劣的10項指標加以剖析，其分別為：1.當地政府積極查處違劣仿冒品的力度；2.當地的專業及技術人才供應充裕程度與台商企業在當地之勞資關係和諧程度；4.當地民眾的誠信與道德觀程度以及經營成本、廠房與相關設施成本合理程度；6.當地社會風氣及民眾的價值觀程度；7.金融體系完善的程度且貸款取得便利程度；8.當地政府對智慧財產權重視的態度；9.當地解決糾紛的管道完善程度及勞工、工安、消防、衛生行政效率與當地的基層勞力供應充裕程度。由上述排名顯示，投資環境力名列前10大劣勢的評估指標主要為社會環境、經營環境以及法制環境3大方面，最主要在於中國大陸因為本身社會價值觀的敗壞、法治觀念的薄弱，再加上近年來各種政策、法規不斷的修改、變革，已經嚴重改變台商在

中國大陸之投資環境，並大大降低台商在中國大陸投資之獲利和意願。

表7-7　TEEMA 2008投資環境力排名10大最優指標

投資環境力排名10大最優指標		2008		2007	
		評分	排名	評分	排名
基礎-01 ）	當地海、陸、空交通運輸便利程度	3.74	01	3.72	01
基礎-02 ）	通訊設備、資訊設施、網路建設完善程度	3.74	01	3.68	06
經濟-01 ）	當地人民的生活條件及人均收入狀況	3.73	03	3.72	01
經濟-02 ）	當地的商業及經濟發展程度	3.62	04	3.60	13
經濟-06 ）	該城市未來具有經濟發展潛力的程度	3.62	04	3.71	03
基礎-04 ）	當地的倉儲物流處理能力	3.61	06	3.59	15
公共-02 ）	學校、教育、研究機構的質與量完備程度	3.61	06	3.58	17
自然-01 ）	當地生態與地理環境符合企業發展的條件	3.60	08	3.66	07
基礎-05 ）	未來總體發展及建設規劃完善程度	3.60	08	3.69	05
公共-03 ）	當地的銀行商旅等商務環境便捷程度	3.60	08	3.59	15
社會-05 ）	民眾及政府歡迎台商投資設廠態度	3.60	08	3.71	03
法制-01 ）	行政命令與國家法令的一致性程度	3.60	08	3.60	13

表7-8　TEEMA 2008投資環境力排名10大劣勢指標

投資環境力排名10大劣勢指標		2008		2007	
		評分	排名	評分	排名
法制-13 ）	當地政府積極查處違劣仿冒品的力度	3.30	01	3.34	01
經營-02 ）	當地的專業及技術人才供應充裕程度	3.31	02	3.40	04
經營-04 ）	台商企業在當地之勞資關係和諧程度	3.31	02	3.55	26
社會-04 ）	當地民眾的誠信與道德觀程度	3.33	04	3.38	03
經營-05 ）	經營成本、廠房與相關設施成本合理程度	3.33	04	3.54	24
社會-03 ）	當地社會風氣及民眾的價值觀程度	3.35	06	3.37	02
經濟-03 ）	金融體系完善的程度且貸款取得便利程度	3.36	07	3.43	08
法制-12 ）	當地政府對智慧財產權重視的態度	3.38	08	3.42	06
法制-04 ）	當地解決糾紛的管道完善程度	3.40	09	3.44	10
法制-07 ）	勞工、工安、消防、衛生行政效率	3.40	09	3.47	12
經營-01 ）	當地的基層勞力供應充裕程度	3.40	09	3.62	37

　　2008《TEEMA調查報告》針對2008年投資環境力調查指標與2007年之指標進行差異分析，表7-9整理出上升幅度最高的前10項指標。從表7-9之分析顯示，上升幅度最高的前10項指標依序分別為：1.通訊設備、資訊設施、網路建設完善程度；2.當地的官員操守清廉程度與學校、教育、研究機構的質與量完備程度；4.當地民眾生活素質及文化水平程度、環境適合台商發展內需、內銷市場的程度與當地的城市建設的國際化程度等6項；10.政府與執法機構秉持公正執法態度與醫療、衛生、保健設施的質與量完備程度等6項。由此可見，中國大陸針對法制構面之「當地的官員操守清廉程度」以及「政府與執法機構秉持公正執法態度」

兩方面不斷修正及努力改革的成果漸漸被當地台商所認同；但是反觀自然環境的部分，由前面論述可知，中國大陸隨著過度開發等因素，沙塵暴、荒漠化、乾旱、水土流失、環境污染等生態環境惡化的警訊，也正快速地在中國大陸各地蔓延，再加上國際能源、原物料價格不斷攀升的情況下，2008年自然環境構面從2007年七大投資環境力評估最高分跌落至第四名。

表7-9　TEEMA 2007～2008投資環境力指標上升前10優排名

投資環境力評分上升前10優指標	2007～2008 評分上升	2007～2008 上升排名
基礎-02　） 通訊設備、資訊設施、網路建設完善程度	+0.06	01
法制-08　） 當地的官員操守清廉程度	+0.03	02
公共-02　） 學校、教育、研究機構的質與量完備程度	+0.03	02
社會-02　） 當地民眾生活素質及文化水平程度	+0.02	04
經營-03　） 環境適合台商發展內需、內銷市場的程度	+0.02	04
公共-04　） 當地的城市建設的國際化程度	+0.02	04
基礎-04　） 當地的倉儲物流處理能力	+0.02	04
經濟-02　） 當地的商業及經濟發展程度	+0.02	04
基礎-01　） 當地海、陸、空交通運輸便利程度	+0.02	04
法制-03　） 政府與執法機構秉持公正執法態度	+0.01	10
公共-01　） 醫療、衛生、保健設施的質與量完備程度	+0.01	10
經營-09　） 當地台商享受政府自主創新獎勵的程度	+0.01	10
公共-03　） 當地的銀行商旅等商務環境便捷程度	+0.01	10
基礎-03　） 當地的污水、廢棄物處理設備完善程度	+0.01	10
經濟-01　） 當地人民的生活條件及人均收入狀況	+0.01	10

此外，2008《TEEMA調查報告》也針對2008年投資環境力調查指標與2007年進行差異分析，並將下降幅度最高的前10項指標整理如表7-10所示。從表7-10之分析顯示，下降幅度最高的前10項指標依序分別為：1.台商企業在當地之勞資關係和諧程度；2.當地的基層勞力供應充裕程度；3.經營成本、廠房與相關設施成本合理程度；4.當地的市場未來發展潛力優異程度；5.當地土地取得價格的合理程度；6.當地水電、燃料等能源充沛的程度；7.當地政府獎勵台商自創品牌措施的程度與民眾及政府歡迎台商投資設廠態度；9. 當地的專業及技術人才供應充裕程度以及同業、同行間公平且正當競爭的環境條件與未來總體發展及建設規劃完善程度等4項。由上述排名我們可以看到，投資環境力排名下降幅度最大前10的評估指標以經營環境為主。由此可以證明，自2008年初至今，中國大陸因為政策不斷改變、許多法規的訂立等因素，使得中國大陸台商針對在中國大陸投資之經營環境有明顯的變化，此等因素將嚴重影響外資對於中國大陸投資環境的評比以及對於其投資之比重，所以中國大陸有關當局不得不重視這個問題。

表7-10　TEEMA 2007～2008投資環境力指標下降前10劣排名

投資環境力評分上升前10優指標		2007～2008 評分上升	2007～2008 上升排名
經營-04）	台商企業在當地之勞資關係和諧程度	-0.24	01
經營-01）	當地的基層勞力供應充裕程度	-0.22	02
經營-05）	經營成本、廠房與相關設施成本合理程度	-0.21	03
經營-07）	當地的市場未來發展潛力優異程度	-0.15	04
自然-03）	當地土地取得價格的合理程度	-0.14	05
自然-02）	當地水電、燃料等能源充沛的程度	-0.12	06
經營-10）	當地政府獎勵台商自創品牌措施的程度	-0.11	07
社會-05）	民眾及政府歡迎台商投資設廠態度	-0.11	07
經營-02）	當地的專業及技術人才供應充裕程度	-0.09	09
經營-08）	同業、同行間公平且正當競爭的環境條件	-0.09	09
基礎-05）	未來總體發展及建設規劃完善程度	-0.09	09
經濟-06）	該城市未來具有經濟發展潛力的程度	-0.09	09

三、TEEMA 2008中國大陸城市投資環境力分析

2008《TEEMA調查報告》為更加瞭解2004～2008年前10大投資環境力城市排行的變化，特別進行城市投資環境力變化分析，如表7-11所示，另外，針對90個列入評比的城市進行投資環境力分析，其結果如表7-12所示。從表7-11與表7-12之綜合評述如下：

1.就投資環境力10優城市而言：2008《TEEMA調查報告》顯示投資環境力排名前10名的城市依序為：（1）蘇州工業區；（2）揚州；（3）天津濱海區；（4）蘇州昆山；（5）蘇州新區；（6）廊坊；（7）無錫江陰；（8）南昌；（9）杭州蕭山；（10）南京江寧；而其中2007年、2008年同時列名投資環境力前10優的城市有：蘇州工業區、蘇州昆山、蘇州新區、廊坊、無錫江陰、南昌、杭州蕭山等7個評估城市，和2007年的排名變化幅度相比較，顯示城市的排名變化起伏趨緩，並沒有太大的改變，但是在這樣一個嚴苛的競爭條件下，如果各個城市不加以改善其自身投資環境，將很快會被其他地區取而代之。從表7-11得知，蘇州工業區自2006～2008年連續3年都名列投資環境力之第一名，在在顯示中國大陸與新加坡合作開發的蘇州工業區之成功，獲得在中國大陸之台商投資企業的肯定。

2.就投資環境力待改善的前10名城市而言：由2008《TEEMA調查報告》顯示，投資環境力排名待改善的前10名的城市依序為：（1）北海；（2）宜昌；（3）哈爾濱；（4）蘭州；（5）東莞長安；（6）西安；（7）長春；（8）東

莞厚街；（9）東莞石碣；（10）泰州；而其中2007年、2008年同時名列投資環境力待改善的前10名的城市有北海、哈爾濱、蘭州、東莞長安、西安、長春、東莞厚街等7個評估城市，由此可知，《TEEMA調查報告》歷年的評比報告並沒有讓這些地區加以反省、修正，以達到警惕的功效，使得這7個城市同樣被評比為待改善的前10名的城市。此外，2008年名列最後一名的北海，在2007《TEEMA調查報告》評價中，其投資環境力也是列在2007年受評的88個城市中之末；在2005《TEEMA調查報告》評價中，其投資環境力於2005年受評的75個城市中排名仍然居末，顯示北海的投資環境仍舊沒有改善。

3.就投資環境力10優城市5年來變化而言：由表7-11而言，2004年、2005年兩年投資環境力都位居榜首的杭州蕭山，在2006年的評估中落到10名之外，但2007年又再度回到了排名的第四名，2008年再度落到第九名，顯示各個城市應該針對自身給予台商投資之環境多加檢視，並可藉由台商之評分以及意見加以修改，多加充實本身之資源以吸引更多的台商。蘇州工業區於2006年以前一直位於10名以外，2006～2008年連續3年投資環境力都位居當年度評比城市之榜首，由此可見中國大陸與新加坡合作開發蘇州工業區之成功，其最主要的原因在於高度的行政效率、規範的投資作業流程、嚴謹的招商政策，獲得在中國大陸投資企業之高度肯定。蘇州昆山以及無錫江陰是從2004～2008年連續5年都能列入投資環境力前10優的城市，也足以證明，這兩個省市在投資環境力上有一定之水準。

表7-11　TEEMA 2004～2008前10大城市投資環境力變化分析

排名	2008	2007	2006	2005	2004
01	蘇州工業區	蘇州工業區	蘇州工業區	杭州蕭山	杭州蕭山
02	揚　州	蘇州昆山	寧波北崙區	上海閔行	揚　州
03	天津濱海區	無錫江陰	蘇州昆山	徐　州	無錫江陰
04	蘇州昆山	杭州蕭山	揚　州	蘇州昆山	成　都
05	蘇州新區	廊　坊	無錫江陰	無錫江陰	上海閔行
06	廊　坊	無錫宜興	杭州市區	成　都	徐　州
07	無錫江陰	寧波北崙區	廈門島外	揚　州	嘉　興
08	南　昌	成　都	南京市區	南　昌	汕　頭
09	杭州蕭山	南　昌	蘇州市區	天　津	蘇州昆山
10	南京江寧	蘇州新區	北京亦庄	汕　頭	南　昌

表7-12 TEEMA 2008中國大陸城市投資環境力排名分析

排名	城市	省市自治區	地區	❶自然環境	❷基礎建設	❸公共設施	❹社會環境	❺法制環境	❻經濟環境	❼經營環境	投資環境力
01	蘇州工業區	江蘇省	華東地區	4.72	4.71	4.52	4.68	4.66	4.66	4.68	4.67
02	揚州	江蘇省	華東地區	4.48	4.56	4.41	4.49	4.54	4.52	4.54	4.52
03	天津濱海區	天津市	華北地區	4.78	4.62	4.33	4.35	4.25	4.41	4.34	4.43
04	蘇州昆山	江蘇省	華東地區	4.33	4.44	4.28	4.34	4.33	4.34	4.30	4.34
05	蘇州新區	江蘇省	華東地區	4.30	4.43	4.40	4.26	4.14	4.29	4.28	4.31
05	廊坊	河北省	華北地區	4.54	4.48	4.30	4.27	4.05	4.33	4.32	4.31
07	無錫江陰	江蘇省	華東地區	4.45	4.51	4.34	4.26	4.18	4.32	4.22	4.30
07	南昌	江西省	華中地區	4.44	4.25	4.25	4.19	4.28	4.21	4.38	4.30
09	杭州蕭山	浙江省	華東地區	4.35	4.36	4.05	4.30	4.30	4.29	4.23	4.28
10	南京江寧	江蘇省	華東地區	4.31	4.51	4.19	4.18	4.22	4.38	4.11	4.26
11	成都	四川省	西南地區	4.34	4.21	4.18	4.18	4.21	4.21	4.24	4.23
12	無錫宜興	江蘇省	華東地區	4.30	4.29	4.24	4.20	4.11	4.14	4.15	4.19
13	威海	山東省	華北地區	4.15	4.26	4.08	4.13	4.10	4.20	4.18	4.16
14	大連	遼寧省	東北地區	4.31	4.13	4.24	4.12	4.06	4.09	3.97	4.11
15	無錫市區	江蘇省	華東地區	4.12	4.17	3.93	3.99	4.05	4.13	4.09	4.08
16	南京市區	江蘇省	華東地區	3.98	4.02	4.08	4.06	3.98	4.08	4.10	4.06
17	上海閔行	上海市	華東地區	4.03	4.15	4.30	3.98	3.93	4.13	3.92	4.05
17	青島	山東省	華東地區	4.25	4.14	4.00	4.10	3.82	4.02	4.04	4.05
19	煙台	山東省	華北地區	4.10	4.12	3.94	3.99	4.05	3.98	3.96	4.03
20	寧波北侖	浙江省	華東地區	4.14	4.14	3.85	3.94	3.94	4.08	4.00	4.02
21	北京亦庄	北京市	華北地區	3.95	4.21	4.08	3.82	3.83	4.08	4.04	4.00
21	蘇州市區	江蘇省	華東地區	4.29	3.96	3.99	3.98	3.94	3.98	3.92	4.00
23	杭州市區	浙江省	華東地區	4.09	4.01	4.02	3.98	3.92	3.92	3.85	3.96
23	泰安	山東省	華北地區	3.89	3.65	3.93	4.01	3.99	4.03	4.00	3.96
25	蘇州太倉	江蘇省	華東地區	3.82	3.94	3.86	4.01	3.94	3.98	3.91	3.94
26	鎮江	江蘇省	華東地區	4.03	3.88	3.89	3.94	3.91	3.91	3.81	3.91
27	徐州	江蘇省	華東地區	4.11	3.86	3.59	3.85	3.83	3.84	3.96	3.88
27	寧波奉化	浙江省	華東地區	3.92	3.90	3.85	3.80	3.92	3.89	3.80	3.88
29	淮安	江蘇省	華東地區	3.78	3.73	3.69	3.99	3.92	3.92	3.81	3.86
29	濟南	山東省	華北地區	3.92	3.80	3.77	3.88	3.84	3.79	3.91	3.86

表7-12 TEEMA 2008中國大陸城市投資環境力排名分析（續）

排名	城市	省市自治區	地區	❶自然環境	❷基礎建設	❸公共設施	❹社會環境	❺法制環境	❻經濟環境	❼經營環境	投資環境力
31	廈門島外	福建省	華南地區	3.96	4.14	3.84	3.69	3.67	3.81	3.79	3.83
31	蘇州張家港	江蘇省	華東地區	3.80	3.79	3.90	4.06	3.73	3.97	3.70	3.83
33	中山	廣東省	華南地區	3.97	3.91	3.66	3.72	3.78	3.83	3.78	3.81
34	廈門島內	福建省	華南地區	3.82	3.85	3.85	3.79	3.67	3.75	3.74	3.78
35	寧波餘姚	浙江省	華東地區	3.78	3.65	3.56	3.66	3.49	3.86	3.67	3.68
36	蘇州吳江	江蘇省	華東地區	3.84	3.80	3.34	3.68	3.66	3.72	3.60	3.67
37	上海松江	上海市	華東地區	3.58	3.80	3.84	3.63	3.48	3.73	3.63	3.66
37	紹興	浙江省	華東地區	3.56	3.51	3.46	3.75	3.74	3.63	3.71	3.66
39	蘇州常熟	江蘇省	華東地區	3.64	3.58	3.55	3.63	3.61	3.77	3.61	3.64
39	溫州	浙江省	華東地區	3.65	3.45	3.59	3.74	3.67	3.68	3.57	3.64
39	嘉興	浙江省	華東地區	3.82	3.83	3.52	3.65	3.64	3.61	3.45	3.64
42	常州	江蘇省	華東地區	3.66	3.56	3.55	3.66	3.60	3.69	3.49	3.61
43	珠海	廣東省	華南地區	3.72	3.80	3.60	3.33	3.43	3.64	3.52	3.57
44	吉安	江西省	華中地區	3.55	3.54	3.41	3.78	3.55	3.51	3.54	3.56
45	寧波市區	浙江省	華東地區	3.62	3.74	3.46	3.34	3.49	3.79	3.40	3.55
46	合肥	安徽省	華東地區	3.41	3.52	3.52	3.48	3.53	3.51	3.58	3.53
47	上海浦東	上海市	華東地區	3.56	3.84	3.70	3.52	3.21	3.59	3.45	3.51
48	天津市區	天津市	華北地區	3.67	3.65	3.40	3.64	3.53	3.39	3.29	3.50
48	九江	江西省	華中地區	3.33	3.42	3.35	3.54	3.56	3.42	3.59	3.50
50	佛山	廣東省	華南地區	3.61	3.65	3.47	3.37	3.32	3.55	3.42	3.47
51	瀋陽	遼寧省	東北地區	3.44	3.39	3.54	3.64	3.55	3.30	3.30	3.46
52	廣州天河	廣東省	華南地區	3.30	3.39	3.55	3.34	3.29	3.43	3.45	3.41
53	江門	廣東省	華南地區	3.59	3.48	3.24	3.57	3.35	3.23	3.28	3.38
54	上海嘉東	上海市	華東地區	3.38	3.41	3.45	3.35	3.25	3.43	3.31	3.36
55	上海嘉定	上海市	華東地區	3.27	3.49	3.48	3.23	3.10	3.41	3.37	3.33
56	南通	江蘇省	華東地區	3.35	3.18	3.32	3.51	3.33	3.25	3.16	3.30
57	昆明	雲南省	西南地區	3.59	3.40	3.44	3.39	3.17	3.14	3.14	3.29
58	重慶	重慶市	西南地區	3.31	3.18	3.41	3.14	3.23	3.08	3.21	3.24
59	武漢武昌	湖北省	華中地區	3.33	3.14	3.16	3.30	3.21	3.19	3.18	3.22
60	武漢漢陽	湖北省	華中地區	3.10	3.12	3.25	3.31	3.18	3.19	3.13	3.19

表7-12 TEEMA 2008中國大陸城市投資環境力排名分析（續）

排名	城市	省市自治區	地區	❶自然環境	❷基礎建設	❸公共設施	❹社會環境	❺法制環境	❻經濟環境	❼經營環境	投資環境力
61	福州市區	福建省	華南地區	3.29	3.17	3.13	3.25	3.08	3.06	3.16	3.16
61	泉州	福建省	華南地區	3.21	3.34	3.21	3.09	3.10	3.13	3.09	3.16
63	北京市區	北京市	華北地區	3.19	3.19	3.25	3.00	2.90	3.30	3.09	3.14
64	福州馬尾	福建省	華南地區	3.32	3.09	2.99	3.11	3.11	3.15	3.03	3.12
65	桂林	廣西	西南地區	3.02	3.15	3.09	3.27	3.09	3.02	3.09	3.11
65	南寧	廣西	西南地區	3.11	3.24	3.01	3.00	3.08	3.11	3.11	3.11
67	太原	山西省	華北地區	3.01	3.05	3.15	2.99	3.08	3.06	3.05	3.08
68	石家庄	河北省	華北地區	3.08	2.77	3.09	3.14	3.06	3.03	3.04	3.05
69	莆田	福建省	華南地區	3.07	3.03	3.06	2.91	2.97	3.02	3.08	3.03
70	武漢漢口	湖北省	華中地區	3.15	2.81	2.99	3.06	3.01	3.01	3.02	3.02
71	深圳寶安	廣東省	華南地區	2.95	3.29	3.10	2.72	2.78	3.12	2.98	2.98
72	汕頭	廣東省	華南地區	3.04	3.03	2.91	2.91	2.90	3.05	2.90	2.97
73	長沙	湖南省	華中地區	3.02	2.86	2.77	2.87	2.86	3.03	3.00	2.94
74	漳州	福建省	華南地區	2.91	2.95	3.01	2.86	2.87	2.87	2.86	2.91
75	深圳市區	廣東省	華南地區	2.95	3.09	2.91	2.59	2.74	2.94	2.82	2.86
75	廣州市區	廣東省	華南地區	2.86	3.07	2.92	2.61	2.73	2.87	2.88	2.86
77	東莞市區	廣東省	華南地區	2.87	3.00	2.98	2.73	2.67	2.89	2.82	2.84
78	東莞虎門	廣東省	華南地區	2.78	3.11	2.87	2.57	2.65	2.86	2.82	2.81
79	深圳龍崗	廣東省	華南地區	2.68	2.88	2.94	2.52	2.53	2.98	2.67	2.74
79	惠州	廣東省	華南地區	2.72	2.79	2.69	2.81	2.63	2.77	2.72	2.74
81	泰州	江蘇省	華東地區	2.54	2.66	2.89	2.78	2.69	2.71	2.69	2.72
82	東莞石碣	廣東省	華南地區	2.65	2.87	2.59	2.34	2.61	2.74	2.70	2.67
83	東莞厚街	廣東省	華南地區	2.58	2.64	2.65	2.50	2.60	2.67	2.58	2.63
84	長春	吉林省	東北地區	2.47	2.46	2.73	2.56	2.48	2.40	2.36	2.49
85	西安	陝西省	西北地區	2.49	2.26	2.34	2.40	2.41	2.41	2.38	2.41
86	東莞長安	廣東省	華南地區	2.23	2.58	2.28	1.96	1.99	2.28	2.20	2.21
87	蘭州	甘肅省	西北地區	2.06	2.11	2.29	2.23	2.20	2.17	2.16	2.19
88	哈爾濱	黑龍江省	東北地區	2.12	2.08	2.24	2.21	2.15	2.20	2.10	2.17
89	宜昌	湖北省	華中地區	1.95	1.62	2.03	1.89	1.87	1.98	1.90	1.92
90	北海	廣西	西南地區	1.49	1.48	2.06	1.65	1.68	1.63	1.74	1.71

四、TEEMA2008中國大陸區域投資環境力分析

2008《TEEMA調查報告》將針對中國大陸之七大經濟區域進行投資環境力排名的分析，根據表7-13所示，2008年投資環境力評估綜合排名依次為：1.華東地區；2.華北地區；3.華中地區；4.西南地區；5.華南地區；6.東北地區；7.西北地區。

表7-13　TEEMA 2008中國大陸區域投資環境力排名分析

環境力構面	華北地區	華東地區	華南地區	華中地區	東北地區	西北地區	西南地區
❶ 自然環境	3.92	3.88	3.13	3.25	3.09	2.27	3.14
❷ 基礎設施	3.82	3.91	3.22	3.14	3.01	2.18	3.11
❸ 公共設施	3.80	3.82	3.11	3.19	3.18	2.31	3.20
❹ 社會環境	3.80	3.86	2.97	3.27	3.13	2.32	3.11
❺ 法制環境	3.72	3.80	2.98	3.23	3.06	2.31	3.08
❻ 經濟環境	3.80	3.90	3.11	3.23	3.00	2.29	3.03
❼ 經營環境	3.77	3.81	3.06	3.26	2.93	2.27	3.09
環境力評分	3.81	3.86	3.08	3.24	3.06	2.30	3.12
環境力排名	2	1	5	3	6	7	4

依據表7-14所示，2004年至2008年這5年來七大經濟區域投資環境力的排名變遷之原因為華東地區屬於沿岸地帶，再加上一直以來，該地區皆為大部分台商首要投資之地區，以致中國大陸對於華東地區之建設、制度較其他地區更為完善，因此，華東地區之投資環境力排名已經連續5年都居七大經濟區位之首，由此可知道華東地區之投資環境極為穩定；至於西北地區自2006年開始連續3年居末，由此可見中國大陸西北等內陸地區發展之緩慢，可見西北地區亟待加強之急迫性，中國大陸幅員廣大，加上嚴重的城鄉差距，因此，中國大陸近年來也是不斷積極修建基礎建設以及通訊設備，以求未來能更加以縮短各省市間之距離以及增加資訊及交通上往來的便利性。

表7-14　TEEMA 2004～2008中國大陸區域投資環境力排名變化分析

地　　區	2008		2007		2006		2005		2004		2004～2008	
	評分	排名	評分	排名	評分	排名	評分	排名	評分	排名	總分	排名
❶華東地區	3.86	1	3.69	1	3.65	1	3.82	1	3.45	1	5	1
❷華北地區	3.81	2	3.68	2	3.63	2	3.62	3	3.33	2	11	2
❸華中地區	3.24	3	3.25	5	3.32	3	3.76	2	3.10	6	19	3
❹西南地區	3.12	4	3.40	3	2.83	6	3.36	5	3.27	4	22	4
❺華南地區	3.08	5	3.29	4	3.08	4	3.22	7	3.08	7	27	6
❻東北地區	3.06	6	3.20	6	2.92	5	3.23	6	3.28	3	26	5
❼西北地區	2.30	7	2.76	7	2.57	7	3.44	4	3.11	5	30	7

第**8**章　2008中國大陸 「投資風險度」

一、TEEMA 2008中國大陸投資風險度評估指標分析

2008《TEEMA調查報告》所採用的投資風險度四大構面之指標有：1.社會風險構面有4項指標；2.法制風險構面有8項指標；3.經濟風險構面有7項指標；4.經營風險構面有12項指標，總計有31項。2008《TEEMA調查報告》提出了90個調查分析城市，對其進行投資風險度調查，有關各指標及構面的評分結果，如表8-1。

根據表8-2顯示，90個接受評比的城市中，投資風險度的分數為2.60分，相較於2007《TEEMA調查報告》的2.53分高出0.07分。由2005年起，投資風險的分數不斷的增加，也顯示出中國大陸近年來整體的投資風險度在持續的加溫。2008《TEEMA調查報告》的結論顯示投資環境力與投資風險度是呈負相關，異於2006與2007《TEEMA調查報告》的中國大陸城市整體之投資環境力與投資風險度呈現「雙漲現象」。

從表8-2、表8-3以及表8-4可顯示，不論從「平均觀點」或是從「整體觀點」評估投資風險度，四大投資風險度的指標分數都不斷的提昇，此表示風險不斷在累積之中。以下分項探討說明2008《TEEMA調查報告》投資風險度31項指標、四大評估構面、平均觀點剖析投資風險度、整體觀點剖析投資風險度：

1.社會風險構面而言：2008《TEEMA調查報告》之評價為2.64，相較於2007年評分提升0.18分，該項構面從2003年至2007年《TEEMA調查報告》的結果都是列名四項構面的第一位，但2008《TEEMA調查報告》顯示，社會風險與經營風險同為最後一位，表示中國大陸的社會風險2008年以來有逐漸提高的趨勢，而在社會風險的4項指標中，以「當地人身財產安全受到威脅的風險」評分最低，代表台商對於過去一年以來，對於自身安危的感受有較差的觀感，相對

於2007年的2.42分，風險分數有些微的提高。從2007年開始，「當地發生員工抗議、抗爭事件頻繁的風險」評分不斷地退步，2008年的風險分數更高達2.72分，在31項評比條件中，已落到第二十七名，表示在該年度所有投資風險評估指標中，該指標都是最差的。中國大陸隨著經濟的迅速發展，中國大陸對於自身員工權益保護意識抬頭，2008年《勞動合同法》的實施，雖立意在於提昇民工的收入，但也造成勞資關係緊張，勞工騷動抗議遽增。勞工意識不斷被喚醒，中國大陸勞工開始懂得如何爭取自我的權益，開始瞭解藉由抗爭得到自身利益的保護，甚至有「流行性罷工」的說法出現，員工直接癱瘓生產線，直搗資方的痛處，而員工食髓知味，更導致罷工潮接力演出，中國大陸的規章變化快速，員工權益高漲迅速，因此台商需有快速反應的能力，以盡量降低此項風險的提升。

2. 法制風險構面而言：2008《TEEMA調查報告》的評價分數為2.53，相較於2007年之2.48分高出0.05分，在法制風險構面的8項指標中，仍以「當地政府行政命令經常變動的風險」最高（2.60），與2007年相同；若放大到整體投資風險度4項構面而言，法制環境從2005年和2007年《TEEMA調查報告》結果顯示，都位居四大構面的第二位，但2008年以來，法制風險因素卻成為了風險四大構面的第一名，雖然各項風險的分數全面提昇，但是顯示中國大陸的法制風險相較於其他構面的因素，相對處於一個較穩定狀態。也因此發現，近年來，中國大陸的各項法規制定越來越完善，而加入WTO以及各經濟區域協定，也更加提昇了中國大陸與國際接軌程度，相對的更加減低了一些不合理的法規。但是整體而言，中國大陸的投資環境，雖然法制條件趨於穩定，但是其他項目投資風險程度卻有大幅提昇的趨勢。

3. 經濟風險構面而言：2008《TEEMA調查報告》的評價分數為2.61分，相較於2007年的2.55分提升0.06分，表示經濟風險正持續在上升之中，也達到了2005年以來的最高點；經濟風險構面的包括7項指標，由2008《TEEMA調查報告》顯示，風險最高的前3項分別為：（1）台商藉由當地銀行體系籌措與取得資金困難（2.67分）；（2）當地外匯嚴格管制及利潤匯出不易的風險（2.66分）；（3）當地政府保護主義濃厚影響企業獲利的風險（2.63分），對照2007年，前兩項仍為經濟風險的主要問題，資金取得困難以及利潤的匯出不易，都是歷年來台商一直反應的中國大陸投資重要風險因素。新政府上任之後，應針對台灣銀行業開放前進中國大陸，除了可以擴大本身的營運規模之外，也可以使台商在中國大陸的籌資更加便利；而企業利潤匯出的相關規定，從2007年所公布的

新版《企業所得稅法》，中國大陸查稅越來越嚴苛，導致台商要把利潤匯出越來越不便，使得台商紛紛把控股公司移到新加坡、香港等低稅區；而不佈局在中國大陸。隨著中國大陸的發展，當地政府對於中國大陸本地業者的保護也是近4年的最高分；此外「台商企業在當地發生經貿糾紛頻繁的風險」（2.60分）這項指標，也是近4年來最高分，雖然排名為第十六名，比起2007年進步了一名，但是風險程度的提高，顯示隨著中國大陸經濟的發展、企業的崛起、當地政府鼓勵地方企業的發展，台商更難強壓地頭蛇，因此在前往中國大陸佈局之際，必須詳加瞭解中國大陸當局對相關商業活動的政策走向；再來就是要熟悉法令，並做好商機及風險評估，都有助於台商降低經貿糾紛風險的發生。

4. **經營風險構面而言**：2008《TEEMA調查報告》的評價為2.64分，2008年調查顯示，經營風險仍繼續為四大構面中，台商所評比的最後一位，該構面在四項構面中：2004名列第二名、2005年、2006年則下降到第三名，2007年、2008年更是下降至4項構面的末尾。在12項的經營風險指標中，以「員工道德操守造成台商企業營運損失的風險」（2.89分）的評價是風險最高的，其次是「員工缺乏忠誠度造成人員流動率頻繁的風險」（2.82分）、「當地適任人才及員工招募不易的風險」（2.78分）以及「當地企業信用不佳欠債追索不易的風險」（2.75分），這些指標在近年來的調查報告顯示，仍為台商所關注的問題；但是似乎沒有改善的狀況，分數相對於2007年，仍有不少的增加。但是在經營風險中，也有3個指標為全部31項風險指標的最佳表現：「當地跨省運輸不當收費頻繁的風險」（2.43分）、「當地物流、運輸、通路狀況不易掌握的風險」（2.44分）、「當地配套廠商供應不穩定的風險」（2.47分），代表在經營風險的眾多指標分類上，中國大陸全國的運輸網及供給配套在整體上，已經相當的完整，不再是台商所擔心的風險。

5. **投資風險度而言**：2008《TEEMA調查報告》評價為2.60分，從2005～2008年長時間觀察下來，再度回到一個相對的高水位，中國大陸有著「高成長、高敏感、高風險」的經濟特徵，從表8-3與8-4的對比得知，無論從平均觀點或是整體觀點的評分（從平均觀點剖析投資風險度的評分是2.60分，而從整體觀點剖析投資風險度的評分是2.70分，高出0.10），都可顯示中國大陸投資風險度未來將持續的攀升，原物料上漲、通貨膨脹、新投資法規，都是台商認為中國大陸未來的投資風險上升的原因，且成長幅度持續擴增中。此一結論值得台商未來在中國大陸擴廠或佈局之際，應妥善思考投資之風險。

6.投資風險度歷年排名變化而言：2008《TEEMA調查報告》針對2004年至2008年投資風險度評估指標進行排名比較分析，從排名中可以得知從2004～2008年這5年之間，投資風險度都能夠列名在前10優的指標僅有一項，那就是法制風險構面中的「當地常以刑事方式處理經濟案件的風險」，其2005年第三名，2008年第四名，2006年第七名，而2004年、2007年都是第九名，更往前推往2003年，此指標仍為風險的前10名，代表在這個議題上，台商對於該指標有相當程度的信心。就投資風險度歷年都列入倒數前10名的指標有：經營風險構面中的「當地適任人才及員工招募不易的風險」，而從2004年至2008年五年平均名列最後幾名的指標為「員工道德操守造成台商企業營運損失」、「員工缺乏忠誠度造成人員流動率頻繁」、「當地適任人才及員工招募不易」、「當地外匯嚴格管制及利潤匯出不易」、「當地企業信用不佳欠債追索不易」，表示上述5項指標幾乎年年都是最差的幾個指標，過去的《TEEMA調查報告》也都不斷的呼籲台商應該謹慎考慮這些投資風險、也建議中國大陸各地政府應該重視員工的道德教育、誠信教育、倫理教育，但從上述之分析顯示，此一呼籲並沒有得到實質性的回應及改善，這些指標依舊年年位居末位，顯示要改善一個人的價值觀不是一蹴可幾，而是必須長期的投入，以及不斷的自律才能達成。此外，中國大陸隨著法令不斷調整，台商的經營以及利潤匯出，變成一個越來越困難的問題。新版的五大法規宣佈，《勞動合同法》、《新企業所得稅法》、《新個人所得稅法》、《新外商投資產業指導目錄》、《電子資訊產品污染防治管理辦法》，除了提高台商的經營成本，更增加台商的投資風險與障礙，經營風險也隨之增加。

表8-1 TEEMA 2004～2008 中國大陸投資風險度指標評分與排名分析

投資風險度評估構面與指標	2008 評分	2008 排名	2007 評分	2007 排名	2006 評分	2006 排名	2005 評分	2005 排名	2004 評分	2004 排名	2004～2008 排名平均	2004～2008 總排名
社會-01) 當地發生員工抗議、抗爭事件頻繁的風險	2.72	27	2.49	12	2.46	07	2.26	02	2.59	01	9.80	08
社會-02) 經常發生社會治安不良、秩序不穩定的風險	2.65	21	2.45	06	2.47	10	2.39	18	2.71	05	12.00	11
社會-03) 當地發生勞資或經貿糾紛不易排解的風險	2.67	24	2.46	08	2.48	13	2.33	06	2.72	06	11.40	10
社會-04) 當地人身財產安全受到威脅的風險	2.52	07	2.42	03	2.44	03	2.33	06	2.76	12	6.20	03
法制-01) 當地政府行政命令經常變動的風險	2.60	16	2.52	18	2.51	22	2.35	10	2.79	19	17.00	20
法制-02) 違反對台商合法取得土地使用權承諾風險	2.48	04	2.41	02	2.43	02	-	-	-	-	2.67	01
法制-03) 官員對法令、合同、規範執行不一致的風險	2.54	10	2.45	07	2.48	13	2.36	12	2.81	23	13.00	15
法制-04) 與當地政府協調過程難以掌控的風險	2.52	07	2.49	12	2.48	13	2.37	14	2.80	21	13.40	16
法制-05) 政府調解、仲裁糾紛對台商不公平程度風險	2.54	10	2.48	10	2.49	18	2.36	12	2.77	13	12.60	13
法制-06) 機構無法有效執行司法執行仲裁結果的風險	2.53	09	2.52	18	2.44	03	2.39	18	2.81	23	14.20	17
法制-07) 當地政府以不當方式要求台商回饋的風險	2.51	06	2.50	15	2.45	05	2.32	05	2.78	16	9.40	07
法制-08) 當地常以刑事方式處理經濟案件的風險	2.48	04	2.47	09	2.46	07	2.31	03	2.75	09	6.40	04
經濟-01) 當地外匯嚴格管制及利潤匯出不易的風險	2.66	23	2.69	30	2.50	19	2.49	25	2.83	26	24.60	28
經濟-02) 當地的地方稅賦政策變動頻繁的風險	2.54	10	2.50	15	2.61	28	2.39	18	2.77	13	16.80	19
經濟-03) 台商藉由當地銀行體系籌措資金困難	2.67	24	2.55	23	2.46	07	2.53	28	2.89	28	22.00	26
經濟-04) 當地政府對台商優惠政策無法兌現的風險	2.54	10	2.48	11	2.51	22	2.34	08	2.75	09	12.00	11
經濟-05) 台商企業在當地發生經貿糾紛頻繁的風險	2.60	16	2.51	17	2.48	13	2.34	08	2.75	09	12.60	13
經濟-06) 當地政府保護主義濃厚影響企業獲利的風險	2.63	20	2.52	18	2.51	22	2.37	14	2.78	16	18.00	23
經濟-07) 當地政府收費、攤派、罰款項目繁多的風險	2.61	18	2.57	24	2.50	19	2.43	23	2.81	23	21.40	25
經營-01) 當地水電、燃氣、能源供應不穩定的風險	2.69	26	2.59	26	2.45	05	2.52	27	2.80	21	21.00	24
經營-02) 當地物流、運輸、通路狀況不易掌握的風險	2.44	02	2.39	01	2.50	19	2.31	03	2.63	03	5.60	02
經營-03) 當地跨省運輸不當收費頻繁的風險	2.43	01	2.42	03	2.47	10	2.37	14	2.74	07	7.00	06
經營-04) 當地配套廠商供應不穩定的風險	2.47	03	2.49	12	2.52	26	2.35	10	2.70	04	11.00	09
經營-05) 當地企業信用不佳欠債台不易追索的風險	2.75	28	2.66	28	2.64	30	2.39	18	2.77	13	23.40	27
經營-06) 員工道德操守造成台商企業營運損失的風險	2.89	31	2.83	31	2.61	28	2.59	29	2.95	30	29.80	31
經營-07) 當地適任人才及員工招募不易的風險	2.78	29	2.61	27	2.65	31	2.50	26	2.88	27	28.00	29
經營-08) 員工缺乏忠誠度造成人員流動率頻繁的風險	2.82	30	2.68	29	2.54	27	2.59	29	2.94	29	28.80	30
經營-09) 當地經營企業維持人際網絡成本過高的風險	2.65	21	2.57	24	2.41	01	2.44	24	2.79	19	17.80	22
經營-10) 當地政府干預台商企業經營運作的風險	2.61	18	2.42	03	2.47	10	2.25	01	2.61	02	6.80	05
經營-11) 當地台商因經貿、稅務糾紛被羈押的風險	2.59	15	2.52	18	2.48	13	2.40	22	2.74	07	15.00	18
經營-12) 貨物通關時、受當地海關行政阻擾的風險	2.58	14	2.53	22	2.51	22	2.37	14	2.78	16	17.60	21

表8-2　TEEMA 2008中國大陸投資風險度構面平均觀點評分與排名

投資風險度評估構面	2008		2007		2006		2005		2004		2004～2008	
	評分	排名	評分	排名	評分	排名	評分	排名	評分	排名	評分	排名
❶社會風險	2.64	3	2.46	1	2.46	1	2.33	1	2.7	1	2.52	1
❷法制風險	2.53	1	2.48	2	2.47	2	2.35	2	2.79	3	2.52	1
❸經濟風險	2.61	2	2.55	3	2.52	3	2.43	4	2.79	3	2.58	3
❹經營風險	2.64	3	2.56	4	2.52	3	2.41	3	2.77	2	2.58	3
平均值	2.60		2.53		2.50		2.40		2.76		2.56	

表8-3　TEEMA 2008中國大陸投資風險度構面整體觀點評分與排名

投資風險度評估構面	2008		2007		2006		2005		2004		2004～2008	
	評分	排名	評分	排名	評分	排名	評分	排名	評分	排名	評分	排名
❶社會風險	2.68	2	2.62	3	2.42	1	2.28	1	2.71	1	2.54	1
❷法制風險	2.64	1	2.61	2	2.54	4	2.32	2	2.79	4	2.58	2
❸經濟風險	2.73	3	2.68	4	2.53	3	2.37	3	2.77	2	2.62	4
❹經營風險	2.75	4	2.60	1	2.51	2	2.39	4	2.77	2	2.60	3
平均值	2.70		2.63		2.50		2.34		2.76		2.59	

表8-4　TEEMA 2007～2008投資風險度平均觀點與整體觀點差異分析

投資風險度平均觀點	2008 評分	2007 評分	2007～2008 差異分析	投資風險度整體觀點	2008 評分	2007 評分	2007～2008 差異分析
❶社會風險	2.64	2.46	+0.18	❶社會風險	2.68	2.62	+0.06
❷法制風險	2.53	2.48	+0.05	❷法制風險	2.64	2.61	+0.03
❸經濟風險	2.61	2.55	+0.06	❸經濟風險	2.73	2.68	+0.05
❹經營風險	2.64	2.56	+0.08	❹經營風險	2.75	2.60	+0.15
平均值	2.60	2.53	+0.07	平均值	2.70	2.63	+0.07

二、TEEMA 2007～2008中國大陸投資風險度比較分析

　　2007年至2008年《TEEMA調查報告》中國大陸投資風險度比較分析結果如表8-5所顯示，2008年的問卷對投資風險透過31項評估指標，探討2007～2008《TEEMA調查報告》中國大陸投資風險度四大構面，並且對四大構面進行差異分析，結果以及排名變化如表8-6所示。此外，綜合表8-7以及表8-8，可歸納如下：

　　1. 就31項評估指標而言：依據2008《TEEMA調查報告》在投資風險度的31項評估指標評價結果共有29項指標是高於2007年，占31項指標中的93.55%，除

了「當地外匯嚴格管制及利潤匯出不易的風險」、「當地配套廠商供應不穩定的風險」以外，2008年的投資風險度較2007年相比再度升高，這個現象值得追蹤，代表一整年以來，台商在中國大陸的所有經營條件，對於台商而言都是負面的感受居多，投資環境也因整體環境的不佳，而受到一定程度的拖累，再加上中國大陸各項新法的實施，也壓縮到台商生存的權益。

2. **就31項評估指標差異分析而言**：依據2008《TEEMA調查報告》與2007年的評估指標進行差異分析，發現進步最多的是經營風險構面的「當地發生員工抗議、抗爭事件頻繁」的風險提高達0.23分、「當地發生勞資或經貿糾紛不易排解」的0.21分，以及「經常發生社會治安不良、秩序不穩」的0.20分，中國大陸勞工因為中國大陸開放的法規，更任意的與雇主要脅罷工，因此對於整體的投資風險有很大的影響。

3. **就10項最優指標排名變化分析而言**：依據2008《TEEMA調查報告》投資風險度排名第一的是經營風險構面的「當地跨省運輸不當收費頻繁的風險」（2.43分），比2007年排名上升2名，變化幅度不大，顯示中國大陸的交通、運輸、物流的建設有一定的完善度，且對台商而言，有足夠的滿意度，因此從2007年的台商評價結果顯示出該項風險台商已經大多數認可；其次為法制風險構面的「當地物流、運輸、通路狀況不易掌握的風險」（2.44分），2007年排名第一名，而第三名的是經營風險構面中的「當地物流、運輸、通路狀況不易掌握的風險」。

4. **就10項最劣指標排名變化分析而言**：依據2008《TEEMA調查報告》投資風險度排名最後的是經營風險構面的「當地員工道德操守造成台商企業營運損失的風險」（2.89分），連續第二年名列最後，另外倒數第二及第三的「員工缺乏忠誠度造成人員流動率頻繁的風險」、「當地適任人才及員工招募不易的風險」顯示中國大陸勞工的職業道德、誠信價值並未隨著社會的進步而有所改善，仍為台商心中的痛，對於整體經營風險會帶來嚴重的影響，更可以顯示經營風險為台商最擔心的問題。

5. **就4項評估構面而言**：從表8-4所示，2008年在4項投資風險度評估構面的所有風險評分相對於2007年的評分全面呈現風險上升的趨勢，投資風險度總平均2008年比2007年提升了0.07分，其中又以社會風險構面上升的幅度最高，從2007年的2.46分到2008年的2.64分，提升了0.18分；若以整體觀點來比較，則是「經營風險」的提升程度最高，差異達到0.15分。總體來說，2008《TEEMA調查報

告》分析評估的結果顯示，台商在中國大陸投資過程所感受到的大陸環境之投資風險度，其4個構面的風險大小依次為：經營風險、社會風險、經濟風險、法制風險。

表8-5　TEEMA 2007～2008投資風險度差異與排名變化分析

投資風險度評估構面與指標	2008評分	2007評分	2007～2008差異分析	排名 ▲	▼	ー
社會-01）當地發生員工抗議、抗爭事件頻繁的風險	2.72	2.49	+0.23	01	-	-
社會-02）經常發生社會治安不良，秩序不穩的風險	2.65	2.45	+0.20	03	-	-
社會-03）當地發生勞資或經貿糾紛不易排解的風險	2.67	2.46	+0.21	02	-	-
社會-04）當地人身財產安全受到威脅的風險	2.52	2.42	+0.10	09	-	-
法制-01）當地政府行政命令經常變動的風險	2.60	2.52	+0.08	14	-	-
法制-02）違反對台商合法取得土地使用權承諾風險	2.48	2.41	+0.07	16	-	-
法制-03）官員對法令、合同、規範執行不一致的風險	2.54	2.45	+0.09	11	-	-
法制-04）與當地政府協商過程難以掌控的風險	2.52	2.49	+0.03	25	-	-
法制-05）政府調解、仲裁糾紛對台商不公平程度風險	2.54	2.48	+0.06	18	-	-
法制-06）機構無法有效執行司法及仲裁結果的風險	2.53	2.52	+0.01	26	-	-
法制-07）當地政府以不當方式要求台商回饋的風險	2.51	2.50	+0.01	26	-	-
法制-08）當地常以刑事方式處理經濟案件的風險	2.48	2.47	+0.01	26	-	-
經濟-01）當地外匯嚴格管制及利潤匯出不易的風險	2.66	2.69	-0.03	-	01	-
經濟-02）當地的地方稅賦政策變動頻繁的風險	2.54	2.50	+0.04	23	-	-
經濟-03）台商藉由當地銀行體系籌措與取得資金困難	2.67	2.55	+0.12	7	-	-
經濟-04）當地政府對台商優惠政策無法兌現的風險	2.54	2.48	+0.06	18	-	-
經濟-05）台商企業在當地發生經貿糾紛頻繁的風險	2.60	2.51	+0.09	11	-	-
經濟-06）當地政府保護主義濃厚影響企業獲利的風險	2.63	2.52	+0.11	8	-	-
經濟-07）當地政府收費、攤派、罰款項目繁多的風險	2.61	2.57	+0.04	23	-	-
經營-01）當地水電、燃氣、能源供應不穩定的風險	2.69	2.59	+0.10	09	-	-
經營-02）當地物流、運輸、通路狀況不易掌握的風險	2.44	2.39	+0.05	21	-	-
經營-03）當地跨省運輸不當收費頻繁的風險	2.43	2.42	+0.01	26	-	-
經營-04）當地配套廠商供應不穩定的風險	2.47	2.49	-0.02	-	02	-
經營-05）當地企業信用不佳欠債追索不易的風險	2.75	2.66	+0.09	11	-	-
經營-06）員工道德操守造成台商企業營運損失的風險	2.89	2.83	+0.06	18	-	-
經營-07）當地適任人才及員工招募不易的風險	2.78	2.61	+0.17	05	-	-
經營-08）員工缺乏忠誠度造成人員流動率頻繁的風險	2.82	2.68	+0.14	06	-	-
經營-09）當地經營企業維持人際網絡成本過高的風險	2.65	2.57	+0.08	14	-	-
經營-10）當地政府干預台商企業經營運作的風險	2.61	2.42	+0.19	04	-	-
經營-11）當地台商因經貿、稅務糾紛被羈押的風險	2.59	2.52	+0.07	16	-	-
經營-12）貨物通關時，受當地海關行政阻擾的風險	2.58	2.53	+0.05	21	-	-

表8-6　TEEMA 2007～2008投資風險度細項指標變化排名分析

投資風險度構面	2008 評分	2007 評分	2007～2008 差異分析	上升 名次	細項指標			
					指標數	▲	▼	─
❶ 社會風險	2.64	2.46	+0.18	4	4	4	0	0
❷ 法制風險	2.53	2.48	+0.05	1	8	8	0	0
❸ 經濟風險	2.61	2.55	+0.06	2	7	6	1	0
❹ 經營風險	2.64	2.56	+0.08	3	12	11	1	0
投資風險度平均	2.60	2.53	+0.07		31	29	2	0
百分比					100.00%	93.55%	6.45%	0.00%

　　表8-7顯示2008年TEEMA投資風險度的前10佳指標評估結果，並顯示其2007年的排名與分數，分別為：1.當地跨省運輸不當收費頻繁的風險；2.當地物流、運輸、通路狀況不易掌握的風險；3.當地配套廠商供應不穩定的風險；4.違反對台商合法取得土地使用權承諾風險；5.當地常以刑事方式處理經濟案件的風險；6.當地政府以不當方式要求台商回饋的風險；7.當地人身財產安全受到威脅的風險；8.與當地政府協商過程難以掌控的風險；9.機構無法有效執行司法及仲裁結果的風險；10.排名第十共有4項，分別是「官員對法令、合同、規範執行不一致的風險」、「政府調解、仲裁糾紛對台商不公平程度風險」、「當地的地方稅賦政策變動頻繁的風險」、「當地政府對台商優惠政策無法兌現的風險」。依據表8-7統計分析結果，2007～2008年連續兩年都列名投資風險度最優的10大指標之列的指標有6項，分別是「當地跨省運輸不當收費頻繁的風險」、「當地物流、運輸、通路狀況不易掌握的風險」、「違反對台商合法取得土地使用權承諾風險」、「當地常以刑事方式處理經濟案件的風險」、「當地人身財產安全受到威脅的風險」、「官員對法令、合同、規範執行不一致的風險」。

表8-7　TEEMA 2008投資風險度排名10大最優指標

投資風險度排名10大最優指標	2008		2007	
	評分	排名	評分	排名
經營-03）當地跨省運輸不當收費頻繁的風險	2.43	01	2.42	03
經營-02）當地物流、運輸、通路狀況不易掌握的風險	2.44	02	2.39	01
經營-04）當地配套廠商供應不穩定的風險	2.47	03	2.49	12
法制-02）違反對台商合法取得土地使用權承諾風險	2.48	04	2.41	02
法制-08）當地常以刑事方式處理經濟案件的風險	2.48	04	2.49	09
法制-07）當地政府以不當方式要求台商回饋的風險	2.51	06	2.50	15
社會-04）當地人身財產安全受到威脅的風險	2.52	07	2.42	03
法制-04）與當地政府協商過程難以掌控的風險	2.52	07	2.49	12
法制-06）機構無法有效執行司法及仲裁結果的風險	2.53	09	2.52	18
法制-03）官員對法令、合同、規範執行不一致的風險	2.54	10	2.45	07
法制-05）政府調解、仲裁糾紛對台商不公平程度風險	2.54	10	2.48	10
經濟-02）當地的地方稅賦政策變動頻繁的風險	2.54	10	2.50	15
經濟-04）當地政府對台商優惠政策無法兌現的風險	2.54	10	2.48	11

表8-8亦顯示2008年TEEMA投資風險度的前10劣指標評估結果,並顯示其2007年的排名與分數,依據投資風險度的高低分別為:1.員工道德操守造成台商企業營運損失的風險;2.員工缺乏忠誠度造成人員流動率頻繁的風險;3.當地適任人才及員工招募不易的風險;4.當地企業信用不佳欠債追索不易的風險;5.當地發生員工抗議、抗爭事件頻繁的風險;6.當地水電、燃氣、能源供應不穩定的風險;7.當地發生勞資或經貿糾紛不易排解的風險;8.台商藉由當地銀行體系籌措與取得資金困難;9.當地外匯嚴格管制及利潤匯出不易的風險;10.經常發生社會治安不良、秩序不穩的風險以及當地經營企業維持人際網絡成本過高的風險。

表8-8　TEEMA 2008投資風險度排名10大劣勢指標

投資風險度排名10大劣勢指標	2008		2007	
	評分	排名	評分	排名
經營-06)員工道德操守造成台商企業營運損失的風險	2.89	01	2.83	01
經營-08)員工缺乏忠誠度造成人員流動率頻繁的風險	2.82	02	2.68	03
經營-07)當地適任人才及員工招募不易的風險	2.78	03	2.61	05
經營-05)當地企業信用不佳欠債追索不易的風險	2.75	04	2.66	04
社會-01)當地發生員工抗議、抗爭事件頻繁的風險	2.72	05	2.49	18
經營-01)當地水電、燃氣、能源供應不穩定的風險	2.69	06	2.59	06
社會-03)當地發生勞資或經貿糾紛不易排解的風險	2.67	07	2.46	23
經濟-03)台商藉由當地銀行體系籌措與取得資金困難	2.67	07	2.55	09
經濟-01)當地外匯嚴格管制及利潤匯出不易的風險	2.66	09	2.69	02
社會-02)經常發生社會治安不良、秩序不穩的風險	2.65	10	2.45	24
經營-09)當地經營企業維持人際網絡成本過高的風險	2.65	10	2.57	07

2008《TEEMA調查報告》針對2008年投資風險度調查指標與2007年進行差異分析,列出下降幅度最多的前10項指標整理如表8-9。從表8-9顯示,下降幅度最多的前10項指標依序分別為:1.當地外匯嚴格管制及利潤匯出不易的風險;2.當地配套廠商供應不穩定的風險;3.機構無法有效執行司法及仲裁結果的風險;3.當地政府以不當方式要求台商回饋的風險;3.當地常以刑事方式處理經濟案件的風險;3.當地跨省運輸不當收費頻繁的風險;7. 與當地政府協商過程難以掌控的風險;8.當地政府收費、攤派、罰款項目繁多的風險;8.當地的地方稅賦政策變動頻繁的風險;10.當地物流、運輸、通路狀況不易掌握的風險;10.貨物通關時,受當地海關行政阻擾的風險。

表8-9　TEEMA 2007～2008投資風險度指標變化前10優排名

投資風險度細項指標	2007～2008 差異分數	風險下降 前10名
經濟-01）當地外匯嚴格管制及利潤匯出不易的風險	-0.03	01
經營-04）當地配套廠商供應不穩定的風險	-0.02	02
法制-06）機構無法有效執行司法及仲裁結果的風險	+0.01	03
法制-07）當地政府以不當方式要求台商回饋的風險	+0.01	03
法制-08）當地常以刑事方式處理經濟案件的風險	+0.01	03
經營-03）當地跨省運輸不當收費頻繁的風險	+0.01	03
法制-04）與當地政府協商過程難以掌控的風險	+0.03	07
經濟-07）當地政府收費、攤派、罰款項目繁多的風險	+0.04	08
經濟-02）當地的地方稅賦政策變動頻繁的風險	+0.04	08
經營-02）當地物流、運輸、通路狀況不易掌握的風險	+0.05	10
經營-12）貨物通關時，受當地海關行政阻擾的風險	+0.05	10

　　2008《TEEMA調查報告》針對2008年投資風險度調查指標與2007年進行差異分析，列出上升幅度最多的前10項指標整理如表8-10。從表8-10顯示，下降幅度最多的前10項指標依序分別為：1.當地發生員工抗議、抗爭事件頻繁的風險；2.當地發生勞資或經貿糾紛不易排解的風險；3.經常發生社會治安不良、秩序不穩的風險；4.當地政府干預台商企業經營運作的風險；5.當地適任人才及員工招募不易的風險；6.員工缺乏忠誠度造成人員流動率頻繁的風險；7.台商藉由當地銀行體系籌措與取得資金困難；8.當地政府保護主義濃厚影響企業獲利的風險；9.當地水電、燃氣、能源供應不穩定的風險；9.當地人身財產安全受到威脅的風險。

表8-10　TEEMA 2007～2008投資風險度指標變化前10劣排名

投資風險度細項指標	2007～2008 差異分數	風險上升 前10名
社會-01）當地發生員工抗議、抗爭事件頻繁的風險	+0.23	01
社會-03）當地發生勞資或經貿糾紛不易排解的風險	+0.21	02
社會-02）經常發生社會治安不良、秩序不穩的風險	+0.20	03
經營-10）當地政府干預台商企業經營運作的風險	+0.19	04
經營-07）當地適任人才及員工招募不易的風險	+0.17	05
經營-08）員工缺乏忠誠度造成人員流動率頻繁的風險	+0.14	06
經濟-03）台商藉由當地銀行體系籌措與取得資金困難	+0.12	07
經濟-06）當地政府保護主義濃厚影響企業獲利的風險	+0.11	08
經營-01）當地水電、燃氣、能源供應不穩定的風險	+0.10	09
社會-04）當地人身財產安全受到威脅的風險	+0.10	09

三、TEEMA 2008中國大陸城市投資風險度分析

2008《TEEMA調查報告》為了探討2004～2008年10大投資風險度城市排行的變化，特別進行城市投資風險度變化，如表8-11所示，另外，針對評比的90個城市進行投資風險分析調查，結果如表8-12所示。從表8-11與表8-12之總結評論如下：

1.就投資風險度10優城市而言：依據2008《TEEMA調查報告》顯示投資風險度排名前10名的城市依序為：（1）蘇州工業區；（2）揚州；（3）蘇州昆山；（4）無錫江陰；（5）南京江寧；（6）蘇州新區；（7）天津濱海區；（8）南昌；（9）杭州蕭山；（10）無錫市區；而其中2007年、2008年同時列名投資風險度前10優的城市有：蘇州工業區、蘇州昆山、南京江寧、天津濱海區、南昌、杭州蕭山等6個評估城市，顯示城市風險排名有逐漸固定的趨勢，尤其是以江蘇省為最佳。近年來，重點城市都不離排行榜外，南京江寧則是連續第二年進榜，江陰、南昌、蕭山、天津濱海區也都是目前台商重點發展區域，也都連續數年進榜，證明好的投資區域，有其優勢存在。從表8-11得知，蘇州工業區再度擠下昆山，奪回第一名寶座，蘇州工業區努力打造一個現代氣息、文明和諧的人間新天堂，園區雖稱工業區，卻呈現國際化、現代化、園林化，給人一種「東方新歐洲」的神韻，並打造出一個「開放、親商、致美」的園區，因此拿下投資風險最優城市可謂實至名歸。

2.就投資風險度待改善的前10名城市而言：依據2008《TEEMA調查報告》顯示投資風險度排名前10劣的城市依序為：（1）北海；（2）蘭州；（3）哈爾濱；（4）宜昌；（5）東莞長安；（6）西安；（7）長春；（8）泰州；（9）惠州；（10）漳州；而其中2007年、2008年同時列名投資風險度待改善的前10名的城市有：北海、蘭州、宜昌等3個評估城市，此3城市較屬於台商投資的第二線或是第三線城市，但是觀察北海與宜昌的分數變化，4項風險指標皆提昇許多，平均分數接近4分，這是一個相當驚人的數字，代表此區域可以說是高度風險區域，當地政府需要相當注意。而2007年名列最末幾名的東莞，這次雖然未列在倒數十名，但是只能算是排名略有提昇。分數變化顯示，東莞的風險程度維持相近的程度，但是因為其他城市的風險相對提升，才能避免東莞繼續名列十大最待改善風險城市，但是東莞本身的產業型態問題，限制住了本身的發展，更因為勞力的缺乏，導致整體風險提昇；但台商也應思考，東莞地區的產業升級以及城

市升級階段，若自己未能跟上腳步，單以投資風險高來評論，則有點略失公平，而由調查報告的數據也顯示，在法制風險以及經營風險上，東莞地區的成績有了顯著的進步。

　　3. 就投資風險度10優城市5年來變化而言：中國大陸城市間的競爭相當激烈，但是區域差異很明顯，在《TEEMA調查報告》中顯示2004～2008年這5年內，南昌連續5年位居投資風險度前10名的城市，而四度列入風險前10名的城市有蘇州昆山（2005～2008年）、杭州蕭山（2004～2005年、2007～2008年）以及揚州（2004年-2006年、2008年）等3個城市；其中南昌之所以能夠連續位居《TEEMA調查報告》投資風險度排名前10名的城市，主要是南昌的定位，將上海國際化的經驗移植到江西。此外，南昌更提出了各項優化投資環境措施，現在的南昌，更榮獲美國《新聞週刊》評定為十大感動城市之一，「中國人居環境獎」，也成為一個「成本窪地」，也因為交通的便利之後，從過去的「區位劣勢」轉為「區位優勢」，世界500強的福特、賓士、沃爾瑪、肯德基；中國大陸本土的TCL、中國普天、奧克斯；台灣的統一集團、香港順榮、太平洋百貨等紛紛落戶南昌，通過創建帶來促進外向型經濟發展的綜合效應，使得南昌這個過去一般人認為發展落後的城市，開始積極吸引外資。南昌目前欠缺的是供應鏈未能形成，但是以這種發展情勢而言，江西南昌未來會是台商的一個重點基地。而揚州2007年掉出前10佳，但是在2008年的調查報告，揚州再度要回第二名；近年來，隨著投資環境的日益完善以及交通建設的發展，揚州吸引了越來越多台商的投資。目前在揚州投資的大型企業已有永豐餘造紙、寶成鞋業、亞東水泥的進駐，台商總投資金額共超過16億美金，成為台商在江蘇的另一個重點投資區域。

表8-11　TEEMA 2004～2008前10名城市投資風險度變化分析

排名	2008	2007	2006	2005	2004
1	蘇州工業區	蘇州昆山	蘇州工業區	上海閔行	徐　　州
2	揚　　州	廊　　坊	寧波北崙區	杭州蕭山	揚　　州
3	蘇州昆山	蘇州工業區	蘇州昆山	成　　都	杭州蕭山
4	無錫江陰	南京江寧	揚　　州	蘇州昆山	無錫江陰
5	南京江寧	南　　昌	杭州市區	無錫江陰	成　　都
6	蘇州新區	杭州蕭山	無錫江陰	徐　　州	嘉　　興
7	天津濱海區	寧波北崙區	蘇州市區	揚　　州	上海閔行
8	南　　昌	青　　島	濟　　南	南　　昌	南　　昌
9	杭州蕭山	天津濱海區	天津濱海區	上海浦東	汕　　頭
10	無錫市區	威　　海	南　　昌	天　津　市	寧波餘姚

表8-12 TEEMA 2008中國大陸城市投資風險度排名分析

排名	城 市	省市自治區	地 區	❶ 社會風險	❷ 法制風險	❸ 經濟風險	❹ 經營風險	投資風險度
01	蘇州工業區	江蘇省	華東地區	1.43	1.38	1.41	1.40	1.41
02	揚　　州	江蘇省	華東地區	1.42	1.47	1.48	1.49	1.48
03	蘇州昆山	江蘇省	華東地區	1.60	1.55	1.56	1.63	1.59
04	無錫江陰	江蘇省	華東地區	1.66	1.54	1.63	1.63	1.62
05	南京江寧	浙江省	華東地區	1.66	1.56	1.58	1.69	1.63
05	蘇州新區	北京市	華北地區	1.48	1.59	1.66	1.63	1.63
07	天津濱海區	天津市	華北地區	1.56	1.70	1.76	1.59	1.68
08	南　　昌	江西省	華中地區	1.84	1.71	1.77	1.66	1.74
09	杭州蕭山	江蘇省	華東地區	1.71	1.74	1.69	1.81	1.78
10	無錫市區	江蘇省	華東地區	1.81	1.76	1.78	1.82	1.80
11	廊　　坊	河北省	華北地區	1.85	1.80	1.82	1.80	1.82
12	南京市區	江蘇省	華東地區	1.88	1.86	1.91	1.84	1.88
13	成　　都	四川省	西南地區	1.89	1.89	1.88	1.90	1.90
14	煙　　台	山東省	華東地區	1.95	1.87	1.92	1.92	1.92
14	大　　連	遼寧省	東北地區	1.90	1.94	1.81	1.97	1.92
16	蘇州市區	山東省	華東地區	1.88	1.90	1.93	1.95	1.93
17	北京亦庄	江蘇省	華東地區	1.83	2.17	1.86	1.79	1.95
18	寧波北侖區	浙江省	華東地區	1.91	1.94	1.88	2.02	1.96
19	上海閔行	上海市	華東地區	1.87	1.92	2.02	1.99	1.98
20	徐　　州	江蘇省	華東地區	1.96	1.89	2.00	2.02	1.99
20	杭州市區	浙江省	華東地區	2.03	1.92	1.93	2.05	1.99
22	鎮　　江	江蘇省	華東地區	1.96	1.90	2.02	2.04	2.00
23	威　　海	江蘇省	華東地區	2.03	1.98	2.01	2.01	2.01
24	無錫宜興	江蘇省	華東地區	1.99	1.95	2.05	2.07	2.03
24	淮　　安	江蘇省	華東地區	2.29	2.04	1.98	1.95	2.03
26	蘇州太倉	江蘇省	華東地區	2.03	2.01	1.99	2.07	2.04
27	青　　島	山東省	華北地區	2.06	1.94	2.04	2.09	2.05
28	廈門島外	福建省	華南地區	1.98	2.08	2.05	2.06	2.06
29	寧波奉化	浙江省	華東地區	2.15	1.98	2.10	2.08	2.08
30	泰　　安	山東省	華北地區	2.06	2.23	2.06	2.17	2.15

表8-12 TEEMA 2008中國大陸城市投資風險度排名分析（續）

排名	城市	省市自治區	地區	❶社會風險	❷法制風險	❸經濟風險	❹經營風險	投資風險度
31	蘇州張家港	江蘇省	華東地區	2.15	2.09	2.19	2.15	2.16
32	廈門島內	福建省	華南地區	2.17	2.09	2.14	2.21	2.17
33	寧波市區	浙江省	華東地區	2.24	2.21	2.09	2.31	2.22
34	濟南	山東省	華北地區	1.89	2.20	2.23	2.34	2.24
35	蘇州吳江	江蘇省	華東地區	2.27	2.19	2.25	2.32	2.27
36	上海松江	上海市	華東地區	2.03	2.27	2.29	2.30	2.28
37	嘉興	浙江省	華東地區	2.27	2.20	2.27	2.37	2.30
38	常州	江蘇省	華東地區	2.56	2.29	2.37	2.30	2.36
39	中山	廣東省	華南地區	2.38	2.35	2.34	2.37	2.37
39	蘇州常熟	江蘇省	華東地區	2.29	2.36	2.37	2.38	2.37
41	上海市區	上海市	華東地區	2.23	2.36	2.44	2.41	2.40
42	溫州	浙江省	華東地區	2.32	2.42	2.36	2.44	2.41
43	珠海	廣東省	華南地區	2.51	2.36	2.49	2.49	2.47
44	寧波餘姚	浙江省	華東地區	2.45	2.48	2.50	2.47	2.49
45	合肥	安徽省	華中地區	2.56	2.46	2.49	2.48	2.51
46	天津市區	天津市	華北地區	2.51	2.50	2.50	2.52	2.52
47	上海浦東	上海市	華東地區	2.39	2.48	2.60	2.52	2.53
48	佛山	廣東省	華南地區	2.69	2.49	2.50	2.55	2.54
49	上海嘉定	上海市	華東地區	2.44	2.57	2.67	2.59	2.61
50	江門	廣東省	華南地區	2.57	2.66	2.68	2.59	2.65
50	紹興	浙江省	華東地區	2.53	2.50	2.62	2.78	2.65
50	九江	江西省	華中地區	2.63	2.54	2.67	2.70	2.65
53	南通	江蘇省	華東地區	2.64	2.66	2.68	2.73	2.70
54	莆田	福建省	華南地區	2.69	2.82	2.67	2.72	2.74
55	武漢武昌	湖北省	華中地區	2.71	2.77	2.75	2.81	2.78
56	福州馬尾	福建省	華南地區	2.80	2.78	2.79	2.80	2.80
56	北京市區	北京市	華北地區	2.62	2.85	2.85	2.74	2.80
56	吉安	江西省	華中地區	2.67	2.86	2.76	2.79	2.80
59	昆明	雲南省	西南地區	2.82	2.74	2.80	2.85	2.83
60	武漢漢陽	湖北省	華中地區	2.91	2.73	2.84	2.86	2.84

表8-12　TEEMA 2008中國大陸城市投資風險度排名分析（續）

排名	城市	省市自治區	地區	❶社會風險	❷法制風險	❸經濟風險	❹經營風險	投資風險度
61	福州市區	福建省	華南地區	2.59	2.83	2.97	2.86	2.87
62	深圳市區	廣東省	華南地區	2.95	2.80	2.90	3.03	2.94
63	長沙	湖南省	華中地區	2.85	2.88	2.99	3.00	2.96
64	汕頭	廣東省	華南地區	3.03	2.94	3.02	2.95	2.98
65	瀋陽	遼寧省	東北地區	2.39	3.10	3.05	3.07	3.02
66	深圳寶安	廣東省	華南地區	3.05	2.96	3.00	3.07	3.03
66	廣州天河	廣東省	華南地區	3.12	3.01	3.02	2.99	3.03
68	重慶	重慶市	西南地區	2.92	3.08	3.00	3.17	3.09
69	東莞市區	廣東省	華南地區	2.94	3.00	3.10	3.18	3.10
69	東莞虎門	廣東省	華南地區	3.19	3.05	3.06	3.10	3.10
71	廣州市區	廣東省	華南地區	3.10	2.91	3.24	3.11	3.12
72	泉州	福建省	華南地區	2.95	3.15	3.13	3.15	3.14
73	南寧	廣西	西南地區	3.03	3.02	3.13	3.28	3.15
74	石家庄	河北省	華北地區	3.23	3.07	3.11	3.25	3.17
74	太原	山西省	華北地區	3.21	3.07	3.24	3.14	3.17
74	武漢漢口	湖北省	華中地區	2.95	3.03	3.14	3.32	3.17
77	桂林	廣西	西南地區	2.98	3.27	3.26	3.20	3.22
78	東莞厚街	廣東省	華南地區	3.32	3.19	3.25	3.19	3.23
79	深圳龍崗	廣東省	華南地區	3.27	3.21	3.24	3.20	3.24
80	東莞石碣	廣東省	華南地區	3.37	3.25	3.16	3.24	3.24
81	漳州	福建省	華南地區	3.22	3.18	3.46	3.25	3.32
82	惠州	廣東省	華南地區	3.47	3.38	3.31	3.35	3.37
83	泰州	江蘇省	華東地區	3.47	3.46	3.41	3.42	3.44
84	長春	吉林省	東北地區	3.66	3.63	3.52	3.53	3.57
85	西安	陝西省	西北地區	3.83	3.79	3.72	3.71	3.75
86	東莞長安	廣東省	華南地區	3.71	3.78	3.78	3.83	3.80
87	宜昌	湖北省	華中地區	4.07	3.93	3.95	3.93	3.96
88	哈爾濱	黑龍江	東北地區	3.98	4.12	4.10	4.01	4.07
89	蘭州	甘肅省	西北地區	4.16	4.09	4.10	4.04	4.09
90	北海	廣西	西南地區	4.30	4.20	4.16	4.13	4.18

四、TEEMA 2008中國大陸區域投資風險度分析

2008《TEEMA調查報告》針對中國大陸七大經濟區域進行投資風險度排行分析，根據表8-13所示，2008年投資風險度評估綜合排名依次為：1.華東地區；2.華北地區；3.華中地區；4.華南地區；5.西南地區；6.東北地區；7.西北地區。

表8-13　TEEMA 2008中國大陸區域投資風險度排名分析

環境力構面	華東地區	華北地區	華中地區	華南地區	西南地區	東北地區	西北地區
❶ 社會風險	2.10	2.19	2.80	2.92	2.99	2.99	4.00
❷ 法制風險	2.09	2.23	2.77	2.88	3.03	3.20	3.94
❸ 經濟風險	2.12	2.26	2.82	2.93	3.04	3.12	3.91
❹ 經營風險	2.14	2.26	2.84	2.93	3.09	3.15	3.87
風險度評分	2.13	2.26	2.82	2.93	3.06	3.15	3.92
風險度排名	1	2	3	4	5	6	7

華東地區2008年再度要回區域風險排名第一名，而華北則滑落到第二名，但是以分數而言，除了這兩個區域的風險分數低於2.3分，其他五大地區的分數皆超過2.82分，甚至有3個區域的平均風險分數超過3分，代表連一般的水準都不到。西北地區連續第三年排名最後，整體投資風險對於台商而言仍然太高；而華南地區則由第六名進步到第四名，對於台商而言，華南地區的風險有逐步降低的趨勢，代表該區域的發展仍能夠讓台商感受到其進步。雖然台商的投資區位有慢慢轉移的趨勢，但是整體而言，華南地區仍有新地區、新措施，來繼續吸引台商投資。至於華東及華北地區，為台商投資的熱點，地區的優勢以及政策的加持、較晚的開發、規劃的完善，因此近年來都是台商心目中低風險的代表。

表8-14　TEEMA 2004～2008中國大陸區域投資風險度排名變化分析

地　　區	2008		2007		2006		2005		2004		2004～2008	
	評分	排名	評分	排名	評分	排名	評分	排名	評分	排名	總分	排名
❶華東地區	2.13	1	2.49	2	2.20	1	2.23	1	2.70	2	7	1
❷華北地區	2.26	2	2.32	1	2.39	2	2.50	3	2.72	3	11	2
❸華中地區	2.82	3	2.73	4	2.48	3	2.32	2	2.73	5	17	3
❹華南地區	2.93	4	2.94	6	2.73	4	2.80	7	2.87	6	27	6
❺西南地區	3.06	5	2.62	3	2.96	5	2.52	4	2.47	1	18	4
❻東北地區	3.15	6	2.76	5	3.07	6	2.54	5	2.72	3	25	5
❼西北地區	3.92	7	3.11	7	3.52	7	2.55	6	3.36	7	34	7

第**9**章　2008中國大陸「台商推薦度」

2008《TEEMA調查報告》延續以城市競爭力和投資環境力的「兩力」以及投資風險度和台商推薦度的「兩度」評估模式，對中國大陸城市台商推薦度做分析。有關「台商推薦度」構面的主要衡量目的是針對已赴中國大陸投資的台灣企業母公司做調查，評價其過去對該城市之整體投資環境和投資風險，即以已經在該城市投資台商的觀點給未來準備赴中國大陸投資的台商企業做為投資決策的參考。有關台商推薦度的指標在2005《TEEMA調查報告》中特別將「台商推薦度」擴大成為6項衡量指標：1.城市競爭力；2.城市環境力；3.投資風險度；4.城市發展潛力；5.投資效益；6.內貿與內銷市場開拓。2006《TEEMA調查報告》經過與學者、專家及台商協會會長討論，為了使衡量指標更加周延，因而將「台商推薦度」指標再延伸擴展成為10項衡量指標系統，包括：1.城市競爭力；2.投資環境力；3.投資風險度；4.城市發展潛力；5.城市投資效益；6.內銷市場前景；7.國際接軌程度；8.台商權益保護；9.政府行政效率；10.整體生活品質。經過2006年的調查結果，能夠充分反映台商推薦度之構面內涵，因此，2008《TEEMA調查報告》仍然延續2006年所建構的指標，完成台商推薦中國大陸城市排名。

依據2008《TEEMA調查報告》對已在中國大陸投資的2,612位台商調查，結果顯示2008年台商推薦度的城市排名順序，如表9-1所示，有關分析結果之重要內涵如下述：

1.就推薦度前10優城市而言：2008《TEEMA調查報告》之結果顯示，在台商推薦度構面上，名列前10優的城市依序是：（1）蘇州昆山；（2）南昌；（3）蘇州工業區；（4）成都；（5）揚州；（6）無錫江陰；（7）杭州蕭山；（8）天津濱海區；（9）蘇州新區與（10）南京江寧。2007年及2008年兩年皆列入台商推薦度前10名的城市，有蘇州昆山、蘇州工業區、成都、無錫江陰、杭州蕭山、蘇州新區等6個城市。蘇州昆山由2007年的第五名晉升至2008年第一名，其原因在於：在產業轉型升級中，昆山高新技術開發區「內生」接軌「外

向」的二次創業，引進外資走向產業生根，自主創新的內生性優化帶動產業升級。除了提高城市產業升級外，昆山高新技術也因政府提供親商理念及高效服務，獲得台商一致青睞。此外，成都由於擁有寬廣的市場及豐富的資源、行政透明度高、設有台商投訴中心等優點，在2007年參評的88個城市當中，名列第三，且連續5年入選為「極力推薦」城市。儘管2008年發生「五一二」汶川大地震，卻沒有震毀成都作為中國大陸西南地區重鎮的地位，在2008年也繼續獲得台商推薦城市第四名。上述顯示城市想要得到台商持續的高度評價，必須不斷的優化其投資環境、降低投資風險、加強與國際思維接軌、保障台商在該城市的投資權益及人身安全、提高政府各單位高效服務及親商理念。

2. 就推薦度排名最後10名城市而言：2008《TEEMA調查報告》之結果顯示，在台商推薦度構面上，名列排名最後10名的城市依序是：（1）北海；（2）宜昌；（3）蘭州；（4）哈爾濱；（5）東莞長安；（6）東莞石碣；（7）西安；（8）惠州；（9）長春與泰州。在2007年至2008年名列台商推薦度排名最後10名的城市有北海、蘭州、哈爾濱、東莞長安、西安、惠州6個城市。其中最差的城市為北海，由於（1）總體經濟實力還不強，工業化、城鎮化水平較低，現代化工業少，高新技術產業薄弱，缺乏大型骨幹企業和中心城市帶動；（2）沒有一個較為專業的本地金融機構，現代市場體系不健全、民間資本不活躍、創業氛圍不濃厚等問題；（3）近海地區生態保護及修復壓力較大；（4）社會事業發展滯後，人才開發、引進和儲備不足等問題，造成其對於台商而言，並不是優良的投資環境。

3. 就台商推薦度10項指標分析而言：2008《TEEMA調查報告》在台商推薦度的10項細項指標中，蘇州昆山除在整體台商推薦度指標名列第一外，在10項細項評估指標中，城市競爭力（4.78分）、投資風險度（4.70分）、國際接軌程度（4.53分）、政府行政效率（4.62分）、整體生活品質（4.60分）這5項細項指標亦都是90個列入評估城市中的榜首。在「城市發展潛力」上，由於中國大陸投資區位由沿海漸漸朝內地發展，成都即成為中西部大開發的樞紐。此外，中國大陸台灣同胞投資企業聯誼會會長張漢文也表示，部分台商看好2008年汶川大地震後成都出現的投資機會，將加大投資力度。他說，電子信息、機械製造、生物製藥、食品加工、冶金建材都將成為成都災後重建最具投資價值和發展潛力的產業，因此成都在城市發展潛力上奪魁，評分為4.78分，在「台商權益保護」上，由於蕭山經濟技術開發區中，提供完善配套設備、良好外資投資保障規定，使杭州蕭山位居第一，評分為4.70分，在「投資效益」及「內銷市場前景」此兩項細項指標上，揚州皆名列前茅。

4. 就台商推薦度評分升降變化而言：2008《TEEMA調查報告》為瞭解

2007～2008年有關台商推薦度評分變化，進行比較分析。從排名分析得知，2008年比2007年在台商推薦度的評分上，進步最多的城市依序為：（1）鎮江；（2）南昌；（3）揚州；（4）煙台；（5）蘇州常熟；（6）寧波北崙區；（7）天津濱海區；其中2008年排名第二的南昌，由於加速「招商引資」、重視安商護商、政府熱心服務及快捷服務效率、不斷改善硬體設施，使其在2008年台商推薦度評分上進步快速。另外，寧波北崙區因依托享譽海內外的深水良港優勢，以打造「東北亞國際航運中心重要組成部分、華東地區製造業重要基地、區域性物流中心和現代化濱海新城區」為目標，充分發揮產業政策優勢，在台商推薦城市評分中也有進步。台商推薦度退步最多的城市則是：（1）長沙，（2）哈爾濱；（3）泰州；（4）杭州市區；（5）西安；（6）桂林；（7）泉州。退步最多城市中，哈爾濱因氣候嚴寒導致生活品質的評分較低（2.12），此外寒冷的天氣也帶來成本的提高。哈爾濱台商協會會長林東湖說，在東北投資，建築成本經常要多花3倍價錢。而成為台商推薦度較低的城市，且由於其在權益保護、行政效率及內銷市場皆不利的情況下，使其在此次評分中退步。

5.就台商推薦度排名上升而言：2008《TEEMA調查報告》結果顯示，2008年比2007年台商推薦度排名進步最多的城市依序分別為：鎮江（+45名，從60名上升到15名）、合肥（+30名，從75名上升到45名）、煙台（+27名，從47名上升到20名）、瀋陽（+24名，從80名上升到56名）、蘇州常熟（+23名，從63名上升到40名）、無錫市區（+22名，從37名上升到15名）、揚州（+21名，從26名上升到5名）；其中由於鎮江因地處長江三角洲中心地帶，介於上海經濟圈和南京都市圈的交匯處，不僅承受著上海發展和浦東開放的輻射，還擔載著南京發展和向長江以北經濟滲透的橋樑；交通便利的區位優勢，以及土地和建設成本優勢，並且不斷強化「親商、安商、富商」意識、服務意識，給外企最大的方便，而成為台商推薦城市進步最多城市。名列第二的合肥，其合肥經濟開發區對於外資提供優惠措施，例如免繳87項行政事業性收費項目等，另外，也設立「加快工業發展專項基金」提供外資資金支援，並且鼓勵外資技術創新，而得到台商的青睞。

6.就台商推薦度排名下降而言：台商推薦度排名退步較多的城市則分別是：漳州（-53；從23名下降到76名）、莆田（-44；從26名下降到70名）、東莞厚街（-41；從33名下降到74名）、廣州天河（-37；從19名下降56名）、東莞虎門（-35；從42名下降到77名）。其中退步最多的城市漳洲，由於其人文環境差、人才培訓機構欠缺、政府部門服務效率不高、產業配套措施不完善及融資困難，以致其在台商推薦城市中列居退步第一名。由上述分析可以發現，若城市政府機關的效率不佳、沒有完善親商、安商意識及缺乏完善外資投資優惠措施和配套措施，將使該城市台商推薦度評分降低，並且明顯退步。

表9-1 TEEMA 2008中國大陸城市台商推薦度細項指標排名分析

排名	城市	省市	地區	❶競爭力	❷環境力	❸風險度	❹發展潛力	❺投資效益	❻國際接軌	❼權益保護	❽行政效率	❾內需市場	❿生活品質	台商推薦度
01	蘇州昆山	江蘇省	華東地區	4.78	4.73	4.70	4.56	4.61	4.53	4.62	4.62	4.54	4.60	4.66
02	南昌	江西省	華中地區	4.74	4.79	4.68	4.66	4.55	4.51	4.57	4.54	4.56	4.47	4.64
03	蘇州工業區	江蘇省	華東地區	4.69	4.74	4.70	4.52	4.54	4.51	4.50	4.41	4.49	4.49	4.59
03	成都	四川省	西南地區	4.59	4.65	4.50	4.78	4.57	4.34	4.57	4.45	4.67	4.56	4.59
05	揚州	江蘇省	華東地區	4.53	4.56	4.68	4.56	4.62	4.44	4.52	4.53	4.68	4.41	4.57
06	無錫江陰	江蘇省	華東地區	4.50	4.54	4.47	4.52	4.33	4.53	4.39	4.43	4.43	4.50	4.48
06	杭州蕭山	浙江省	華東地區	4.60	4.48	4.52	4.40	4.51	4.24	4.70	4.54	4.32	4.32	4.48
08	天津濱海區	天津市	華北地區	4.40	4.62	4.50	4.67	4.58	4.28	4.37	4.25	4.36	4.25	4.45
09	蘇州新區	江蘇省	華東地區	4.27	4.35	4.43	4.41	4.33	4.29	4.33	4.47	4.28	4.30	4.39
10	南京江寧	江蘇省	華東地區	4.45	4.35	4.33	4.34	4.29	4.22	4.45	4.48	4.42	4.34	4.38
11	廊坊	河北省	華北地區	4.12	4.55	4.55	4.22	4.41	4.44	4.33	4.18	4.23	4.19	4.36
12	寧波北侖	浙江省	華東地區	4.28	4.42	4.42	4.29	4.18	4.19	4.19	4.15	4.33	4.28	4.29
13	上海閔行	上海市	華東地區	4.36	4.37	4.18	4.20	4.02	4.15	4.12	4.06	4.13	4.15	4.20
14	威海	山東省	華東地區	4.26	4.34	4.29	4.13	4.29	4.00	4.25	4.05	4.01	4.00	4.19
15	無錫市區	江蘇省	華東地區	4.18	4.23	4.34	4.15	4.21	3.82	3.73	4.09	4.13	4.04	4.13
15	鎮江	江蘇省	華東地區	4.03	4.29	4.29	4.14	4.11	3.97	3.99	4.14	4.14	3.99	4.13
15	大連	遼寧省	東北地區	3.99	4.34	4.39	3.96	4.06	4.10	4.00	4.04	4.16	3.97	4.13
18	無錫宜興	江蘇省	華東地區	4.26	4.19	4.14	4.11	4.04	4.04	3.98	3.83	4.00	4.09	4.11
18	徐州	江蘇省	華東地區	4.05	4.26	4.22	4.25	4.10	3.71	4.12	4.02	4.18	3.98	4.11
20	煙台	山東省	華東地區	3.87	4.31	4.25	3.68	4.31	4.25	4.02	3.87	3.96	4.08	4.09
21	南京市區	江蘇省	華東地區	3.97	4.25	4.15	3.92	4.03	4.17	4.11	4.03	3.89	4.06	4.08
22	青島	山東省	華東地區	4.05	4.36	4.25	3.71	4.17	3.91	3.81	3.73	3.84	3.97	4.04
22	蘇州市區	江蘇省	華東地區	3.85	4.33	4.47	3.89	4.21	4.03	3.82	3.64	3.94	3.81	4.04
24	北京亦庄	北京市	華北地區	3.87	4.20	4.16	3.81	3.94	4.01	3.97	3.98	3.84	3.95	4.00
24	淮安	江蘇省	華東地區	3.69	3.96	4.16	4.11	4.20	4.03	3.64	3.99	3.94	3.93	4.00
26	寧波市區	浙江省	華東地區	4.11	3.86	3.82	4.25	4.04	4.16	3.84	3.70	3.85	3.79	3.97
27	寧波奉化	浙江省	華東地區	3.64	4.14	4.17	3.72	4.17	4.11	3.81	3.93	3.82	3.63	3.96
27	杭州市區	浙江省	華東地區	3.92	4.17	4.25	3.81	3.85	3.88	3.82	3.81	3.82	3.89	3.96
27	泰安	山東省	華北地區	3.56	4.10	4.21	3.68	4.09	4.04	4.00	3.84	3.77	3.91	3.96
30	廈門島外	福建省	華南地區	4.00	3.99	3.94	4.02	3.94	4.00	3.81	3.62	3.78	4.04	3.95
31	廈門島內	福建省	華南地區	3.76	4.16	3.89	3.88	3.75	3.98	3.85	3.68	3.83	3.91	3.92
32	濟南	山東省	華北地區	3.91	4.02	4.04	3.95	3.85	3.77	3.75	3.83	3.91	3.76	3.91
33	中山	廣東省	華南地區	3.75	3.96	3.95	3.90	3.92	3.83	3.87	3.90	3.73	3.96	3.90

表9-1 TEEMA 2008中國大陸城市台商推薦度細項指標排名分析（續）

排名	城市	省市	地區	❶競爭力	❷環境力	❸風險度	❹發展潛力	❺投資效益	❻國際接軌	❼權益保護	❽行政效率	❾內銷市場	❿生活品質	台商推薦度
33	蘇州張家港	江蘇省	華東地區	3.83	3.86	3.65	3.96	3.96	3.92	3.95	3.83	3.87	4.02	3.90
35	天津市區	天津市	華北地區	3.59	4.13	4.13	3.87	3.94	3.94	3.99	3.93	3.62	3.49	3.89
36	蘇州吳江	江蘇省	華東地區	3.78	3.90	4.03	3.90	3.79	3.56	3.85	3.92	3.82	3.82	3.87
37	蘇州太倉	江蘇省	華東地區	3.75	3.88	3.96	3.82	3.87	3.67	3.80	3.73	3.76	3.57	3.81
38	上海松江	上海市	華東地區	3.63	3.72	3.55	3.82	3.71	3.90	3.65	3.80	3.84	3.88	3.80
39	珠海	廣東省	華南地區	3.86	3.80	3.64	3.73	3.73	3.86	3.84	3.58	3.61	3.82	3.78
40	蘇州常熟	江蘇省	華東地區	3.82	3.91	3.88	3.83	3.96	3.41	3.65	3.64	3.63	3.46	3.76
41	寧波餘姚	浙江省	華東地區	3.56	3.94	4.05	3.58	3.92	3.86	3.63	3.59	3.46	3.51	3.75
42	溫州	浙江省	華東地區	3.72	3.94	3.89	3.67	3.85	3.29	3.63	3.20	3.57	3.57	3.70
43	上海市區	上海市	華東地區	3.70	3.80	3.65	3.65	3.38	3.88	3.37	3.27	3.65	3.70	3.65
44	嘉興	浙江省	華東地區	3.43	3.59	3.58	3.63	3.63	3.39	3.59	3.71	3.69	3.69	3.63
45	紹興	浙江省	華東地區	3.47	3.88	3.88	3.32	3.62	3.61	3.61	3.27	3.46	3.64	3.62
45	合肥	安徽省	華中地區	3.52	3.75	3.94	3.48	3.56	3.58	3.73	3.48	3.37	3.52	3.62
47	吉安	江西省	華中地區	3.47	3.72	3.65	3.28	3.95	3.70	3.63	3.28	3.47	3.59	3.61
48	佛山	廣東省	華南地區	3.54	3.56	3.56	3.53	3.46	3.54	3.60	3.47	3.48	3.55	3.56
48	上海嘉定	上海市	華東地區	3.62	3.62	3.57	3.62	3.48	3.83	3.32	3.31	3.40	3.46	3.56
48	常州	江蘇省	華東地區	3.55	3.77	3.75	3.54	3.70	3.50	3.34	3.28	3.47	3.43	3.56
51	上海浦東	上海市	華東地區	3.73	3.63	3.60	3.55	3.30	3.54	3.31	3.37	3.46	3.55	3.55
52	南通	江蘇省	華東地區	3.45	3.63	3.49	3.61	3.46	3.26	3.44	3.32	3.36	3.26	3.45
53	昆明	雲南省	西南地區	3.28	3.46	3.48	3.03	3.26	3.28	3.37	3.17	3.22	3.38	3.34
54	江門	廣東省	華南地區	2.94	3.45	3.49	3.35	3.48	3.04	3.24	3.20	3.32	3.33	3.33
55	重慶	重慶市	西南地區	3.20	3.47	3.65	3.30	3.49	3.34	3.11	3.16	2.95	3.10	3.32
56	廣州天河	廣東省	華南地區	3.17	3.34	3.56	3.40	3.22	3.21	3.37	2.89	3.20	3.15	3.30
56	北京市區	北京市	華北地區	3.42	3.52	3.47	3.06	3.30	3.09	3.04	3.13	3.26	3.00	3.30
56	瀋陽	遼寧省	東北地區	3.04	3.24	3.24	3.32	3.60	3.21	3.10	3.06	3.25	3.29	3.30
59	福州市區	福建省	華南地區	3.16	3.15	3.20	3.51	3.47	3.09	3.38	2.93	3.20	3.42	3.29
59	泉州	福建省	華南地區	3.49	3.46	3.58	3.12	3.11	3.31	2.99	2.97	3.10	3.26	3.29
59	九江	江西省	華中地區	3.16	3.51	3.46	3.17	3.27	2.97	3.13	3.13	3.30	3.40	3.29
62	武漢武昌	湖北省	華中地區	3.23	3.67	3.61	3.22	3.36	3.10	2.91	3.06	3.14	3.14	3.28
63	南寧	廣西	西南地區	3.14	3.04	3.25	3.13	3.64	3.21	3.28	3.26	3.15	3.00	3.25
64	汕頭	廣東省	華南地區	3.15	3.43	3.38	3.18	3.24	3.39	2.86	2.74	2.99	2.86	3.18
65	福州馬尾	福建省	華南地區	3.18	3.42	3.40	3.13	3.04	2.97	2.83	3.04	2.96	2.96	3.17
66	石家庄	河北省	華北地區	2.94	3.16	3.14	2.99	3.35	3.22	2.88	2.96	3.19	3.25	3.14

表9-1　TEEMA 2008中國大陸城市台商推薦度細項指標排名分析（續）

排名	城市	省市	地區	❶競爭力	❷環境力	❸風險度	❹發展潛力	❺投資效益	❻國際接軌	❼權益保護	❽行政效率	❾內銷市場	❿生活品質	台商推薦度
67	武漢漢陽	湖北省	華中地區	2.79	3.51	3.57	2.86	3.26	3.32	2.87	2.84	2.73	2.94	3.11
68	太原	山西省	華北地區	2.98	3.20	3.36	3.02	3.28	3.10	2.71	2.99	2.95	3.02	3.10
68	武漢漢口	湖北省	華中地區	2.84	3.43	3.31	2.89	3.38	3.14	2.98	2.88	2.88	2.88	3.10
70	莆田	福建省	華南地區	3.22	3.39	3.51	3.01	2.88	3.07	2.94	2.44	2.80	2.91	3.08
71	長沙	湖南省	華中地區	3.00	3.04	3.04	2.97	3.00	3.08	2.92	2.72	2.90	2.98	3.00
72	桂林	廣西	西南地區	2.88	3.16	3.16	2.79	2.93	2.87	2.93	2.87	2.81	2.86	2.98
73	深圳龍崗	廣東省	華南地區	2.84	2.97	2.88	2.82	3.06	3.03	2.79	2.96	2.91	2.86	2.97
74	深圳寶安	廣東省	華南地區	2.83	2.84	2.81	2.91	2.89	2.99	2.93	2.84	3.14	2.90	2.94
74	東莞厚街	廣東省	華南地區	2.75	2.83	2.84	3.12	2.93	2.98	2.90	2.68	2.87	2.74	2.94
76	漳州	福建省	華南地區	2.75	3.21	3.19	2.74	3.00	2.78	2.64	2.69	2.96	2.84	2.93
77	東莞虎門	廣東省	華南地區	2.87	2.74	2.76	2.95	2.92	2.93	2.83	2.64	2.96	2.79	2.90
78	東莞市區	廣東省	華南地區	2.66	2.70	2.65	3.14	2.79	2.99	2.65	2.62	2.86	2.77	2.84
79	廣州市區	廣東省	華南地區	2.72	2.73	2.82	2.86	2.64	2.75	2.65	2.68	3.08	2.93	2.84
80	深圳市區	廣東省	華南地區	2.94	2.79	2.65	2.73	2.69	2.82	2.56	2.72	2.82	2.77	2.80
81	泰州	江蘇省	華東地區	2.35	2.96	2.96	2.61	3.02	2.68	2.71	2.69	2.64	2.80	2.79
81	長春	吉林省	東北地區	2.57	3.02	2.97	2.69	2.85	2.73	2.72	2.48	2.59	2.60	2.79
83	惠州	廣東省	華南地區	2.53	2.82	2.78	2.87	2.76	2.91	2.72	2.71	2.67	2.62	2.78
84	西安	陝西省	西北地區	2.28	2.36	2.42	2.28	2.33	2.28	2.31	2.15	2.36	2.33	2.37
85	東莞石碣	廣東省	華南地區	2.33	2.25	2.01	2.35	2.25	2.20	2.31	2.33	2.61	2.35	2.36
86	東莞長安	廣東省	華南地區	2.42	2.20	2.15	2.46	2.18	2.31	2.24	2.21	2.20	2.33	2.32
87	哈爾濱	黑龍江省	東北地區	2.15	2.46	2.38	2.40	2.52	2.36	2.02	1.85	1.94	2.12	2.28
88	蘭州	甘肅省	西北地區	2.09	2.44	2.36	2.13	2.15	2.19	1.96	1.82	2.03	2.38	2.22
89	宜昌	湖北省	華中地區	2.06	2.12	2.09	2.33	2.10	1.87	1.79	1.67	1.67	1.79	2.03
90	北海	廣西	西南地區	1.98	2.14	2.26	1.68	1.82	1.86	1.41	1.68	1.57	1.60	1.86

註：
【1】問卷評分轉換：「非常同意=5分」、「同意=4分」、「沒意見=3分」、「不同意=2分」、「非常不同意=1分」。
【2】投資風險度＝【城市競爭力×10%】＋【投資環境力×10%】＋【投資風險度×10%】＋【城市發展潛力×10%】＋【整體投資效益×10%】＋【國際接軌程度×10%】＋【台商權益保護×10%】＋【政府行政效率×10%】＋【內銷市場前景×10%】＋【整體生活品質×10%】
【3】台商推薦度評分越高，代表台商對該城市願意推薦給下一個來投資的台商之意願強度越高，換言之，也代表這個城市的台商推薦程度越高。

第10章 2008中國大陸「城市綜合實力」

一、TEEMA 2008中國大陸城市綜合實力排名

2008《TEEMA調查報告》計算方式仍然是延續過去《TEEMA調查報告》中所使用的1.城市競爭力；2.投資環境力；3.投資風險度；4.台商推薦度等四構面，並且列入本年度評估的90個城市調查，計算各城市在這4個構面之調查結果上各項結果所計算出來的原始分數，然後再依其分數的高低排列順序，換算成為百分位等級，再分別乘上適當的權數後得到加權評價及城市排名。而關於「兩力兩度」構面權重分配主要為：（1）城市競爭力（15%）；（2）投資環境力（40%）；（3）投資風險度（30%）；（4）台商推薦度（15%），再依據計算出來的4項構面之原始分數及百分位排序，乘以構面的權重，然後換算結果及加權平均後，算出各項綜合指標分數，其係以0到100之百分位數加權計算，並予以排序，最後將會得到每一個城市的「城市綜合實力」綜合評分與排名。

所計算出的2008年中國大陸「城市綜合實力」名次如表10-1所示。該排名所得到的結果，將會成為未來要赴中國大陸投資的台商，一個非常重要的參考依據。2008《TEEMA調查報告》以25分為一級距，將「城市綜合實力」依分數級距轉換成「城市推薦等級」，並延用過去TEEMA的推薦等級劃分為四大推薦等級，其分別為：（1）75分以上城市為【A】級城市，稱之為「極力推薦」城市；（2）50分到75分（含）城市為【B】級城市，歸屬於「值得推薦」等級城市；（3）25分到50分（含）之城市為【C】級城市，歸類為「勉予推薦」等級城市；（4）25分（含）以下之城市則為【D】級城市，則劃歸於「暫不推薦」等級城市。有關2008《TEEMA調查報告》列入調查評估的90個城市，其【A】、【B】、【C】、【D】4個推薦等級的城市亦如表10-1所示。

2008年《TEEMA調查報告》中國大陸「城市綜合實力」評估結果顯示，中

國大陸2008年「城市綜合實力」前十優的城市依序為：1.蘇州工業區；2.蘇州昆山；3.天津濱海區；4.蘇州新區；5.無錫江陰；6.杭州蕭山；7.南京江寧；8.揚州；9.成都；10.南昌；而2008年「城市綜合實力」排名最後的前十名分別為：1.北海；2.宜昌；3.蘭州；4.哈爾濱；5.泰州；6.東莞長安；7.西安；8.惠州；9.長春；10.漳州。

為瞭解2004～2008年《TEEMA調查報告》中國大陸城市綜合實力排行及台商推薦投資等級之變化，2008年《TEEMA調查報告》將2004年至2008年之結果整理如表10-2所示。2008年列入【A】級的城市佔受評的90個城市之26%，列入【B】級的城市佔28%，【C】級的城市亦佔28%，而列入【D】級的城市則佔19%。從表10-2可窺見【A】、【B】、【C】、【D】四等級的分布城市數，基本上呈固定的比率，【D】級的城市數比率是最少的，表示台商對中國大陸經濟發展的高度肯定，不過值得注意的是2008年【D】級城市的比率比起以往有些微的提昇，其有可能是因為2008年中國大陸的政策和投資環境改變所造成的結果。《TEEMA調查報告》主要是為能夠提供台商正確的投資指引，因此只要是列入【D】級的城市原則上是希望台商盡量避免到這些城市進行過多的投資，或是大規模的佈局，尤其是在2008年整個中國大陸的投資環境呈現大幅變動的情況下更為重要。

2008《TEEMA調查報告》，將其城市綜合實力推薦等級與該城市所在的七大經濟區域進行分布比較，進而深入瞭解列入受評的90個城市。由表10-3之分析可見，中國大陸七大經濟區域進入2008年台商「極力推薦」的城市，華東地區有14個城市為最多，佔90個受評城市中的16%，其次是華北地區的6個城市、再其次是華中地區、西南地區、東北地區分別都只有1個城市列入【A】級的「極力推薦」城市，在七大經濟區域中有西北地區與華南地區沒有任何城市列入【A】級的極力推薦城市。由此可以得知，華東地區的投資環境仍然是台商的首選，不過隨著環渤海經濟區的崛起，華北城市的發展潛力也將不容小覷，而華南地區的珠三角經濟區一帶，因2008年整體投資環境和政府政策的影響，仍然不見起色。

此外，為能夠瞭解《TEEMA調查報告》從2004～2008年城市綜合實力排名與變化，特整理如表10-4所示。從2004～2008年連續5年皆列入【A】級「極力推薦」的城市，僅有蘇州昆山、天津濱海區、無錫江陰、杭州蕭山、揚州、成都、南昌、上海閔行、大連等9個城市，代表中國大陸大部分城市的投資環境每

年都會有巨幅的變化，所以在選擇投資城市的時候，可能不能只考慮該年度的投資環境，而是要分析未來幾年的狀況。

由這些城市剖析可知，能夠連續5年都位居在「極力推薦」的城市，是極為穩定的，或許偶爾會有一年因為某些特殊事件的發生，造成該城市的「城市綜合實力」下滑，但這些列入【A】級城市的地方官員，都極為重視在《TEEMA調查報告》的排名，會產生自我修正、自我檢討、自我改善的能力與對策，希冀下一年度能再度躋身【A】級「極力推薦」的城市。由此可看出《TEEMA調查報告》的影響力及投資參考的貢獻度，各城市無不卯足勁來優化本身投資環境，並視躋身【A】級城市為一種榮耀。因此當台商付出心血在這些【A】級城市經營時，可以比較不用擔心投資環境會面臨劇烈變動，而徒增企業投資風險。

桂林、昆明這兩個以旅遊為主的城市，在2008《TEEMA調查報告》顯示，投資環境都有下滑的趨勢。而歸究比較主要的原因是在這兩個城市都共同存在的一個問題，那就是人才不足。由於這兩個以旅遊為主的城市，是屬於比較內陸的城市，且在基礎交通建設上較不便利，所以很難留住當地的人才，大部分的勞動力都外移到沿海比較發展的城市，或者像是成都這種基礎建設和交通良好，且經濟發展好的大城市。

表10-1 TEEMA2008中國大陸城市綜合實力排名分析

排名	城市	省市	區域	❶城市競爭力 加權評分	❶排名	❷投資環境力 加權評分	❷百分位	❷排名	❸投資風險度 加權評分	❸百分位	❸排名	❹台商推薦度 加權評分	❹百分位	❹排名	城市綜合實力 綜合評分	排名	等級
01	蘇州工業區	江蘇省	華東	84.43	06	4.67	100.00	01	1.41	100.00	01	4.59	96.60	03	97.15	A01	極力推薦
02	蘇州昆山	江蘇省	華東	84.43	06	4.34	96.60	04	1.59	97.70	03	4.66	100.00	01	95.61	A02	
03	天津濱海區	天津市	華北	87.15	04	4.43	97.70	03	1.68	93.20	07	4.45	92.10	08	93.93	A03	
04	蘇州新區	江蘇省	華東	84.43	06	4.31	94.30	05	1.63	94.30	05	4.39	91.00	09	92.32	A04	
05	無錫江陰	江蘇省	華東	70.54	15	4.30	92.10	07	1.62	96.60	04	4.48	93.20	06	90.38	A05	
06	杭州蕭山	浙江省	華東	83.49	07	4.28	91.00	09	1.78	91.00	09	4.48	93.20	06	90.20	A06	
07	南京江寧	江蘇省	華東	77.97	08	4.26	89.80	10	1.63	95.50	05	4.38	89.80	10	89.74	A07	
08	揚州	江蘇省	華東	34.37	44	4.52	98.80	02	1.48	98.80	02	4.57	95.50	05	88.64	A08	
09	成都	四川省	西南	73.37	13	4.23	88.70	11	1.90	86.50	13	4.59	96.60	03	86.93	A09	
10	南昌	江西省	華中	40.92	41	4.30	92.10	07	1.74	92.10	08	4.64	98.80	02	85.43	A10	
11	無錫市區	江蘇省	華東	70.54	15	4.08	84.20	15	1.80	89.80	10	4.13	82.00	15	83.50	A11	
12	上海閔行	上海市	華東	95.10	01	4.05	80.80	17	1.98	79.70	19	4.20	86.50	13	83.47	A12	
13	南京市區	江蘇省	華東	77.97	08	4.06	83.10	16	1.88	87.60	12	4.08	77.50	21	82.84	A13	
14	大連	遼寧省	東北	72.86	14	4.11	85.30	14	1.92	82.00	14	4.13	82.00	15	81.95	A14	
15	寧波北侖區	浙江省	華東	77.15	09	4.02	78.60	20	1.96	80.80	18	4.29	87.60	12	80.39	A15	
16	廊坊	河北省	華北	18.02	51	4.31	94.30	05	1.82	88.70	11	4.36	88.70	11	80.34	A16	
17	北京亦庄	北京市	華北	93.92	02	4.00	76.40	21	1.95	82.00	17	4.00	73.00	24	80.20	A17	
18	無錫宜興	江蘇省	華東	70.54	15	4.19	87.60	12	2.03	73.00	24	4.11	79.70	18	79.48	A18	
19	蘇州市區	江蘇省	華東	84.43	06	4.00	76.40	21	1.93	82.00	16	4.04	75.20	22	79.10	A19	
20	煙台	山東省	華北	62.49	19	4.03	79.70	19	1.92	85.30	14	4.09	78.60	20	78.63	A20	
21	威海	山東省	華北	52.24	30	4.16	86.50	13	2.01	75.20	23	4.19	85.30	14	77.79	A21	
22	青島	山東省	華北	74.61	10	4.05	80.80	17	2.05	70.70	27	4.04	75.20	22	76.00	A22	
23	杭州市區	浙江省	華東	83.49	07	3.96	74.10	23	1.99	76.40	20	3.96	68.50	27	75.36	A23	

表10-1 TEEMA2008中國大陸城市綜合實力排名分析（續）

排名	城市	省	市	區域	❶城市競爭力 加權評分	排名	❷投資環境力 加權評分	百分位	排名	❸投資風險度 加權評分	百分位	排名	❹台商推薦度 加權評分	百分位	排名	城市綜合實力 綜合評分	排名	等級
24	蘇州太倉	江蘇省	華東	84.43	06	3.94	73.00	25	2.04	71.90	26	3.81	56.10	37	71.85	B01	值得推薦
25	寧波奉化	浙江省	華東	77.15	09	3.88	69.60	27	2.08	68.50	29	3.96	68.50	27	70.24	B02	值得推薦
26	鎮江	江蘇省	華東	35.97	43	3.91	71.90	26	2.00	76.40	22	4.13	82.00	15	69.38	B03	值得推薦
27	徐州	江蘇省	華東	37.30	42	3.88	69.60	27	1.99	78.60	20	4.11	79.70	18	68.97	B04	值得推薦
28	蘇州張家港	江蘇省	華東	84.43	06	3.83	65.10	31	2.16	66.20	31	3.90	62.90	33	68.00	B05	值得推薦
29	廈門島外	福建省	華南	58.32	21	3.83	65.10	31	2.06	69.60	28	3.95	67.40	30	65.78	B06	值得推薦
30	濟南	山東省	華北	64.12	17	3.86	67.40	29	2.24	61.70	34	3.91	65.10	32	64.85	B07	值得推薦
31	上海松江	上海市	華東	95.10	01	3.66	58.40	37	2.28	60.60	36	3.80	53.40	38	64.57	B08	值得推薦
32	蘇州吳江	江蘇省	華東	84.43	06	3.67	60.60	36	2.27	61.70	35	3.87	60.60	36	64.50	B09	值得推薦
33	泰安	山東省	華北	25.99	47	3.96	74.10	23	2.15	67.40	30	3.96	68.50	27	64.03	B10	值得推薦
34	廈門島內	福建省	華南	58.32	21	3.78	62.90	34	2.17	65.10	32	3.92	66.20	31	63.37	B11	值得推薦
35	淮安	江蘇省	華東	15.21	52	3.86	67.40	29	2.03	73.00	24	4.00	73.00	24	62.09	B12	值得推薦
36	寧波市區	浙江省	華東	77.15	09	3.55	50.50	45	2.22	61.70	33	3.97	71.90	26	61.07	B13	值得推薦
37	蘇州常熟	江蘇省	華東	84.43	06	3.64	55.00	41	2.37	56.10	39	3.76	55.50	40	60.42	B14	值得推薦
38	寧波餘姚	浙江省	華東	77.15	09	3.68	61.70	35	2.49	51.60	44	3.75	55.00	41	59.98	B15	值得推薦
39	中山市	廣東省	華南	42.19	38	3.81	64.00	33	2.37	57.30	39	3.90	62.90	33	58.55	B16	值得推薦
40	上海市區	上海市	華東	95.10	01	3.51	48.30	47	2.40	55.00	41	3.65	52.80	43	58.01	B17	值得推薦
41	嘉興市	浙江省	華東	50.30	31	3.64	56.10	39	2.30	59.50	37	3.63	51.60	44	55.58	B18	值得推薦
42	天津市區	天津市	華北	87.15	04	3.50	46.00	48	2.52	49.40	46	3.89	61.70	35	55.55	B19	值得推薦
43	溫州	浙江省	華東	54.12	25	3.64	56.10	39	2.41	53.90	42	3.70	53.90	42	54.81	B20	值得推薦
44	常州	江蘇省	華東	54.09	26	3.61	53.90	42	2.36	58.40	38	3.56	44.90	49	53.93	B21	值得推薦
45	珠海	廣東省	華南	42.89	37	3.57	52.80	43	2.47	52.80	43	3.78	57.30	39	51.99	B22	值得推薦
46	紹興	浙江省	華東	53.18	27	3.66	58.40	37	2.65	42.60	51	3.62	50.50	45	51.69	B23	值得推薦
47	上海浦東	上海市	華東	95.10	01	3.36	40.40	54	2.53	48.30	47	3.55	43.30	51	51.49	B24	值得推薦
48	上海嘉定	上海市	華東	95.10	01	3.33	39.30	55	2.61	46.00	49	3.56	44.30	49	50.52	B25	值得推薦

躍升商機蛻變

—2008年中國大陸地區投資環境與風險調查

表10-1 TEEMA2008中國大陸城市綜合實力排名分析（續）

排名	城市	省市	區域	❶城市競爭力 加權評分	排名	❷投資環境力 加權評分	百分位	排名	❸投資風險度 加權評分	百分位	排名	❹台商推薦度 加權評分	百分位	排名	城市綜合實力 綜合評分	排名	等級
49	佛山	廣東省	華南	63.98	18	3.47	44.90	50	2.54	47.10	48	3.56	47.10	48	48.75	C01	
50	合肥	安徽省	華中	42.05	39	3.53	49.40	46	2.51	50.50	45	3.62	48.30	46	48.46	C02	
51	廣州天河	廣東省	華南	92.05	03	3.41	42.60	52	3.03	25.80	66	3.30	38.20	56	44.32	C03	
52	北京市區	北京市	華北	93.92	02	3.14	30.30	63	2.80	37.00	56	3.30	37.00	57	42.86	C04	
53	瀋陽	遼寧省	東北	74.34	11	3.46	43.80	51	3.02	28.00	65	3.30	35.90	58	42.46	C05	
54	南通	江蘇省	華東	49.06	33	3.30	38.20	56	2.70	41.50	53	3.45	42.60	52	41.48	C06	
55	武漢武昌	湖北省	華中	73.39	12	3.22	34.80	59	2.78	39.30	55	3.28	31.40	62	41.43	C07	
56	江門	廣東省	華南	23.78	49	3.38	41.50	53	2.65	44.90	50	3.33	40.40	54	39.70	C08	
57	吉安	江西省	華中	5.84	58	3.56	51.60	44	2.80	35.90	56	3.61	48.30	46	39.53	C09	
58	昆明	雲南省	西南	48.08	35	3.29	37.00	57	2.83	34.80	59	3.34	41.50	53	38.68	C10	
59	武漢漢陽	湖北省	華中	73.39	12	3.19	33.70	60	2.84	33.70	60	3.11	25.80	67	38.47	C11	
60	九江	江西省	華中	12.44	56	3.50	46.00	48	2.65	42.60	52	3.29	32.50	61	37.92	C12	
61	重慶市區	重慶市	西南	64.63	16	3.24	35.90	58	3.09	24.70	68	3.32	39.30	55	37.36	C13	
62	福州市區	福建省	華南	52.45	29	3.16	31.40	61	2.87	32.50	61	3.29	33.70	59	35.23	C14	
63	福州馬尾	福建省	華南	52.45	29	3.12	29.20	64	2.80	38.20	56	3.17	28.00	65	35.21	C15	
64	深圳寶安	廣東省	華南	85.17	05	2.98	21.30	71	3.03	25.80	66	2.94	16.80	74	31.56	C16	
65	泉州	福建省	華南	47.59	36	3.16	31.40	61	3.14	20.20	72	3.29	33.70	59	30.81	C17	
66	深圳市區	廣東省	華南	85.17	05	2.86	15.70	75	2.94	31.40	62	2.80	11.20	80	30.16	C18	
67	長沙	湖南省	華中	60.09	20	2.94	19.10	73	2.96	30.30	63	3.00	21.30	71	28.94	C19	
68	廣州市區	廣州省	華南	92.05	03	2.86	15.70	75	3.12	21.30	71	2.84	12.30	78	28.32	C20	
69	武漢漢口	湖北省	華中	73.39	12	3.02	22.40	70	3.17	14.60	74	3.10	23.50	68	27.87	C21	
70	南寧	廣西	西南	41.38	40	3.11	26.90	65	3.15	19.10	73	3.25	30.30	63	27.24	C22	
71	石家庄	河北省	華北	49.30	32	3.05	24.70	68	3.17	17.90	74	3.14	26.90	66	26.68	C23	
72	太原	山西省	華北	48.69	34	3.08	25.80	67	3.17	16.80	74	3.10	23.50	68	26.19	C24	
73	莆田	福建省	華南	7.65	57	3.03	23.50	69	2.74	40.40	54	3.08	22.40	70	26.03	C25	

勉予推薦

表10-1 TEEMA2008中國大陸城市綜合實力排名分析（續）

排名	城市	省市	區域	❶城市競爭力 加權評分	排名	❷投資環境力 加權評分	百分位	排名	❸投資風險度 加權評分	百分位	排名	❹台商推薦度 加權評分	百分位	排名	城市綜合實力 綜合評分	排名	等級
74	深圳龍崗	廣東省	華南	85.17	05	2.74	11.20	79	3.24	12.30	79	2.97	19.10	73	23.81	D01	
75	東莞市區	廣東省	華南	57.63	22	2.84	14.60	77	3.10	23.50	69	2.84	12.30	78	23.38	D02	
76	汕頭	廣東省	華南	13.03	55	2.97	20.20	72	2.98	29.20	64	3.18	29.20	64	23.17	D03	
77	東莞虎門	廣東省	華南	57.63	22	2.81	13.40	78	3.10	21.30	69	2.90	14.60	77	22.58	D04	
78	桂林	廣西	西南	13.04	54	3.11	26.90	65	3.22	14.60	77	2.98	21.20	72	20.13	D05	暫不推薦
79	東莞厚街	廣東省	華南	57.63	22	2.63	7.80	83	3.23	13.40	78	2.94	15.80	74	18.30	D06	
80	東莞石碣	廣東省	華南	57.63	22	2.67	8.90	82	3.24	11.20	80	2.36	5.60	85	16.40	D07	
81	漳州	福建省	華南	14.51	53	2.91	17.90	74	3.32	10.10	81	2.93	15.70	76	14.72	D08	
82	長春	吉林省	東北	54.50	24	2.49	6.70	84	3.57	6.70	84	2.79	8.90	81	14.20	D09	
83	惠州	廣東省	華南	33.37	45	2.74	11.20	79	3.37	8.90	82	2.78	7.80	83	13.33	D10	
84	西安	陝西省	西北	55.33	23	2.41	5.60	85	3.75	4.40	85	2.37	6.70	84	12.86	D11	
85	東莞長安	廣東省	華南	57.63	22	2.21	4.40	86	3.80	4.40	86	2.32	4.40	86	12.38	D12	
86	泰州	江蘇省	華東	25.21	48	2.72	10.10	81	3.44	7.80	83	2.79	8.90	81	11.50	D13	
87	哈爾濱	黑龍江省	東北	52.84	28	2.17	2.20	88	4.07	2.20	88	2.28	3.30	87	9.96	D14	
88	蘭州	甘肅省	西北	29.53	46	2.19	3.30	87	4.09	1.10	89	2.22	2.20	88	6.41	D15	
89	宜昌	湖北省	華中	18.67	50	1.92	1.10	89	3.96	3.30	87	2.03	1.10	89	4.40	D16	
90	北海	廣西	西南	5.29	59	1.71	0.00	90	4.18	0.00	90	1.86	0.30	90	0.79	D17	

表10-2 TEEMA 2004～2008中國大陸城市綜合實力推薦等級彙總表

年度	2008	2007	2006	2005	2004
【A】極力推薦	蘇州工業區、蘇州昆山、蘇州新區、杭州蕭山、天津濱海區、無錫江陰、南京江寧、成都、南昌、上海閔行、無錫市區、南京市區、大連、廊坊、寧波北侖區、蘇州市區、無錫宜興、煙台、北京亦庄、威海、青島、杭州市區、寧波市區。	蘇州工業區、蘇州昆山、杭州蕭山、無錫江陰、天津濱海區、寧波北侖區、蘇州新區、上海閔行、成都、青島、南京市區、廊坊、南昌、大連、蘇州市區、威海、杭州市區、無錫宜興、揚州、北京亦庄、寧波市區。	蘇州工業區、寧波北侖區、蘇州昆山、杭州市區、蘇州江陰、無錫江陰、蘇州新區、南京市區、天津濱海區、南京亦庄、揚州、上海閔行、蘇州新區外、上海浦東、濟南、成都、南昌、大連、杭州蕭山、廣州天河。	上海閔行、杭州蕭山、成都、蘇州昆山、南京江寧、徐州、江陰、無錫、天津、上海亦庄、揚州、南昌、青島、大連、濟南、大、廈門、寧波北侖區、南京市區、汕頭、蘇州市區。	杭州市區、蘇州昆山、上海閔行、成都、徐州、揚州、無錫江陰、天津、嘉興、無錫、濟南、大昌、南昌、青、汕頭、青島、大連。
比率	23/90（25.55%）	21/88（23.86%）	20/80（25.00%）	18/75（24.00%）	14/65（21.54%）
【B】值得推薦	蘇州太倉、寧波奉化、鎮江、徐州、蘇州張家港、廈門島外、南、上海松江、濟、廈門島內、泰安、蘇州吳江、寧波市區、淮安、蘇州常熟、寧波餘姚、中、嘉興、溫州、珠海、上海、天津市區、常、紹興、上海浦東、上海嘉定。	廣州天河、蘇州常熟、天津市區、南京市區、濟南、寧波餘姚、廈門島外、無錫市區、廈門島內、徐州、蘇州張家港、煙台、嘉興、桂林、常州、昆明、紹興、中山、泉州、莆田、蘇州太倉、寧波奉化、上海松江、上海浦東、重慶、上海市區、蘇州常熟。	青島、蘇州常熟、汕頭、泉州、廊坊、威海、常州、上海、天津市區、煙台、嘉興、廈門島內、無錫宜興、廈門島外、珠海、上海其他、廣州市區、南京江寧、寧波餘姚、北京市區、上海松江、武漢市區、寧波奉化、蘇州浦東、蘇州張家港、蘇州太倉、中山、上海松江、武漢漢口。	上海市區、北京市區、上海松江、南京江寧、無錫市區、泉州、嘉興、西安、合肥、重慶、武漢武昌、江門、常州、南通、長沙、寧波餘姚、寧波奉化、上海嘉定、武漢漢陽、福州馬尾、上海東莞厚街、珠海、廣州其他、中山、北京其他、武漢漢口、上海其他、蘇州常熟。	蘇州市區、蘇州太倉、南京市區、漳州、珠海、上海松江、莆田、南通、江門、北京市區、廈門、東莞厚街、武漢、寧波市區、紹興、寧波餘姚、常州、上海、重慶、上海市區、中山、寧波奉化、蘇州吳江、上海其他。
比率	25/90（27.78%）	27/88（30.68%）	28/80（35.00%）	30/75（40.00%）	24/65（36.92%）

表10-2 TEEMA 2004～2008中國大陸城市綜合實力推薦等級彙總表（續）

年度	2008	2007	2006	2005	2004
[C] 勉予 推薦	佛山、合肥、廣州天河、北京市區、潘陽、南通、武漢武昌、江門、吉安、昆明、武漢漢陽、九江、重慶、福州市區、福州馬尾、深圳寶安、泉州、深圳市區、長沙、廣州市區、武漢漢口、南寧、石家莊、太原、莆田。	長沙、漳州、蘇州吳江、佛山、北京市區、珠海、江門、石家莊、武漢武昌、武漢漢口、東莞虎門、武漢漢陽、福州馬尾、長春、溫州、福州市區、深圳寶安、鎮江、泰州、廣州市區、深圳市區、合肥、南通、鄭州、河源、汕頭。	江門、上海嘉定、重慶市區、福州馬尾、昆明、福州市區、無錫市區、徐州、蘇州吳江、漳州、石家莊、合肥、長沙、武漢漢陽、潘陽、深圳龍崗、桂林、深圳寶安、東莞虎門、廣州市區、西安、深圳其他。	潘陽、海寧、蘇州吳江、蘇州張家港、蘇州太倉、泰州、福州市區、衡陽、深圳市區、廣州市區、張家界、桂林、嶺、陽、東莞石碣、昆明、東莞長安、煙台、東莞清溪、深圳其他。	無錫市區、杭州市區、桂林、北京其他、深圳龍崗、深圳寶安、上海嘉定、寧安、東莞石碣、昆明、廣州市區、東莞其他、深圳其他、佛山、長沙、福州市區、河源、東莞長安、東莞清溪、深圳市區。
比率	25/90（27.78%）	26/88（29.55%）	22/80（27.50%）	19/75（25.33%）	20/65（30.77%）
[D] 暫不 推薦	深圳龍崗、東莞市區、汕頭、東莞虎門、桂林、東莞厚街、東莞石碣、漳州、長安、惠州、西安、東莞長安、泰州、哈爾濱、蘭州、宜昌、北海。	東莞厚街、東莞石碣、潘陽、宜昌、深圳龍崗、嶺、南寧、哈爾濱、西安、惠州、東莞長安、蘭州、北海。	深圳市區、南通、東莞石碣、惠州、東莞市區、東莞長安、東莞厚街、東莞清溪、東莞其他、東莞樟木頭。	惠州、深圳寶安、深圳龍崗、東莞市區、東莞虎門、東莞長安、東莞其他、北海、東莞樟木頭。	惠州、東莞市區、東莞虎門、東莞樟木頭、泉州、保定、泰州。
比率	17/90（18.89%）	14/88（15.91%）	10/80（12.50%）	8/75（10.67%）	7/65（10.77%）

表10-3 TEEMA 2002～2008中國大陸七大經濟區域之城市推薦等級百分比彙總表

地區\推薦等級\年度	❶華南地區 A極力推薦	B值得推薦	C勉予推薦	D暫不推薦	❷華東地區 A極力推薦	B值得推薦	C勉予推薦	D暫不推薦	❸華中地區 A極力推薦	B值得推薦	C勉予推薦	D暫不推薦	❹華北地區 A極力推薦	B值得推薦	C勉予推薦	D暫不推薦	❺西南地區 A極力推薦	B值得推薦	C勉予推薦	D暫不推薦	❻西北地區 A極力推薦	B值得推薦	C勉予推薦	D暫不推薦	❼東北地區 A極力推薦	B值得推薦	C勉予推薦	D暫不推薦
2008	0 / 0%	4 / 4%	10 / 11%	9 / 10%	14 / 16%	18 / 20%	1 / 1%	1 / 1%	1 / 1%	0 / 0%	7 / 8%	1 / 1%	6 / 7%	3 / 3%	3 / 3%	0 / 0%	1 / 1%	0 / 0%	3 / 3%	2 / 2%	0 / 0%	0 / 0%	0 / 0%	2 / 2%	1 / 1%	0 / 0%	1 / 1%	2 / 2%
2007	0 / 0%	6 / 7%	12 / 14%	6 / 7%	13 / 15%	15 / 17%	5 / 6%	0 / 0%	1 / 1%	0 / 0%	6 / 7%	2 / 2%	5 / 6%	3 / 3%	2 / 2%	0 / 0%	1 / 1%	3 / 3%	0 / 0%	2 / 2%	0 / 0%	0 / 0%	0 / 0%	2 / 2%	1 / 1%	0 / 0%	1 / 1%	2 / 2%
2006	2 / 3%	8 / 8%	10 / 10%	0 / 11%	12 / 15%	16 / 18%	3 / 5%	0 / 1%	1 / 1%	2 / 3%	3 / 4%	0 / 0%	3 / 4%	6 / 8%	1 / 1%	5 / 0%	1 / 1%	2 / 0%	1 / 4%	0 / 0%	0 / 0%	1 / 0%	1 / 1%	0 / 0%	1 / 1%	0 / 0%	2 / 3%	0 / 0%
2005	2 / 3%	8 / 11%	7 / 9%	6 / 9%	10 / 13%	13 / 18%	5 / 7%	0 / 0%	1 / 1%	5 / 7%	3 / 4%	0 / 0%	4 / 5%	2 / 3%	1 / 1%	0 / 0%	1 / 1%	2 / 3%	2 / 3%	1 / 1%	0 / 0%	0 / 0%	0 / 0%	0 / 0%	0 / 0%	0 / 0%	1 / 1%	0 / 0%
2004	1 / 2%	7 / 10%	11 / 16%	6 / 9%	7 / 10%	14 / 21%	3 / 5%	1 / 2%	2 / 2%	1 / 2%	1 / 2%	0 / 0%	4 / 5%	1 / 2%	3 / 3%	0 / 0%	2 / 2%	1 / 2%	3 / 5%	0 / 0%	0 / 0%	0 / 0%	0 / 0%	0 / 0%	0 / 0%	0 / 0%	0 / 0%	0 / 0%
2003	0 / 0%	10 / 19%	6 / 11%	3 / 6%	7 / 13%	10 / 19%	2 / 3%	2 / 3%	0 / 0%	2 / 3%	0 / 0%	0 / 0%	1 / 2%	3 / 6%	0 / 0%	0 / 0%	2 / 2%	1 / 2%	1 / 2%	0 / 0%	0 / 0%	0 / 0%	0 / 0%	0 / 0%	1 / 2%	1 / 2%	0 / 0%	0 / 0%
2002	0 / 0%	6 / 12%	8 / 15%	3 / 6%	7 / 13%	6 / 12%	4 / 8%	0 / 0%	0 / 0%	2 / 4%	1 / 2%	1 / 2%	2 / 2%	2 / 4%	2 / 4%	1 / 2%	0 / 0%	2 / 4%	4 / 4%	1 / 2%	0 / 0%	0 / 0%	0 / 0%	0 / 0%	0 / 0%	2 / 4%	0 / 0%	0 / 0%

蛻變躍升謀商機—2008年中國大陸地區投資環境與風險調查

表10-4 TEEMA 2004～2008中國大陸推薦城市排名變化

排名	城　　　市	省　市	區　域	2008	2007	2006	2005	2004
01	蘇州工業區	江蘇省	華東地區	A01	A01	A01	A18	B01
02	蘇州昆山	江蘇省	華東地區	A02	A02	A03	A03	A08
03	天津濱海區	天津市	華北地區	A03	A05	A07	A07	A07
04	蘇州新區	江蘇省	華東地區	A04	A07	A11	A18	B01
05	無錫江陰	江蘇省	華東地區	A05	A04	A05	A05	A06
06	杭州蕭山	浙江省	華東地區	A06	A03	A18	A02	A01
07	南京江寧	江蘇省	華東地區	A07	A10	B16	B04	B02
08	揚　　　州	江蘇省	華東地區	A08	A20	A09	A09	A04
09	成　　　都	四川省	西南地區	A09	A09	A16	A04	A03
10	南　　　昌	江西省	華中地區	A10	A12	A17	A10	A11
11	無錫市區	江蘇省	華東地區	A11	B07	C07	B05	C01
12	上海閔行	上海市	華東地區	A12	A08	A12	A02	A01
13	南京市區	江蘇省	華東地區	A13	B02	A08	A15	B02
14	大　　　連	遼寧省	東北地區	A14	A15	A19	A14	A10
15	寧波北侖區	浙江省	華東地區	A15	A06	A02	A13	B04
16	廊　　　坊	河北省	華北地區	A16	A13	B05	--	--
17	北京亦莊	北京市	華北地區	A17	A19	A10	B20	C04
18	無錫宜興	江蘇省	華東地區	A18	A18	B13	--	--
19	蘇州市區	江蘇省	華東地區	A19	A14	A06	A18	B01
20	煙　　　台	山東省	華北地區	A20	B10	B11	C14	--
21	威　　　海	山東省	華北地區	A21	A17	B06	--	--
22	青　　　島	山東省	華北地區	A22	A11	B01	A12	A14
23	杭州市區	浙江省	華東地區	A23	A16	A04	B10	C02
24	蘇州太倉	江蘇省	華東地區	B01	B21	B25	C05	B03
25	寧波奉化	浙江省	華東地區	B02	B20	B22	B14	B20
26	鎮　　　江	江蘇省	華東地區	B03	C18	--	--	--
27	徐　　　州	江蘇省	華東地區	B04	B09	C08	A06	A05
28	蘇州張家港	江蘇省	華東地區	B05	B11	B24	C04	--
29	廈門島外	福建省	華南地區	B06	B06	A13	A16	B19
30	濟　　　南	山東省	華北地區	B07	B04	A15	A11	A13
31	上海松江	上海市	華東地區	B08	B22	B28	B03	B09
32	蘇州吳江	江蘇省	華東地區	B09	C03	C09	C03	B22
33	泰　　　安	山東省	華北地區	B10	--	--	--	--
34	廈門島內	福建省	華南地區	B11	B08	B12	A16	B19
35	淮　　　安	江蘇省	華東地區	B12	--	--	--	--
36	寧波市區	浙江省	華東地區	B13	A21	B08	A13	B04
37	蘇州常熟	江蘇省	華東地區	B14	B27	B02	B30	--
38	寧波餘姚	浙江省	華東地區	B15	B05	B19	B23	B08
39	中　　　山	廣東省	華南地區	B16	B16	B26	B18	B18
40	上海市區	上海市	華東地區	B17	B26	B21	B01	B16
41	嘉　　　興	浙江省	華東地區	B18	B12	B10	B07	A09
42	天津市區	天津市	華北地區	B19	B03	B09	A07	A07
43	溫　　　州	浙江省	華東地區	B20	C15	--	--	--
44	常　　　州	江蘇省	華東地區	B21	B15	B07	B17	B10
45	珠　　　海	廣東省	華南地區	B22	C05	B15	B29	B07
46	紹　　　興	浙江省	華東地區	B23	B17	--	--	B06
47	上海浦東	上海市	華東地區	B24	B24	A14	A08	B12
48	上海嘉定	上海市	華東地區	B25	B23	C02	B25	C07
49	佛　　　山	廣東省	華南地區	C01	C04	--	--	C14
50	合　　　肥	安徽省	華中地區	C02	C22	C12	B09	--

表10-4 TEEMA 2004～2008中國大陸推薦城市排名變化（續）

排名	城　　　市	省市	區　域	2008	2007	2006	2005	2004
51	廣州天河	廣東省	華南地區	C03	B01	A20	C10	C11
52	北京市區	北京市	華北地區	C04	C06	B18	B02	B17
53	瀋　　陽	遼寧省	東北地區	C05	D03	C15	C01	--
54	南　　通	江蘇省	華東地區	C06	C23	D03	B19	B13
55	武漢武昌	湖北省	華中地區	C07	C10	B20	B13	B23
56	江　　門	廣東省	華南地區	C08	C08	C01	B15	B15
57	吉　　安	江西省	華中地區	C09	--	--	--	--
58	昆　　明	雲南省	西南地區	C10	B14	C05	C16	C10
59	武漢漢陽	湖北省	華中地區	C11	C11	C14	B27	B23
60	九　　江	江西省	華中地區	C12	--	--	--	--
61	重　　慶	重慶市	西南地區	C13	B25	C03	B11	B14
62	福州市區	福建省	華南地區	C14	C16	C06	C07	C16
63	福州馬尾	福建省	華南地區	C15	C13	C04	B24	--
64	深圳寶安	廣東省	華南地區	C16	C17	C18	D03	C06
65	泉　　州	福建省	華南地區	C17	B19	B04	B06	D05
66	深圳市區	廣東省	華南地區	C18	C21	D01	C09	C20
67	長　　沙	湖南省	華中地區	C19	C01	C13	B21	C15
68	廣州市區	廣東省	華南地區	C20	C20	B17	C10	C11
69	武漢漢口	湖北省	華中地區	C21	C09	B27	B22	B23
70	南　　寧	廣　西	西南地區	C22	D09	--	--	C08
71	石　家　庄	河北省	華北地區	C23	C07	C11	--	--
72	太　　原	山西省	華北地區	C24	--	--	--	--
73	莆　　田	福建省	華南地區	C25	B18	--	B12	B11
74	深圳龍崗	廣東省	華南地區	D01	D06	C16	D02	C05
75	東莞市區	廣東省	華南地區	D02	D05	D05	D05	D02
76	汕　　頭	廣東省	華南地區	D03	C26	B03	A17	A12
77	東莞虎門	廣東省	華南地區	D04	C12	C19	D04	D03
78	桂　　林	廣　西	西南地區	D05	B13	C17	C12	C03
79	東莞厚街	廣東省	華南地區	D06	D01	D07	B28	B21
80	東莞石碣	廣東省	華南地區	D07	D02	D02	C15	C09
81	漳　　州	福建省	華南地區	D08	C02	C10	--	B05
82	長　　春	吉林省	東北地區	D09	C14	--	--	--
83	惠　　州	廣東省	華南地區	D10	D12	D04	D01	D01
84	西　　安	陝西省	西北地區	D11	D10	C21	B08	--
85	東莞長安	廣東省	華南地區	D12	D11	D06	C17	C18
86	泰　　州	江蘇省	華東地區	D13	C19	B23	C06	D07
87	哈　爾　濱	黑龍江省	東北地區	D14	D08	C20	--	--
88	蘭　　州	甘肅省	西北地區	D15	D13	--	--	--
89	宜　　昌	湖北省	華中地區	D16	D04	--	--	--
90	北　　海	廣　西	西南地區	D17	D14	--	D08	--

註：【1】由於2005年「廣州市區」於2006、2007、2008年細分為「廣州天河」與
　　　　「廣州市區」，因此2006、2007、2008「廣州天河」與「廣州市區」對比
　　　　的城市是2005的「廣州市區」。
　　　【2】由於2005年「北京其他」於2006重新命名為「北京亦」，因此2006、
　　　　2007、2008「北京亦庄」對比的城市是2005的「北京其他」。
　　　【3】由於2005年「天津」於2006、2007、2008年細分為「天津市區」與「天津
　　　　濱海區」，因此2006、2007、2008「天津市區」與「天津濱海區」對比的
　　　　城市是2005的「天津」。

【4】由於2005年「廈門」於2006細分為「廈門島內」與「廈門島外」，因此2006、2007、2008年「廈門島內」與「廈門島外」對比的城市是2005的「廈門」。

【5】由於2005年「蘇州市區」於2006年細分為「蘇州市區」、「蘇州新區」與「蘇州工業區」，因此2006、2007、2008「蘇州市區」、「蘇州新區」與「蘇州工業區」對比的城市是2005的「蘇州市區」。

【6】由於2005年「寧波市區」於2006年細分為「寧波市區」與「寧波北侖區」，因此2006、2007、2008「寧波市區」與「寧波北侖區」對比的城市是2005的「寧波市區」。

【7】由於2003年「南京」於2004年細分為「南京市區」與「南京江寧」，因此2004、2005、2006、2007、2008「南京市區」與「南京江寧」對比的城市是2003的「南京」。

【8】由於2003年「無錫」於2004年細分為「無錫市區」、「無錫江陰」、「無錫宜興」，因此2004、2005、2006、2007、2008「無錫市區」、「無錫江陰」、「無錫宜興」對比城市是2003的「無錫」

二、TEEMA2007～2008城市推薦等級變遷分析

依據2007～2008《TEEMA調查報告》城市綜合實力以及城市綜合實力推薦等級綜合比較結果顯示，由圖10-1到圖10-4可得知下列重要的訊息：

1. 2008調查評估城市的劃分基礎：在2008《TEEMA調查報告》所選擇評估的90個城市中，基於台商投資群聚效應，加之考量台商在某一城市投資區位的差異性，雖然有一些城市是以地級市為分析單位，但內容考慮到（1）城市區位優勢的差異；（2）台商投資密集度及產業群聚性；（3）製造業與服務業投資條件的屬性差異；（4）中國大陸城市崛起以及新興工業區的重點發展趨勢，作為城市劃分的基礎。

2. 2008調查評估城市的區域劃分：2008《TEEMA調查報告》城市劃分如下：（1）「蘇州市」：分成蘇州工業區、蘇州新區、蘇州市區、蘇州吳江、蘇州昆山、蘇州張家港、蘇州常熟、蘇州太倉8區；（2）「上海市」：分成上海市區、上海閔行、上海嘉定、上海松江、上海浦東5區；（3）「東莞市」：分成東莞市區、東莞厚街、東莞石碣、東莞虎門、東莞長安5區；（4）「寧波市」：分成寧波市區、寧波北侖、寧波餘姚、寧波奉化4區；（5）「深圳市」：分成深圳市區、深圳寶安、深圳龍崗3區；（6）「無錫市」：分成無錫市區、無錫宜興、無錫江陰3區；（7）「武漢市」：分成武漢武昌、武漢漢口、武漢漢陽3區；（8）「福州市」：分成福州市區、福州馬尾2區；（9）「廈門市」：分成廈門

島內、廈門島外2區；（10）「南京市」：分成南京市區、南京江寧2區；（11）「北京市」：分成北京市區、北京亦庄2區；（12）「天津市」：分成天津市區、天津濱海區2區；（13）「杭州市」：分成杭州市區、杭州蕭山2區。

3. 2007～2008調查評估城市的投資環境變動：2007年列入《TEEMA調查報告》分析城市但2008年未列入評比者，計有：（1）鄭州；（2）河源；（3）嶽陽等3個城市；而2007年未列入《TEEMA調查報告》分析城市，但2008年列入評比者，計有：（1）泰安；（2）淮安；（3）吉安；（4）九江；（5）太原等5個城市，其中增加的城市大多是屬於華北和華中的城市居多。

4. 2007～2008城市綜合實力推薦的投資環境變動：依據2007～2008年《TEEMA調查報告》兩年度同時列入【A】級「極力推薦」等級的城市共有20個，占2008年【A】級城市的86.96%，列入【B】級「值得推薦」的城市共有18個，占2008年【B】級城市的72%，顯示【A】級、【B】級，其穩定度都超過半數。兩年度列入【C】級「勉予推薦」的城市有15個，占2008年【C】級城市60%，最後，兩年度均列入【D】級「暫不推薦」的城市共有11個，占2008年【D】級城市64.71%。從研究結果可發現，連續兩年列入【A】級城市和【B】級城市的比率比2007年高，表示《TEEMA調查報告》已經被中國大陸地方政府所重視，被評為【A】級城市的地區會更加努力地維持排名，而緊追在後的城市將力爭上游。值得一提的是，連續兩年獲選為【D】級城市的比率也隨之上升，經分析很有可能是由於2008年中國大陸的新政策和環境變動的影響不利台商，所以讓這些2007年表現不佳的城市在新的一年內，仍無法克服整體環境所帶來的困境。

5. 2007～2008【A】級「極力推薦」城市投資環境變動：2007～2008《TEEMA調查報告》同時列入【A】級「極力推薦」的城市分別是：（1）蘇州工業區（A01）；（2）蘇州昆山（A02）；（3）天津濱海區（A03）；（4）蘇州新區（A04）；（5）無錫江陰（A05）；（6）杭州蕭山（A06）；（7）南京江寧（A07）；（8）揚州（A08）；（9）成都（A09）；（10）南昌（A10）；（11）上海閔行（A12）；（12）大連（A14）；（13）寧波北侖區（A15）；（14）廊坊（A16）；（15）蘇州市區（A17）；（16）無錫宜興（A18）；（17）北京亦莊（A19）；（18）威海（A21）；（19）青島（A22）；（20）杭州市區（A23），而2007年是【A】級「極力推薦」城市但2008年下降至【B】級「值得推薦」等級者有：（1）寧波市區（A21→B13）。

6. 2008新進入【A】級「極力推薦」的城市：2008《TEEMA調查報告》首度或再度進入【A】級「極力推薦」城市排行榜的有 3個城市，分別為：（1）無錫江陰（B07→A11）；（2）南京市區（B02→A13）；（3）煙台（B20→A20），這些城市在2007年都是列名【B】級「值得推薦」的，但經過努力後，2008均躋身【A】級「極力推薦」之列。其中無錫除了具有便利的交通網絡外，更是工業經濟規模位居中國大陸大中型城市的第六位，產業技術水準也位居國內城市前列。透過近年來經濟和產業結構的不斷調整，無錫形成了電子資訊、機電一體化及汽車製造、高檔紡織及服裝、生物醫藥以及新材料五大支柱產業，成為長江三角洲地區重要的製造業中心之一。同時，無錫也正大力推進與建設國際製造業基地相配套的生產型服務業，構築便利快捷的商務環境，整體的投資環境不斷的在進步當中。

7. 2007～2008【D】級「暫不推薦」城市投資環境變動：2007～2008《TEEMA調查報告》研究結果顯示，兩年度均列入D級「暫不推薦」的城市共有11個，分別為：（1）深圳龍崗（D01）；（2）東莞市區（D02）；（3）東莞厚街（D06）；（4）東莞石碣（D07）；（5）惠州（D10）；（6）西安（D11）；（7）東莞長安（D12）；（8）哈爾濱（D14）；（9）蘭州（D15）；（10）宜昌（D16）；（11）北海（D17）。其中，（2）、（3）、（4）、（7）都屬於東莞，而早期東莞市一直是惠州的一個縣級市，從惠州脫離後，東莞獨自成為地級市，但2008《TEEMA調查報告》發現，惠州、東莞長期都是列入「暫不推薦」的城市，造成東莞長期「暫不推薦」的主因，首當其衝的仍然是社會治安，主要是因為東莞長期由於外來打工人口不斷增多，造成社會治安惡化，台商人身安全受到威脅。除此之外，由於2008年中國大陸政府通過《勞動合同法》、珠三角一帶的基本工資不斷上漲，加上進出口退稅減除的政策，都讓東莞的台商增加了許多在經營上的成本。從這幾個月珠三角一帶台商的大量出走與關閉潮，就不難看出東莞市被選為「暫不推薦」城市的輪廓。

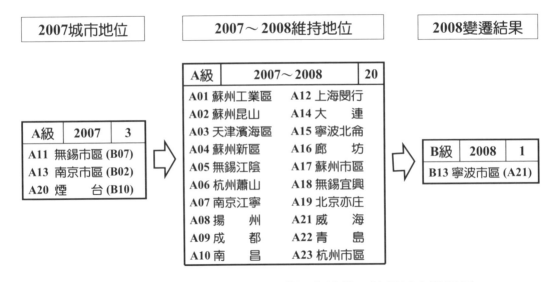

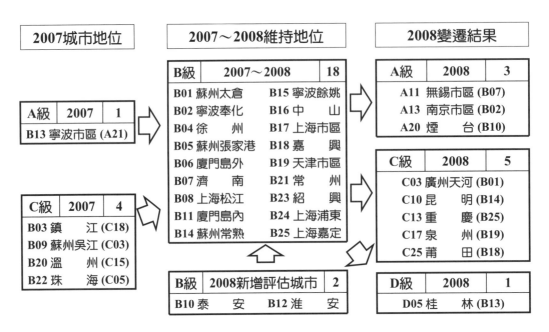

圖10-1 TEEMA 2007～2008「極力推薦」等級城市變遷圖

圖10-2 TEEMA 2007～2008「值得推薦」等級城市變遷圖

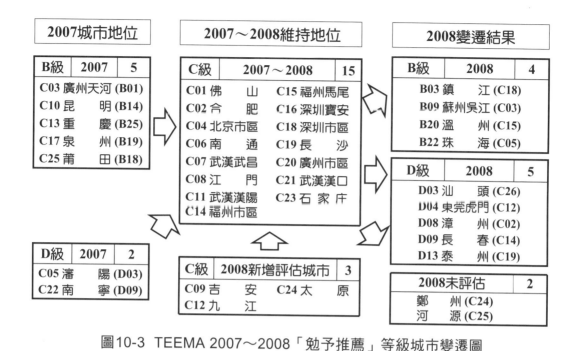

圖10-3 TEEMA 2007～2008「勉予推薦」等級城市變遷圖

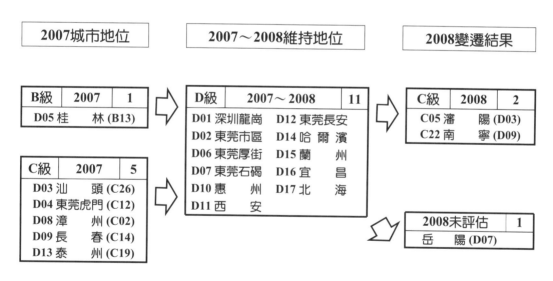

圖10-4 TEEMA 2007～2008「暫不推薦」等級城市變遷圖

三、TEEMA 2007～2008城市綜合實力排名上升幅度最優城市分析

　　2007～2008《TEEMA調查報告》針對90個列入2008年評估調查城市之城市綜合實力排名分析結果顯示，從表10-5中得知，排名上升名次最多的城市是鎮

江，由2007年的「勉予推薦」（66名），上升到2008年「值得推薦」的【B】級城市（26名），排名名次總共提昇了40名，其次是瀋陽由2007年的「暫不推薦」（77名），進步到2008年「勉予推薦」的【C】級城市（53名），排名名次總共提昇了24名。2007年與2008年排名變化幅度上升前10名的城市依序為：鎮江、瀋陽、溫州、合肥、蘇州吳江、蘇州太倉、無錫市區、南通、寧波奉化、南寧。其中除了合肥、蘇州太倉、南通、寧波奉化4個城市是2007年至2008年列於同一推薦等級，但名次提升，其餘的6個城市都是屬於推薦等級提昇的城市。

2008《TEEMA調查報告》針對前述城市綜合競爭實力排名上升前5名城市，依據其「投資環境力」與「投資風險度」的細項評估指標變化較顯著的項目加以差異分析，其結果如表10-6所示。有關2007～2008《TEEMA調查報告》城市綜合實力排名上升前5名城市之剖析如下：

1. 就「鎮江」排名上升的理由：在2007《TEEMA調查報告》中，鎮江列入【C】級「勉予推薦」城市，而2008年躍升到【B】級「值得推薦」城市。位處長江三角洲的鎮江，是集工業、港口、旅遊為一體的城市，城鄉用電及用水普及率均達100%，綠化覆蓋率達38.7%，人均擁有道路面積為15.3平方公尺，基礎設施綜合水準在江蘇省名列前茅。鎮江近年來積極改善投資環境，憑藉著瀕海沿江的區位優勢，在各項商務成本均為江蘇省最低。從江蘇經濟的發展歷程而言，也可窺見江蘇發展的端倪，從早期強調「蘇南模式」、「沿江大開發」到目前的「協調發展江蘇經濟」，因此可以預測未來列入長三角經濟區的江蘇省八個重要城市，都會是經濟繁榮富裕之地點。

2. 就「瀋陽」排名上升的理由：在2008《TEEMA調查報告》中，瀋陽從2007年列為【D】級「暫不推薦」城市，提升為【C】級「勉予推薦」城市，隨著振興東北政策的逐漸深入，瀋陽投資環境越來越好，作為東北地區中心城市和遼寧中部城市群的龍頭，金融、商貿等產業的集聚功能日益增強，打造區域金融商貿等現代服務業中心已成為瀋陽的使命。近年來，遼寧省基礎設施建設突飛猛進，2007年遼寧高速公路建設創下新紀錄，全年續建和新建高速公路達到11條。2007年10月，瀋陽至彰武和大連高速公路相繼通車，高速公路通車總里程已達1,964公里，此外，「大伙房水庫輸水工程」啟動，解決瀋陽缺水問題，並加速瀋陽發展。

3. 就「溫州」排名上升的理由：在2008《TEEMA調查報告》中，溫州從2007年列為【C】級「勉予推薦」城市上升至【B】級「值得推薦」城市，主要

的原因可能為溫州台資企業協會近期推展平台提昇服務水準，完善台資企業協會各項制度，還建立「台商之家」、「台商沙龍」等，2008年更開展「台企台商服務月」活動，成立「浙江省台企台商綜合法律服務團」，搭建溝通平臺，完善服務措施，傾聽台商心聲，為台企台商排憂解難。

4. 就「合肥」排名上升的理由：在《TEEMA調查報告》歷程中，合肥從2006～2008年都列為【C】級「勉予推薦」城市，雖然推薦等級沒有變化，但名次由2007年的C22上升至2008年的C02。2007年4月中國大陸商務部發布《加工貿易轉移重點承接地》，選定合肥等9個城市作為加工貿易梯度轉移的重點城市，合肥亦榮獲「國家級汽車及零組件出口基地」、「中國服務外包基地城市」，聯合利華、日立、三洋、可口可樂等19家世界500強企業先後至合肥投資發展；18家本土知名家電企業已有15家至合肥投資，如美的、海爾等，從產業鏈建設來看，由於產業配套能力相對完善，加上新品牌的轉移、相關配套企業的跟進，家電企業在合肥扎根的跡象十分明顯。合肥土地價格低，勞動成本低，加之有長三角和中部廣大腹地，使其逐漸成為台商投資新焦點。

5. 就「蘇州吳江」排名上升的理由：在《TEEMA調查報告》歷程中，蘇州吳江從2005～2007年皆屬【C】級「勉予推薦」城市，但2008年躍升至【B】級「值得推薦」城市，「上有天堂，下有蘇杭，蘇杭中間是吳江」，地處上海、江蘇、浙江兩省一市交會處的吳江自古就有著「魚米之鄉」、「絲綢之府」的美譽，吳江幾年前以「組團式」落戶開發區的14家台灣明基電腦公司配套企業為紐帶，透過「以台引台」，「以小引大」，「以大帶小」策略思維，兩年之內即營造良好的電子資訊產業生態環境，進而獲得「電子之城」之美名。完善的電子產業配套水準，使吳江形成吸引台商的「馬太效應」，更加促進IT產業的大範圍集聚，成為高科技產業西進潮中誕生的「明星」。

6. 就「大連」排名持續在A級城市的理由：在《TEEMA調查報告》歷程中，大連從2004～2008年都排行在【A】級「極力推薦」城市。最主要的原因仍然是大連有良好的港口條件、重要的地理位置、適宜的氣候、豐富的自然資源、廣闊的腹地和市場、完善的基礎設施、雄厚的科技力量、國際化的城市文化、一流的生活環境、低廉的經營成本、強勁的經濟增長、穩定安全的經濟運行環境等優勢。現在通用電器（GE）、固特異輪胎（Goodyear）、輝瑞製藥（Pfizer）、戴爾（Dell）、沃爾瑪（Wal-Mart）、佳能（Canon）、東芝（Toshiba）、三洋（Sanyo）、松下（Panasonic）、日立（Hitachi）、LG、現代（Hyunda）、家樂福（Carrefour）等國際大廠在大連設廠。

7. 就「成都」排名持續在A級城市的理由：在《TEEMA調查報告》歷程中，成都從2004～2008年都排行在【A】級「極力推薦」城市。主要原因有總體商業環境良好、投資成本較低、自然環境較好、政府鼓勵投資政策、給予一定的稅收優惠政策和土地使用方面的優惠政策。同時，成都還具有獨到的商業優勢，如發達的資訊技術和精密製造產業，是中國大陸西南部地區的金融中心和資訊技術中樞。目前世界500強企業中，已有101家在成都設立了分公司或辦事處，其中英代爾（Intel）、豐田（Toyota）、西門子（Siemens）、拉法基（Lafarge）等已在成都投資建廠。美國花旗銀行、香港渣打銀行、匯豐銀行、東亞銀行、新加坡華僑銀行、大華銀行、荷蘭銀行等7家外資銀行在成都設立了分行。德國麥德龍、法國家樂福、歐尚、日本伊藤洋華堂等11個海外知名零售企業紛紛在成都落戶開店。

8. 就「青島」排名持續在A級城市的理由：在《TEEMA調查報告》歷程中，青島從2004～2008年幾乎都排行在【A】級「極力推薦」城市，只有一年落在【B】級「值得推薦」城市中。最主要的原因是，環渤海經濟區的崛起，對於在該經濟區中扮演重要港口之一的青島整體投資環境也隨之上升。再者，青島也成為了2008年北京奧運的協辦城市，受到奧運經濟的影響，在經濟發展、形象地位提升、城市建設、城市管理、城市綜合素質均有一定程度的提昇，也大大增強了投資者的信心。

表10-5　TEEMA 2007～2008城市綜合實力推薦排名上升分析

排名	城　　市	2008		2007		2007～2008
		排名	推薦等級	排名	推薦等級	排名等級差異
1	鎮　　江	B03	值得推薦	C18	勉予推薦	↑ 40（C→B）
2	瀋　　陽	C05	勉予推薦	D03	暫不推薦	↑ 24（D→C）
3	溫　　州	B20	值得推薦	C15	勉予推薦	↑ 20（C→B）
4	合　　肥	C02	勉予推薦	C22	勉予推薦	↑ 20（C→C）
5	蘇州吳江	B09	值得推薦	C03	勉予推薦	↑ 19（C→B）
6	蘇州太倉	B01	值得推薦	B21	值得推薦	↑ 18（B→B）
7	無錫市區	A11	極力推薦	B07	值得推薦	↑ 17（B→A）
8	南　　通	C06	勉予推薦	C23	勉予推薦	↑ 17（C→C）
9	寧波奉化	B02	值得推薦	B20	值得推薦	↑ 16（B→B）
10	南　　寧	C22	勉予推薦	D09	暫不推薦	↑ 13（D→C）

表10-6 TEEMA 2007~2008城市推薦等級上升細項評估指標變化分析

城市	投資環境力細項評估指標	2008	2007	變化	投資風險度評估指標	2008	2007	變化
鎮江	當地環保法規規定適宜且合理程度	4.00	3.64	+0.36	官員對法令、合同、規範執行不一致的風險	1.72	2.28	-0.56
	當地的社會治安	4.17	3.86	+0.31	當地企業信用不佳欠債追索不易的風險	1.94	2.44	-0.50
	民眾及政府歡迎台商投資設廠態度	4.00	3.73	+0.27	員工道德操守造成台商企業營運損失的風險	2.00	2.46	-0.46
	當地解決糾紛的管道完善程度	4.00	3.73	+0.27	當地跨省運輸不當收費頻繁的風險	1.83	2.28	-0.45
	當地的工商管理、稅務糾紛、稅務機關行政效率	4.00	3.77	+0.23	機構無法有效執行司法及仲裁結果的風險	1.94	2.36	-0.42
	當地民眾與媒體道德觀程度	3.78	3.55	+0.23	貨物通關時，受當地海關行政阻擾的風險	2.00	2.41	-0.41
	當地政府改善投資環境積極程度	4.22	4.00	+0.22	當地政府保護主義濃厚影響當企業獲利的風險	1.78	2.18	-0.40
	當地政府對智慧財產權重視的態度	3.94	3.73	+0.21	台商藉由當地銀行體系籌措與取得資金困難	2.17	2.54	-0.37
潘陽	當地的銀行及商旅等商務環境便捷程度	3.70	2.67	+1.03	員工道德操守造成台商企業營運損失的風險	3.15	3.61	-0.46
	當地民眾生活素質及文化水準程度	3.70	2.78	+0.92	當地台商因經貿、稅務糾紛被羈押的風險	3.00	3.28	-0.28
	通訊設備、資訊設施、網路建設完善程度	3.65	2.83	+0.82	當地台商經營企業維持人際網絡成本過高的風險	3.10	3.28	-0.18
	當地的社會治安	3.80	3.00	+0.80	當地企業信用不佳欠債追索不易的風險	3.05	3.22	-0.17
	當地的城市建設的國際化程度	3.50	2.72	+0.78	貨物通關時，受當地海關行政阻擾的風險	3.05	3.17	-0.12
	當地政府獎勵台商自創品牌措施的程度	3.45	2.67	+0.78	當地跨省運輸不當收費頻繁的風險	3.15	3.17	-0.02
溫州	台商企業在當地之勞資關係和諧程度	3.61	2.94	+0.67	台商藉由當地銀行體系籌措與取得資金困難	2.48	2.54	-0.06
	金融體系完善度且貸款取得便利程度	3.48	2.83	+0.65	貨物通關時，受當地海關行政阻擾的風險	2.61	2.41	+0.20
	當地的社會治安	3.91	3.28	+0.63	當地台商因經貿、稅務糾紛被羈押的風險	2.48	2.21	+0.27
合肥	當地的地方政府對台商投資承諾實現程度	3.74	3.11	+0.63	當地適任人才及員工招募不易的風險	2.65	2.38	+0.27
	當地台商享受政府自主創新獎勵的程度	3.71	2.85	+0.86	當地政府以不當方式要求台商回饋的風險	2.38	2.95	-0.58
	當地政府政策穩定及透明度	3.58	2.75	+0.83	台商藉由當地銀行體系籌措與尋資金困難	2.42	2.9	-0.48
	當地環保法規規定適宜且合理程度	3.71	2.90	+0.81	員工缺乏忠誠度造成人員流動率頻繁的風險	2.54	2.95	-0.41
蘇州	當地海、陸、空交通運輸便利程度	3.78	3.38	+0.40	員工道德操守造成台商企業營運損失的風險	2.43	2.87	-0.44
吳江	當地的工商管理、稅務機關行政效率	3.73	3.34	+0.39	當地常以刑事方式處理經濟案件的風險	2.08	2.43	-0.35
	當地的地方政府對台商投資承諾實現程度	3.81	3.43	+0.38	當地配套廠商供應不穩定應不足的風險	2.16	2.51	-0.35

四、TEEMA 2007～2008城市綜合實力 排名下降幅度最大城市分析

2007～2008《TEEMA調查報告》針對90個列入2008年評估調查城市之城市綜合實力排名分析結果顯示，從表10-7中得知，排名下降名次最多的城市是桂林，由2007年的「值得推薦」等級，下降到2008年「暫不推薦」的【D】級城市，排名名次總共下降了44名，其次是莆田由2007年的「值得推薦」等級，下降到2008年「勉予推薦」的【C】級城市，排名名次總共下滑了34名。2007年與2008年排名變化幅度下降前10名的城市依序為：桂林、莆田、漳州、廣州天河、泉州、昆明、長春、泰州、天津市區、長沙。其中除了天津市區、長沙兩個城市是2007～2008年列於同一推薦等級，但名次下降外，其於的8個城市都是屬於推薦等級下降的城市。

2008《TEEMA調查報告》針對前述城市綜合競爭實力排名下降前5名城市，依據其「投資環境力」與「投資風險度」的細項評估指標變化較顯著的項目加以差異分析，其結果如表10-8所示。有關2007～2008《TEEMA調查報告》城市綜合實力排名下降前5名城市之剖析如下：

1. 就「桂林」排名下降的理由：

在《TEEMA調查報告》歷程中，桂林從2004～2006年均列入【C】級「勉予推薦」城市，2007年為【B】級「值得推薦」，但2008年卻落到【D】級「暫不推薦」城市，從投資環境力的細項指標分析發現，「民眾及政府歡迎台商投資設廠態度」以及「當地生態與地理環境符合企業發展的條件」下降的程度最高，分別達到1.11與1.10。

主要原因為桂林地區大多分布在中國大陸的西部山區，地理環境較為險峻。當地社會貧富差距大，且因經濟基礎薄弱及生產力落後，造成經濟發展滯後。在基礎建設方面，許多地區交通、通訊設施落後，訊息不暢、交通不便，交流上十分困難。加上由於桂林的基礎教育落後，導致缺乏人力資本，存在嚴重的人才荒。而且行政機構門難進、臉難看、辦事拖拉、手續繁瑣，效率低下的現象普遍存在。市場體系混亂不夠健全，政府吸引投資的優惠政策尚不完善，如有遇到企業反應，會遭遇政府官員態度不佳且處處刁難的現象，嚴重的影響了投資者對於桂林的投資意願。

蛻變躍升謀商機——2008年中國大陸地區投資環境與風險調查

2. 就「莆田」排名下降的理由：

莆田在2007《TEEMA調查報告》中屬【B】級「值得推薦」城市，而2008年則列為【C】級「勉予推薦」城市，造成排名下滑的原因，由投資環境力的細項指標分析來看，「當地的資金匯兌及利潤匯出便利程度（-1.65）」、「當地的倉儲物流處理能力（-1.59）」評價下滑幅度較大，而就投資風險度的細項指標分析來看，「當地水電、燃氣、能源供應不穩定」、「當地外匯嚴格管制及利潤匯出不易」的風險分別上升了2.11、1.93。

主要影響的原因分為內外部兩方面，外部方面由於世界經濟發展不平衡狀況加劇，各國圍繞資源、市場、技術、人才的競爭日益激烈，莆田區企業更加直接地面對國外競爭者，增大企業生存和發展的壓力；同時國際貿易壁壘的存在和國際反傾銷訴訟案件的猛增，莆田區鞋革產業也因此將面臨更大的壓力。此外由於生產力還不發達，粗放型經濟增長方式還沒有根本轉變，加上經濟社會發展與資源環境矛盾日益突出、地區發展不平衡；經濟結構不夠合理；自主創新能力不強等問題。「三農」問題依然存在；就業壓力日益突出等。

內部方面是由於經濟總量偏小，產業結構不盡合理，主導產業集中度不高，戰略支撐作用不強、土地資源缺乏、能源、原材料、資金和水資源等其他重要生產要素的制約將不斷凸顯、缺少高新技術產業，企業自主創新能力不足、城市化水準較低、城鄉二元結構矛盾依然存在、人才隊伍建設滯後、高層次人才和熟練技術工人結構性短缺、財政收支矛盾問題仍然比較突出、農村基礎設施和防災減災體系還不完善等問題的影響。

3. 就「漳州」排名下降的理由：

在2007《TEEMA調查報告》中屬【C】級「勉予推薦」城市，而2008年卻落到【D】級「暫不推薦」城市，漳州能源資源極為有限，無油、無天然氣、少煤，常規能源不足，所需原煤、原油等依靠外地購入，加之電力消費快速增長以及原材料能源價格上漲增加了生產成本，使得台商對漳州評價不高。

歸納較主要的問題有漳州的人文環境欠優，一方面表現在人才匱乏，專業人才寧可放棄漳州較高的薪資等待遇而就業於較低收入的發達城市，如廈門等，原因是看不到有更好的發展機會，同時也不是很好的生活居住環境。另一方面人才培訓機構欠缺，難於形成本地適合企業所需的人才隊伍。

政府部門服務效率不高，投資環境的核心矛盾仍然是「服務軟體」問題。政府領導服務意識不斷增強，但落實到一些經辦人員往往大打折扣。在現實生活

中，由於局部利益關係、部門利益關係、權利協調關係、行業部門規章制衡關係等等，無形中給企業設置門檻，給投資環境帶來負面影響。且漳州的工業發展產業結構還不盡合理，儘管目前規模工業高速增長，但主要依賴項目帶動，工業基礎還相當薄弱，產業關聯度不高，產業配套缺失。

金融服務滯後、融資仲介組織短缺是影響投資環境的重要因素。調查顯示，57.5%的企業把資金不足作為影響企業發展的第一因素，對政府及有關部門的要求中增加融資管道為第一要求的占50.7%。目前漳州市金融結構單一，可供企業選擇金融服務有限；二是銀行貸款擔保條件太高；三是金融服務的資訊滯後，對眾多中小企業融資問題仍然無法解決。

4. 就「廣州天河」排名下降的理由：

廣州天河在2007年列名【B】級「值得推薦」城市，而2008年則列入【C】級「勉予推薦」城市之列，根據2008《TEEMA調查報告》顯示，由於廣東省提出對高污染、高耗能、低產值、低創新的企業進行「騰籠換鳥」的產業升級計畫，迫使許多傳統製造業台商面臨嚴重的生存問題，另外，廣州天河人財物流動大，亦面臨治安情況複雜的困境，2008年投資風險度細項指標「經常發生社會治安不良、秩序不穩的風險」評分上升了0.28分。

5. 就「泉州」排名下降的理由：

泉州在《TEEMA調查報告》的評估結果，2004～2007年都列為【B】級「值得推薦」城市，2008年下滑至【C】級「勉予推薦」的城市，泉州由於工業迅速發展，生產方式粗放，加上環保意識淡薄等原因，造成較嚴重的環境污染。其中水污染更為突出，經濟發展快速，需水量也急速增加，用水緊缺，再加上水質受污染，使泉州成了嚴重缺水區。在投資環境力的細項評估指標中，2008《TEEMA調查報告》發現，2008年比2007年下降幅度最大的指標依序為：「當地政府積極查處偽劣仿冒品的力度」（-1.28）；「當地解決糾紛的管道完善程度」（-0.65）；「經營成本、廠房與相關設施成本合理程度」（-0.58）。

6. 就「泰州」排名下降的理由：

泰州在《TEEMA調查報告》的評估結果，2004～2007年都在【C】級「勉予推薦」城市與【D】級「暫不推薦」城市兩個等級，其最主要的原因來自於經濟運行質態有待進一步改善，市鄉財政還很困難，城鄉居民收入增長不快，部分企業生產經營形勢欠佳。職工下崗和再就業壓力仍然較大。

三次產業結構及其內部結構有待進一步優化。現階段泰州市工業占全市經濟

的比重還不夠高，區域經濟發展的特色優勢不明顯。從三次產業自身情況看，農業主要還是適應性結構調整，優勢農產品加工及戰略性調整還沒有取得突破性進展，特色產品和名牌產品的優勢不夠明顯，產品銷售難的問題依然存在，在一定程度上制約了農民收入的增加；工業方面無論是企業個數、從業人數及總量規模都還不大，支撐作用的骨幹企業不多，發展後勁明顯不足；工業積累的水準及其消化勞動力的能力也不夠強。三產方面傳統行業增長較為困難，低水準重複建設較多，新興行業總量規模偏低，從業人員不多。

投資力度有待進一步加大。基礎設施和社會事業投資較多，產業投資偏低。隨著一批重大基礎設施項目的竣工，今後幾年泰州基礎設施投入將很難再維持高速增長，工業、服務業也缺少對產業升級、經濟發展有重大影響的骨幹專案。

外向型經濟的品質和水準有待進一步提高。出口產品結構不盡合理，出口生產企業規模不大，鄉鎮、部門、骨幹企業利用外資步伐不快，對外經濟技術合作管道不暢，通路不寬，境外辦非貿易企業尚未實現零的突破。深化改革的進程有待進一步加快。市屬工業、流通企業及事業單位改革力度不大，進展不快，部分企業單位改革不到位。

7. 就「汕頭」排名下降的理由：

汕頭在《TEEMA調查報告》的評估結果，2004～2006年都名列【A】級極力推薦與【B】級值得推薦城市。到了2007年則掉落到了【C】級勉予推薦城市，2008年更一舉淪為【D】級的暫不推薦城市，最主要的原因是在汕頭當地，常有多起村民與官員間，為了徵地、官員貪污所引起的暴動事件，例如：2007年5月廣東汕頭谷饒鎮村民暴動，就是為了喪失養生土地維權行動。2007年10月20日廣東汕頭市潮南區洋汾陳發生暴動事件，主要是因為村書記將總計3億人民幣之500畝田地，以8萬元的價格賤價銷售出去，再加上村子中官員幹部官官相護而起。

8. 就「廈門」排名下降的理由：

廈門排名下滑可能與2007年前東帝士集團總裁陳由豪在廈門海滄的化工廠投資案，引爆中國大陸近年難得一見的「綠色」示威遊行有關。廈門民眾透過示威遊行要求政府當局取消由陳由豪名下翔鷺石化集團轉投資的稜龍芒烴（廈門）有限公司在廈門興建生產有毒的化學品二甲苯（PX）計畫。

9. 就「寧波北侖區」排名下降的理由：

寧波北侖區在《TEEMA調查報告》的評估結果，2007年與2008年都名列

【A】級的極力推薦城市,但是在2008年的排名有下滑的趨勢。主要的原因可能為外資龍頭企業技術水準過於領先,當地企業難以配套。根據有關人士表示,寧波市一些產業有較強的配套優勢,但熟練的產業工人緊缺,而這一劣勢很難靠企業自身力量去彌補。必須要寧波市能夠在產業工人引進、培訓上有所突破,才可能會對產業配套招商引起很好的連鎖反應。

10. 就「昆明」排名下降的理由:

昆明在《TEEMA調查報告》的評估結果,2004～2006年都處在【C】級的勉予推薦城市,2007年的時候有所上升,獲選為【B】級的值得推薦城市但在2008年又下降回了【C】級城市,昆明市在2008年之所以排名下滑的主因是昆明的交通和環境仍然難以滿足外來投資者的整體需求,更嚴重的問題是嚴重的人才外流。專家分析指出,昆明的人才競爭力不足,城市人力資源數量和需求不足,人力資源受教育指數較高,但配置指數低,熟練工人和高級人才不易雇得。此外專家也指出昆明的開放競爭力處於中等靠後的水準,經濟國際化程度低,外資經濟和企業所占比例低,經濟區域競爭力不強,都需要再進一步擴大對外交流和經濟合作。

11. 就「杭州市區」排名下降的理由:

杭州市區在《TEEMA調查報告》的評估結果,2007年與2008年都名列【A】級的極力推薦城市,但是在2008年的排名有下滑的趨勢。主要的原因是杭州市與鄰近城市相比,的確存在資源劣勢,沒有港口、可供開發利用的土地資源稀缺。即使按目前杭州土地成本給外商,都普遍高於周邊地區的一倍左右,甚至高於上海。一些製造業及加工業項目,由於占用土地較多,回收較慢,紛紛跑到杭州周邊城市發展,以降低投資成本,並在周邊的城市積聚了行業規模效應。

表10-7 TEEMA 2007～2008城市綜合實力推薦排名下降分析

| 排名 | 城 市 | 2008 | | 2007 | | 2007～2008 |
		排名	推薦等級	排名	推薦等級	排名等級差異
1	桂 林	D05	暫不推薦	B13	值得推薦	↓ 44 (B→D)
2	莆 田	C25	勉予推薦	B18	值得推薦	↓ 34 (B→C)
3	漳 州	D08	暫不推薦	C02	勉予推薦	↓ 31 (C→D)
4	廣州天河	C03	勉予推薦	B01	值得推薦	↓ 29 (B→C)
5	泉 州	C17	勉予推薦	B19	值得推薦	↓ 25 (B→C)
6	昆 明	C10	勉予推薦	B14	值得推薦	↓ 23 (B→C)
7	長 春	D09	暫不推薦	C14	勉予推薦	↓ 20 (C→D)
8	泰 州	D13	暫不推薦	C19	勉予推薦	↓ 19 (C→D)
9	天津市區	B19	值得推薦	B03	值得推薦	↓ 18 (B→B)
10	長 沙	C19	勉予推薦	C01	勉予推薦	↓ 18 (C→C)

表10-8　TEEMA 2007～2008城市推薦等級下降細項評估指標變化分析

城市	投資環境力細項評估指標	2008	2007	變化	投資風險度細項評估指標	2008	2007	變化
桂林	民眾及政府歡迎台商投資設廠態度	3.05	4.16	-1.11	當地常以刑事方式處理經濟案件的風險	3.26	1.61	+1.65
	當地生態與地理環境符合企業發展的條件	2.95	4.05	-1.10	違反對台商合法取得土地使用權承諾風險	3.53	1.95	+1.58
	當地的資金匯兌及利潤匯出便利程度	2.63	3.53	-0.90	當地政府收費、攤派、罰款項目繁多的風險	3.32	1.79	+1.53
	當地的銀行等商務環境便捷利程度	3.16	4.05	-0.89	當地外匯嚴格管制及利潤匯出入易的風險	3.68	2.16	+1.52
莆田	當地的資金匯兌及利潤匯出便利程度	1.85	3.50	-1.65	當地水電、燃氣、能源供應不易穩定的風險	4.35	2.24	+2.11
	當地的倉儲物流處理能力	2.20	3.79	-1.59	當地外匯嚴格管制及利潤匯出不易的風險	4.25	2.32	+1.93
	當地政府對產財智產權重視的態度	2.25	3.79	-1.54	當地政府行政命令經常變動的風險	4.05	2.21	+1.84
	當地解決對智慧糾紛的管道完善程度	1.85	3.35	-1.50	違反對台商合法取得土地使用權承諾的風險	4.10	2.26	+1.84
	政府與執法機構秉持公正執法態度	1.95	3.44	-1.49	與當地政府協商調過程難以掌控的風險	4.05	2.26	+1.79
	當地政府積極查處劣仿冒品的力度	2.80	4.03	-1.23	當地外匯嚴格管制及利潤匯出不易的風險	3.80	2.79	+1.01
漳州	當地的海關行政效率	2.72	3.95	-1.23	當地水電、燃氣、能源供應不穩定的風險	3.64	2.84	+0.80
	當地政府獎勵台商自創品牌措施的程度	2.76	3.89	-1.13	當地的地方政府賦稅政策繁動的風險	3.36	2.63	+0.73
	當地政府對智財產權重視的態度	2.80	3.89	-1.09	當地政府行政命令經常變動的風險	3.64	2.95	+0.69
	當地的地方政府對台商投資承諾實現程度	2.92	4.00	-1.08	當地物流、運輸、通路狀況不易掌握的風險	3.32	2.63	+0.69
	當地政府政策穩定性及透明度	3.28	3.58	-0.30	當地水電、燃氣、能源供應不穩定的風險	3.36	2.78	+0.58
廣州天河	當地的資金匯兌及利潤匯出便利程度	3.04	3.32	-0.28	當地發生勞資或經貿糾紛不易排解的風險	3.16	2.78	+0.38
	當地台商享受政府自主創新獎勵的程度	3.12	3.32	-0.20	當地物流、運輸、通路狀況不易掌握的風險	2.80	2.50	+0.30
	當地政府積極查處違劣仿冒品的力度	3.08	3.26	-0.18	經常發生社會治安不良、秩序不意的風險	3.28	3.00	+0.28
泉州	當地政府積極查處劣仿冒品的力度	3.12	4.40	-1.28	當地外匯嚴格管制及利潤匯出不易的風險	3.38	2.15	+1.23
	當地解決糾紛的管道完善程度	2.85	3.50	-0.65	當地政府行政命令經常變動的風險	3.38	2.25	+1.13
	經營成本、廠房與相關設施成本合理程度	2.92	3.50	-0.58	當地企業信用不佳欠債追索不易的風險	3.27	2.30	+0.97
	當地社會風氣及民眾的價值觀程度	3.04	3.60	-0.56	機構無法有效執行司法及仲裁結果的風險	3.27	2.35	+0.92

五、TEEMA 2000～2008中國大陸城市綜合實力「極力推薦」最優排名

　　台灣區電機電子工業同業公會從2000～2008年總共進行9次的「中國大陸投資環境與風險評估」調查，每年出版的《TEEMA調查報告》都獲得了台商及中國大陸地方政府官員的特別重視，而針對台商推薦等級城市的研究已經成為台商進入中國大陸進行投資的重要參考依據，這9年來《TEEMA調查報告》跟其他從事中國大陸城市競爭力評估報告最大的差別，就是在於《TEEMA調查報告》是一份強調從台商觀點出發，來剖析中國大陸城市綜合實力的專業性報告，此份報告除了有各城市的次級資料分析外，最重要就是透過問卷與深入訪談瞭解台商對中國大陸城市的評價，這是最重要的初級資料蒐集，因此能夠更進一步的瞭解中國大陸城市在《TEEMA調查報告》2000～2008年期間列入【A】級「極力推薦」，與【D】級「暫不推薦」城市次數及名次進行排名，以提供在中國大陸的台商或外商企業，進入中國大陸投資時有整體的理解。

　　《TEEMA調查報告》為瞭解2000～2008年這9年中的推薦城市總排名，排名的先後次序是根據該城市在2000～2008年列入《TEEMA調查報告》極力推薦等級次數作為第一層評估指標，如果次數相同，則依歷年來該城市進入極力推薦等級之排名分數加總，而得到等級總分此一指標作為第二層評估指標。等級總分越小，排名越靠前，表示極力推薦的優先度越高。因此，將2000～2008年極力推薦總排名整理如表10-9所示，而列入暫不推薦的城市的總排名，則依據歷年進入暫不推薦排名的次數作為第一層的評估指標，而以等級總分作為第二層的評估指標，等級總分越高，代表暫不推薦的排名越靠前。

　　根據研究顯示，在2000～2008年列入中國大陸城市綜合實力「極力推薦」最優排名的前10名城市分別為：1.杭州蕭山；2.蘇州市區；3.蘇州昆山；4.揚州；5.成都；6.寧波市區；7.青島；8.大連；9.無錫市區；10.上海閔行。其中，有7個城市都是屬於「長三角」的主要城市，再次顯現出，「長三角」經商環境的穩定性與重要性。「成都」為中國大陸西部的重要商業城，有「天府之國」之稱的四川更是一個主要的核心城市，不過伴隨著5月的四川大地震，整體投資環境後續仍然值得關注。寧波雖然在2008年的評比上有些許的下滑，不過就整體9年評比的綜合實力來說，仍然是獲得台商的青睞。大連則是東北一個非常重要的

工業大城市，除了東北有豐富的天然資源之外，大連港口運輸便利也是大連的重要優勢。此外，「蘇州市區」和「杭州蕭山」能有8次列入「極力推薦」城市，甚至名列前茅，更是難得。隨著長年以來蘇杭地區穩定的投資環境，鮮少受到外部環境變動的劇烈影響，是蘇杭地區長久以來的競爭優勢。

表10-9 2000～2008中國大陸城市綜合實力「極力推薦」最優排名

排名	城　　　市	省　　市	區　　域	年　　度	等級總分
1	杭州蕭山	浙江省	華東地區	8	45
2	蘇州市區	江蘇省	華東地區	8	65
3	蘇州昆山	江蘇省	華東地區	7	22
4	揚　　州	江蘇省	華東地區	7	66
5	成　　都	四川省	西南地區	6	49
6	寧波市區	浙江省	華東地區	6	50
7	青　　島	山東省	華北地區	6	69
8	大　　連	遼寧省	東北地區	6	78
9	無錫市區	江蘇省	華東地區	5	26
10	上海閔行	上海市	華東地區	5	36
11	南　　昌	江西省	華中地區	5	60
12	無錫江陰	江蘇省	華東地區	4	20
13	天津市區	天津市	華北地區	3	21
14	濟　　南	山東省	華北地區	3	39

六、TEEMA 2000～2008中國大陸城市綜合實力「暫不推薦」最後排名

依《TEEMA調查報告》2000～2008年中國大陸城市綜合實力「暫不推薦」等級最後排名顯示，9年的總評估最不受推薦的前5名城市分別為：1.東莞市區；2.惠州；3.東莞長安；4.東莞石碣；5.深圳龍崗；有4個城市屬於東莞的鎮區，由此可見東莞地區台商的經營面臨到很大的困難。而在2008年中國大陸通過《勞動合同法》、進出口退稅減免等政策後，對於東莞地區台商而言，無疑是雪上加霜。2008年的東莞，勢必造成一股企業的寒冬，據調查顯示已經有許多的台商關閉和撤離。

2008《TEEMA調查報告》中顯示5個受評的東莞城區均列入「暫不推薦」等級，東莞市區（D02）、東莞虎門（D04）、東莞厚街（D06）、東莞石碣（D07）、東莞長安（D12），而造成東莞TEEMA調查報告排名仍不理想的主要

原因有：

1. 缺電問題持續多年：2007年東莞各鎮區出現嚴重的「缺電問題」，東莞部分地區實施「開五停二」，即每週供電5天，停電2天。有東莞台商表示，廠商需要自行發電因應，增加經營成本，加上近年東莞市政府對環保要求越來越高，很多不符合環保新規定的台商被迫遷離東莞，甚至倒閉。

2. 新《勞動合同法》引發勞資糾紛、罷工事件不斷：2008年新《勞動合同法》實施，平均提高台商兩倍的薪資成本，現在東莞等珠三角城市，時常發生罷工，而勞資爆發衝突的原因，大多與簽訂勞動合同及加班費計算等有關，成本上升、勞資糾紛劇增、罷工現象頻現，噩夢頻現，東莞台商透露，2007年底至2008年4月，已經有500家台資企業搬離東莞。

3. 城市轉型「騰籠換鳥」策略衝擊：在東莞提出「雙轉型」的背景下，將原有的低技術含量、低附加價值的勞動密集型產業和生產環節逐步轉移出去，將有限的空間用來發展高技術含量、高附加價值的資本密集和技術密集型產業，對於高污染、高能耗、低產值、低效益的台資企業，已不再得到當地政府的青睞。

由於這幾年《TEEMA調查報告》的結果，許多台商對於前往東莞投資都開始趨之若鶩，這也讓東莞當地政府瞭解到改善投資環境的重要性，希望藉由所有台商的心聲與2008年企業劇烈變動的影響，能夠讓當地政府體會到改善投資環境的重要性。雖然，現在東莞地區產業外移似乎成為一個趨勢，尤其是勞動力成本較為便宜的越南、柬埔寨已經作為台商下一個加工的基地或製造中心。不過，只要東莞的投資環境可以獲得有效的改善，相信仍然會有很大的發展空間。

表10-10　2000～2007中國大陸城市綜合實力「暫不推薦」最後排名

排名	城　　市	省　市	區　　域	年　度	等級總分
1	東莞市區	廣東省	華南地區	6	26
2	惠　　州	廣東省	華南地區	5	28
3	東莞長安	廣東省	華南地區	4	35
4	東莞石碣	廣東省	華南地區	4	14
5	深圳龍崗	廣東省	華南地區	4	9
6	泰　　州	江蘇省	華東地區	3	28
7	哈　爾　濱	黑龍江省	東北地區	3	24
8	東莞其他	廣東省	華南地區	3	22
9	東莞樟木頭	廣東省	華南地區	3	21
10	泉　　州	福建省	華南地區	3	10

第11章 2008單項指標 10優城市排名

2008《TEEMA調查報告》除延續過去「兩力」、「兩度」以及最後「城市綜合投資實力」等5項排行之外，另外針對台商關切主題進行單項評估：

1. 當地政府行政透明度城市排行
2. 當地對台商投資承諾實現度城市排行
3. 當地政府解決台商經貿糾紛滿意度最優城市排行
4. 當地台商人身安全程度最優城市排行
5. 最適合從事內銷市場城市排行
6. 最適宜服務業投資城市排行
7. 最適宜IT製造業投資城市排行
8. 當地台商企業獲利程度最優城市排行
9. 當地金融環境自由化最優城市排行
10. 當地政府歡迎台商投資的熱情度排行
11. 最重視自主創新城市排行
12. 最具誠信道德價值觀的城市排行
13. 當地政府對台商智慧財產權保護最優城市排行
14. 當地台商享受政府自主創新品牌最優城市排行
15. 當地政府鼓勵台商企業自創品牌最優城市排行

《TEEMA調查報告》從2006年開始公布單項主題排行此一研究成果，已成為台商關切的重心所在，換言之，台商可以根據自身優勢，採取「衡外情，量己力」的策略思維，佈局屬意的中國大陸城市。為延續2006《TEEMA調查報告》的單項主題排名精神，2008年針對上述15項單項主題亦進行了前10大城市排名，茲整理如表11-1所示。

表11-1　TEEMA 2008中國大陸單項主題10大城市排名

單項主題排名		①	②	③	④	⑤	⑥	⑦	⑧	⑨	⑩
1 當地政府行政透明程度	城市	蘇州昆山	蘇州工業區	杭州蕭山	成都	廊坊	無錫市區	天津濱海區	無錫江陰	大連	南京江寧
	評分	4.37	4.36	4.29	4.28	4.25	4.21	4.19	4.01	3.98	3.96
2 對台商投資承諾實現度	城市	蘇州工業區	蘇州昆山	杭州蕭山	南京江寧	無錫江陰	天津濱海區	南昌	成都	廊坊	無錫市區
	評分	4.39	4.37	4.35	4.31	4.28	4.26	4.21	4.18	3.98	3.94
3 解決台商經貿糾紛程度	城市	蘇州工業區	蘇州昆山	杭州蕭山	無錫江陰	威海	天津濱海區	南昌	南京江寧	寧波北侖區	上海閔行
	評分	4.42	4.38	4.33	4.28	4.17	4.15	4.10	4.06	4.02	3.97
4 當地台商人身安全程度	城市	無錫江陰	蘇州工業區	蘇州蕭山	杭州蕭山	揚州	南京江寧	南昌	寧波北侖區	青島	廊坊
	評分	4.20	4.16	4.12	4.08	4.01	4.00	3.96	3.95	3.92	3.88
5 最適宜從事內銷市場程度	城市	無錫市區	成都	南京江寧	杭州蕭山	上海閔行	大連	蘇州昆山	煙台	杭州市區	廈門島內
	評分	4.18	4.16	4.14	4.10	4.08	4.05	4.01	3.97	3.92	3.88
6 最適宜服務業投資城市	城市	蘇州市區	上海閔行	杭州市區	成都	大連	青島	寧波市區	南京市區	揚州	蘇州昆山
	評分	4.28	4.22	4.18	4.11	4.08	4.02	3.98	3.96	3.91	3.89
7 最適宜IT製造業投資	城市	蘇州昆山	蘇州工業區	無錫江陰	杭州蕭山	蘇州新區	北京亦莊	南京江寧	天津濱海區	上海閔行	寧波北侖區
	評分	4.25	4.22	4.17	4.12	4.07	4.01	3.99	3.92	3.82	3.81
8 當地台商企業獲利程度	城市	蘇州昆山	蘇州工業區	杭州蕭山	南京江寧	天津濱海區	蘇州新區	蘇州昆山	成都	杭州市區	蘇州昆山
	評分	4.41	4.33	4.29	4.23	4.19	4.11	4.08	4.02	3.95	3.92
9 當地金融環境之自由化	城市	蘇州昆山	杭州蕭山	蘇州工業區	天津濱海區	無錫江陰	南京江寧	無錫市區	上海閔行	北京亦莊	南昌
	評分	4.29	4.28	4.21	4.19	4.15	4.08	4.02	3.95	3.91	3.90
10 當地政府歡迎台商投資	城市	蘇州昆山	蘇州工業區	無錫江陰	杭州蕭山	南京江寧	天津濱海區	南京江寧	無錫江陰	無錫市區	成都
	評分	4.41	4.38	4.17	4.20	4.18	4.15	4.13	4.07	4.02	3.94
11 最重視自主創新的城市	城市	蘇州昆山	蘇州工業區	杭州蕭山	杭州蕭山	南京江寧	北京亦莊	蘇州新區	寧波北侖區	廈門島內	大連
	評分	4.36	4.29	4.16	4.13	4.10	4.02	4.01	3.92	3.80	3.79
12 最具誠信道德與價值觀	城市	蘇州工業區	蘇州工業區	杭州蕭山	無錫江陰	青島	大連	威海	廊坊	煙台	揚州
	評分	4.31	4.26	4.21	4.11	3.98	3.92	3.90	3.87	3.85	3.77
13 對台商智慧財產權保護	城市	蘇州昆山	蘇州工業區	天津濱海區	成都	無錫江陰	煙台	大連	無錫市區	廊坊	杭州蕭山
	評分	4.42	4.24	4.16	4.06	4.00	3.99	3.98	3.96	3.87	3.85
14 台商享受自主創新獎勵	城市	蘇州工業區	杭州蕭山	蘇州昆山	南京江寧	北京亦莊	天津濱海區	蘇州新區	無錫江陰	寧波北侖	廈門島內
	評分	4.31	4.28	4.22	4.18	4.15	4.07	4.05	4.01	3.95	3.92
15 政府鼓勵台商自創品牌	城市	蘇州市區	無錫市區	南京市區	成都	蘇州工業區	蘇州昆山	南京江寧	上海市區	廈門島內	天津市區
	評分	4.21	4.18	4.11	4.07	4.02	3.98	3.94	3.88	3.82	3.79

第三篇

政策變局——
2008中國大陸宏觀政策新情勢

第**12**章 2008中國大陸政策 轉變指導原則：一規

　　「十一五」時期是中國大陸全面建設小康社會承前啟後的關鍵時期，也是經濟社會發展轉入科學發展軌道的關鍵時期。十一五規劃將勾勒中國大陸經濟發展，十一五期間新的發展思路和途徑。這些「新」將帶動一系列的政策轉變，這些政策的新取向將為相關產業帶來良好機遇。從中共十六屆五中全會通過的《中共中央關於制定國民經濟和社會發展第十一個五年規劃的建議》內容看，十一五期間中國大陸在消費市場、產業升級、自主創新策略、區域發展、新農村建設等五個發展方面體現出諸多新亮點，蘊涵著新的商機。

　　2008年中國大陸系列公布實施多項重大新法規，究其政策根源與脈絡主要有：1.十一五規劃綱要；2.利用外資十一五規劃；3.服務貿易發展十一五規劃；4.自主創新建設十一五規劃；5.高技術產業十一五規劃；6.西部優勢產業十一五規劃，這些重大的十一五政策綱領，正是決定中國大陸2008年財政、經濟、貿易、投資、招商方向的關鍵性文件，而中國大陸各部委則根據這些文件，頒佈相關法令及措施。茲將十一五相關政策內涵彙整如表12-1所示。

表12-1 中國大陸十一五規劃相關政策內涵一覽表

發布日期	機構	政策	政策內容
2006 11/07	中國大陸發改委	利用外資十一五規劃	❖ 促進建設資源節約型、環境友好型社會 ❖ 促進建立更加開放的自主創新體系 ❖ 提高利用國外貸款的品質和效益 ❖ 加強對外債的宏觀監測和全口徑管理 ❖ 引導外商投資產業結構優化和升級 ❖ 促進區域經濟協調發展 ❖ 實現利用外資方式多樣化 ❖ 積極穩妥推進服務業對外開放
2007 12/07	中國大陸商務部	服務貿易發展十一五規劃	❖ 構建服務貿易發展管理體系 ❖ 建立服務貿易統計數據庫系統 ❖ 組建中國服務貿易協會 ❖ 建構服務貿易公眾信息網 ❖ 引導外資擴大業務開放 ❖ 分類指導重點促進 ❖ 推進服務貿易便利化
2007 11/27	中國大陸發改委	自主創新建設十一五計劃	❖ 支持重點產業項目：信息、生物醫藥、新材料、航天、海洋、裝備製造、農產深加工、節能減排、策略資源等為主。
2008 01/10	中國大陸發改委	高技術產業化十一五規劃	❖ 其主要規劃原則係基於：1.自主創新；2.國際合作；3.需求主導；4.重點發展；5.集成示範；6.輻射帶動等6項原則。 ❖ 至於其產業專項亦已具體列示16項重大的產業項目：軟件、互聯網、移動通訊、數位音視、新元器件、信息安全、現代中藥、生醫工程、物質工程、民用航機、衛星應用、新材料、新能源、現代農業、節能減排等。
2008 01/17	中國大陸發改委	西部優勢產業十一五規劃	❖ 列出了6類重點產業項目：能源開發、礦產資源、高技術產業暨裝備製造、農副品深加工及旅遊。 ❖ 完備而整體的配套可謂極為欠缺，各省、自治區所列示的目錄項目亦相當粗糙，台商如貿然深入西部，恐將大為不妙，切宜戒慎恐懼方為善策。

第13章 2008中國大陸宏觀調控政策目標：雙防

　　2007年12月3日至5日，中國大陸國務院召開2008年中央經濟工作會議，明確2008年經濟工作的目標和任務，必須堅持穩中求進，保持經濟平穩較快發展；必須堅持好字優先，加快轉變經濟發展方式；必須堅持改革開放，在完善體制機制上取得新突破；必須堅持以人為本，更加重視改善民生。在工作具體部署上，要把發展現代農業、繁榮農村經濟放在社會主義新農村建設的首位，控制固定資產投資規模和擴大消費需求，加快轉變經濟發展方式和結構調整，做好節能減排和產品品質安全工作，保持物價基本穩定，加快推進以改善民生為重點的社會建設，深化經濟體制改革、提高對外開放水準，推進行政管理體制改革和政府自身建設。

　　此外，中國大陸2008年中央經濟工作會議提出要把「防止經濟增長由偏快轉為過熱」、「防止價格由結構性上漲演變為明顯通貨膨脹」，作為2008年宏觀調控的首要目標任務，這意味著「雙防」正式擔綱2008年宏觀調控的主線。此次會議提出，2008年中國大陸將實施「穩健的財政政策」和「從緊的貨幣政策」，而這種政策搭配，在近年來中國大陸經濟政策尚屬首次。茲將「雙防」的內涵整理如表13-1所示（註）。

　　註：根據2008年7月25日「中央政治局會議」資料，中國大陸已將2008年「雙防」的宏觀調控政策於下半年改為「一保一控」即保持經濟平穩較快發展，控制物價過快上漲。

表13-1　中國大陸宏觀調控政策目標內涵一覽表

雙防	相關政策	對台商影響
防止經濟增長由偏快轉為過熱	❖控制固定資產投資過快增長，嚴格控制新開工項目，特別是要從嚴限制高耗能、高排放行業新上擴能項目。 ❖針對性地提高投資項目資本金比例。 ❖堅持區別對待、有保有壓，加大對經濟社會發展的薄弱環節和重點領域的支援力度。 ❖強化投資項目綜合管理，加快建立新開工項目管理聯動機制。 ❖加強對全社會投資活動的監管。	❖短期措施方面，宏觀調控，可能造成台商籌資困難，將協調國內銀行透過境外銀行予以協助。 ❖台商遭遇到不公平的待遇，必須和享有免稅優惠的當地企業競爭。 ❖在珠三角地區相當重視環保，高污染化工產業的投資門檻很高，對於高耗能產業的台商，企業都遭遇半強迫外移的命運。 ❖影響台商未來投資大陸意願。 ❖對以內需市場為主的台商，例如食品業、服務業，在資金匯入中國大陸時影響會比較大
防止價格由結構性上漲演變為明顯通貨膨脹	❖著力保持供需平衡，以及完善和落實因基本生活必需品價格上漲對低收入群體的補助辦法。 ❖大力發展生產，保障糧食、食用植物油、肉類等重點農產品的供給，確保基本生活必需品供應不斷。 ❖嚴格控制工業用量，適當增加進口。 ❖健全大宗農產品、初級產品供求和價格變動的監測預警制度，做好市場供應和價格應急預案。 ❖強化市場監管，依法打擊各種價格違法違規行為。 ❖煤、電、油運和重要原材料的供需銜接	❖對台商原物料、燃料取得成本提高。 ❖不利台商拓展中國大陸內銷市場。

第**14**章 2008中國大陸經營生產條件丕變：三缺

一、2008中國大陸面臨「缺民工」困境

珠三角發展速度隨著民工荒的出現而快速地減緩，以東莞為例，這個經濟連續20年以20%速度增長的城市，2006年首次下降到19%，而2007年更進一步下降到15%。低廉的工資和高漲的生活成本，迫使大量外地民工另擇他地，2002年東莞的最低工資標準是450元人民幣，現在是690元人民幣，5年上漲了50%多，而實際上，現在珠三角工人的工資已經遠遠高於這個數字，大約在1,000元人民幣到1,500元人民幣之間不等，但即便如此，企業招工依然困難。

1.勞動合同法衝擊：勞動合同法於2008年1月1日開始實施，但2007年年底已經有14.4%企業展開「人事盤整」，提前與不適任的員工解約，但真正會採取撤退或減少台籍幹部者只有9%。預估中國大陸《勞動合同法》實施，新法將使台商2008年薪資成本增加15%，加計退休金後將增加達50%，《勞動合同法》實施後，造成台商用人成本增加，如資遣費、經濟補償費、派遣勞工的轉嫁保證金等項目。而無形的成本「管理的牽制」，如資方的指揮權，降成雙方平等協商議定，勞方將藉此法轉為相對強勢，甚至可主導企業的工作時間、休假安排、保險福利等。對於中國大陸勞工法令有深入研究的上海台資企業富蘭德林法律事務所總經理劉芳榮表示，《勞動合同法》的實施明顯偏向勞工，台商與中國大陸所有企業都將受到衝擊。如此，強調低成本優勢的台商，即面臨到相對廉價的初級民工缺乏。

2.缺民工引發勞資關係緊張：除實際的人事成本增加外，許多台商更擔心的，是勞資雙方的對立愈來愈激烈。根據《勞動合同法》裡的條文，公司在處理有關勞動報酬、工作時間等規章制度或者重大事項時，要和職工代表大會或者全體職工討論才行，這可以說是挑戰公司的管理權限。2007年年底廣東東莞就傳出

了以勞動爭議訛詐、勒索台商的「職業工人」。這些「職業工人」受聘之後，一等到試用期滿成為正式工人，就會製造事端然後去職。隨即就捏詞自稱被老闆惡意辭退，先向勞動局提起勞動爭議仲裁，接著向法院起訴要求高額補償。另外，江西、四川省目前已出現缺工，加上中國大陸內陸省份的生活指數較低，兩省政府日前透過媒體，召喚流離在中國大陸各地的民工回老家。東莞台商協會常務副會長謝慶源提到，對原本缺工的廣東地區缺工情況無疑是雪上加霜。

3.華南大雪災造成民工緊缺：2008年初中國大陸雪災時，大量民工滯留廣州，超過2,000家台商出手援助，也希望這些民工能夠繼續留在廣州過節，廠商並提供免費食宿，更發現廠商為了民工的短缺，無所不用其極。根據星島日報2008年3月報導，除了希望能夠留下民工之外，亦能提昇台商在中國大陸投資的信心；但多數的台商仍認為，轉型為企業生存的唯一條件，若不加速轉型，企業將無法安然度過。

二、2008中國大陸面臨「缺水電」困境

過去中國大陸較大規模限電的情況大多發生在夏季，而且多發生於經濟發達的珠三角與長三角地區，但是近年來，連位於中國大陸內陸的湖南、湖北、四川、貴州等地，也面臨在冬天時必須要因「天候不佳」而付出限電代價。中國大陸內陸地區冬天遭逢停電的情況，主因在於中國大陸電煤運輸的70%都是靠汽車來運輸，但近期燃油價格上漲給汽車業帶來不小負擔；此外全球暖化，也造成「風不調，雨不順」的天候怪象。

1.缺電限電問題影響台商經營：根據耿曙（2007）研究指出，中國大陸缺電問題主要來自於經濟快速發展、電力需求快速增加的結果，此外因為經濟發展與能源資源分布不均衡，使得發電廠分布和電力負荷不對稱。自從2000年以來，中國大陸電力短缺問題逐漸浮上抬面，到了2004年情形更形嚴重，缺電地區達到24個省市，該年夏季電力高峰期短缺達3,000萬瓩以上，尤以中國大陸東部沿海省分受害最大，各地區紛紛限電，導致台商損失慘重。對許多製造業、食品業、電鍍業、紡織染整、餐飲觀光飯店等業者來說，水電是最重要也是最基本的生產要素，供應不足與不穩定將造成設備利用率降低，嚴重影響產業的營運，甚至發生虧損；2005年，隨著夏季高溫用電負荷上升，供電量雖有提高，但缺電問題與電負荷仍逐年上升；2008年，預計廣東省全年最大電力缺口將超過800萬瓩，將打破2005年最大短缺達626萬瓩的最高紀錄，各種輪流供電的措施，也導

致台商苦不堪言。

2.水資源嚴重失衡：中國大陸西北及華北地區水資源日益匱乏，中國大陸的水資源平均總量約2兆8,000億立方公尺，居世界第六位，但是每人平均水資源量卻不到2,400立方公尺，僅為世界人均水量的1/4。此外，中國大陸水資源可利用量僅為8,120億立方公尺，僅相當於水資源總量的29%。北方大部分地區已無進一步開發的潛力，部分地區已超過合理開發利用的極限，必須依靠節水才能滿足經濟社會發展的需要。南方地區雖有一定的開源潛力，但開發難度較大、成本較高。目前，在中國大陸660多個城市中，有400多個城市不同程度缺水，有108個城市嚴重缺水，沿海城市的水資源供需矛盾尤為突出，部分地區地下水超採嚴重。

3.水資源污染嚴重：中國大陸水資源領域面臨主要四大挑戰問題：（1）洪澇災害頻發；（2）水資源短缺突出；（3）水土流失嚴重；（4）水污染尚未得到有效控制。由於城市汙水處理設施建設落後，工業廢水排放達成率低，大量廢污水未經處理直接排入江河湖庫，許多河段的污水含量遠遠超過水體的納污能力，造成了嚴重的水污染。遼河、淮河、黃河、海河、松花江等江河水質較差，部分河段污染嚴重。江河水系受到大規模、大面積污染，覆蓋面積高達70%，流經城市的水流90%處於嚴重污染。在重點城市中，有14%的城市水質完全不達標準；在重點城市的總需水量中，32%不達標準；在農村，有34%的農民飲用不合格的飲用水，農村飲用水符合標準的比例僅為60%。

三、2008中國大陸面臨「缺土地」困境

台商在中國大陸投資，最重要的考慮因素往往是土地價格；而自2007年開始中國大陸國土資源部祭出新措施，統一制定並公布各地工業用地出讓最低價格標準，此舉不但大幅增加台商在中國大陸開發的成本，也讓台商在土地取得不易的狀況下墊高工業用地成本。長江三角洲周圍的土地價格近年來節節上升，在上述政策尚未公布之前，台商聚集在昆山的工業用地成本，從過去一畝地人民幣7萬至8萬元的水準，調漲到一畝地約人民幣11萬元，漲幅將近六成。此外，巨峰機械董事長蔡一明提到，昆山周邊如常熟、太倉等，一畝地約人民幣4.5萬元的工業用地價格，對十多年前即已落戶昆山的中小型台資企業來說，得承受土地價格上漲的壓力。

1.土地價格高漲營運成本增加：中國大陸在2007年1月1日起，新增建設

用地土地有償使用費標準提高一倍，同時繼續實行中央與地方30：70的分成體制，相關收入專項用於基本農田建設和保護、土地整理、耕地開發。新加坡德盛投資集團董事總經理張永河說，土地占項目成本比重各有不同，以上海來說，在市區的物件約是五成，郊區約三成，別墅約兩成。如今土地有償使用費若提高一倍，以上海市區住宅來說，總成本增加2%到3%，對於在中國大陸的台商是一項很大的負擔。

　　2.土地匱乏與土地資源緊縮：根據工業總會服務網2008年1月2日之〈大陸，生產優勢不再〉一文指出，中國大陸人口眾多，再加上土地的稀有性，因此中國大陸政府在土地制度上的管理，例如：土地集約化利用制度、土地規劃與用途管理制度、城鄉建設用地調整和總量控制制度，以及進一步加強對於土地所有權制度等等，執行管理相當嚴格，尤其是工業化和城市化發展的土地，因此對台商設廠之成本造成重大影響與衝擊。此外，2008年中國大陸國務院開始採取閒置土地超過兩年，依法應當無償回收。土地閒置滿一年，而未達兩年者，按出讓或劃撥土地價款的20%，徵收土地閒置費，廣州近期已經開始積極「無償」回收超過兩年的閒置土地。台商對於中國大陸採取宏觀調控後之土地取得，感受越來越深刻。

第15章 2008中國大陸經營生產成本因素：四漲

　　世界銀行（World Bank）於2008年6月10日在南非開普敦（Cape Town）發布《全球金融發展》（Global Development Finance）年度報告表示，由於全球食品和能源價格呈螺旋上升態勢，再加上美國次貸危機，2008年全球經濟增幅可能從2007年的3.7%放緩至2.7%。中國大陸在原物料價格、油電價格等全球因素衝擊之下，再加之勞動工資持續上漲以及土地租金成本上揚等因素，造成2008中國大陸生產要素的「四漲」的現象。

一、2008中國大陸生產要素之「原料價格上漲」

　　隨著全球經濟環境快速發展以及中國大陸本身快速的成長，全球原物料、能源需求量不斷增加，而在供給有限的情況下造成嚴重供不應求的現象。

　　1.初級產品價格高漲：聯合國預測，初級產品價格將繼續上漲。隨著全球需求的強勁成長，2008年非石油類初級產品價格將持續走高，波動性也增強。金屬價格預期將保持高位，但遠低於2006年和2007年的強勁成長水準。2007年由於對生物燃料需求猛增，許多糧食作物的國際市場價格大幅上揚，尤其是小麥和玉米。

　　2.原物料價格高漲：根據英國《經濟學人》智庫（Economist Intelligence Unitl；EIU）研究指出：「2007年工業原料價格指數（Industrial Raw Material；IRM）將以平均12%的漲幅持續成長。在這個原物料價格高漲的年代，依據中國大陸國家統計局2007年國民經濟和社會發展統計公報顯示，2007年中國大陸固定資產投資價格上漲3.9%；工業品出廠價格上漲3.1%，原材料、燃料、動力購進價格上漲4.4%。能源、原材料、勞動力等成本要素價格上漲讓企業備感壓力。其中，金屬價格上漲，除對金屬原材料的成本有直接影響外，亦對電子零組件的成本產生間接影響，原材料價格波動，大幅降低廠商的利潤。

二、2008中國大陸生產要素之「油電價格上漲」

美國能源部之能源情報署（Energy Information Administration）於2008年6月25日發布《2008國際能源展望報告》，2030年全球能源需求預計較2005年猛增50%，由於供需關係持續緊張，到2030年國際原油價格最高將飆升至每桶186美元。該機構在報告中稱，中期油價可能有所回落，但市場供應仍相對吃緊。

1.國際能源價格飆漲：中國大陸因為工業發展快速成長，所以對於能源的需求也持續快速增加，2006年中國大陸對主要能源的消耗量已占全球總消耗量的15.5%，而對原油需求年增率超過5.6%，根據聯博資產管理公司（Alliance Bernstein）的預估，中國大陸將在未來5年內超越美國成為全球最大能源消耗國。

2.電價上調增加營運成本：中國大陸2008年1～6月份CPI高達7.2%，通貨膨脹壓力已十分嚴重，加之2008年初的華南大雪災，重創電力系統，高達390億人民幣的損失，轉嫁給下游用戶，致使每度電上漲五分，此外隨著原物料價格飛漲，加上燃料供應不順，中國大陸欠缺煤炭的狀況，2008年中國大陸煤炭市場將繼續呈現總體供需旺盛的基本態勢，個別煤種和部分地區可能出現階段性緊張的局面，煤炭價格上漲必定是趨勢，發電公司的成本壓力大增，也是造成漲價的原因。

三、2008中國大陸生產要素之「勞動工資上漲」

2008年1月1日實施的《勞動合同法》，以貫徹「完善社會保險體系，促進社會民生」的2008年度經濟工作會議指示，其中所含的社會保險五金：養老、醫療、生育、工傷、失業等項目全面開徵，對所有外資企業均造成嚴重衝擊，人事成本部分至少增加29%～33%之間。

1.工資成本逐年上升：中國大陸已經確立定期調整最低工資標準的政策，規定實行計件工資形式的用人單位，要通過平等協商，合理確定勞動定額和計件單價，保證勞動者在法定工作時間內提供正常勞動的前提下，應得工資不低於當地的最低工資標準；勞動者在完成計件定額任務後，由用人單位安排在日法定工作時間以外、休息日和法定休假節日工作的，應分別按照不低於其本人法定工作時間計件單價的150%、200%、300%支付工資。事實上，廠商必須提供較最低標準為高的工資，才可以吸引新員工和留住舊員工。珠三角地區2004～2006年的職工平均月薪平均上升20%。若以2007年和2006年比較，北京、上海、廣州平均

工資上升10%以上。

2.社會保險費用日增：與工資水平息息相關的社會保險費用日增，也是台商的另一大負擔。例如為構建穩定社會，中國大陸全面實施社會保障制度。目前，社會保險包括5個險種：基本養老保險、基本醫療保險、失業保險、工傷保險及生育保險。雖然最後一個險種的覆蓋範圍仍然有限，但其餘4個險種的範圍卻不斷擴大。同時，僱主為每名員工就不同保險繳納的保險費，也隨著工資上漲而提高。以東莞為例，僱主就4個主要險種所繳納的總費用，大致上相當於該員工工資收入的18%。假設台商的工資支出佔生產成本約30%，那麼相當於員工工資收入18%的社會保險繳費估計額外佔生產成本的5%。粗略估算，工資水平上升20%，僅社會保險繳費便推使生產成本再增加1%。對於需要熟練勞工較多的行業，工資支出佔總生產成本的比重可高達30%至40%，而由工資上漲及社會保險繳費覆蓋範圍擴大所帶來的壓力亦會更大。

四、2008中國大陸生產要素之「租金成本上漲」

依據瑞士信貸證券（Credit Suisse Group）首席經濟學家陶冬（2008）分析，由於中國大陸零售消費快速上升，預估中國大陸私人消費佔全球私人消費比重在2020年將有機會超過美國成為全球第一，換言之，未來是中國大陸內需擴張的黃金年代，基於此一思維，商業地產以及鄰近商業區的土地成本及租金成本，勢必隨中國大陸經濟的發展而水漲船高。

1.土地租金成本上漲：中國大陸土地價格上升與成本增加，也已成為現實與必然，土地本身即具有稀有性的特徵，加以中國大陸人口特別多，且政府執行嚴格的土地管理制度，包括土地集約化利用、土地規劃與用途管理、城鄉建設用地調整和總量控制以及進一步加強土地所有權制度等，政府對工業化和城市化發展的土地管理愈趨嚴格，將會對廠商的設廠成本產生重大影響。

2.土地使用成本驟升：完善土地管理制度、提高徵地補償標準和矯正土地價格扭曲，土地成本將趨於上升。中國大陸是一個人均土地有限、耕地資源稀缺的國家，過去一個時期，工業園區建設和城市擴張將大量農業用地轉為工業和城市建設用地，一些地方大量低價徵用土地和招商引資中競相壓低土地價格的現象，使得土地價格被人為壓低。隨著國家加快完善土地管理制度，提高徵地補償標準，確保被徵地農民原有生活水準不降低，以及規定工業用地出讓價格不能低於當地基準地價等措施的實行，土地成本將趨於上升。

3.店面租金成本快速上揚：由於內外資企業積極佈局中國大陸內銷市場，對於商業空間需求快速成長。已經取得據點者，因為百貨公司櫃位或門市據點租金不斷上漲，造成台商負擔日益沉重，新進者則難以取得適合的區位展店。目前中國大陸主要城市如上海等地，重要商圈的店面租金相當高，國際知名品牌業者多成立旗艦門市，展售最新商品。由此現象也可以理解，通路體系已經成為開拓中國大陸內銷市場的關鍵資產，部分台商也轉投資建立通路品牌，如服飾、鞋、運動用品商城或大賣場等，扮演國際品牌進入中國大陸內銷市場的平台。

第**16**章 2008中國大陸法規 環境政策變遷：五法

　　中國大陸經歷30年的改革開放後，經濟發展迅速，投資環境也發生了很大的變化。尤其近幾年來，中國大陸不斷強調經濟發展要轉變發展模式，提昇自主創新能力，推展產業架構優化升級，這和過去「積極發展勞動密集型產業」的政策有很大的不同。然而將這種思維的轉變回應在經濟政策上，2007年中國大陸陸續發布多項經貿措施或法規，推出之頻繁程度、調整幅度及對台商衝擊度均超過往年。其中2007年發布的法規較為重要的有：3月發布的《企業所得稅法》月發布的加工貿易禁止類商品目錄、6月發布的《勞動合同法》及調整部分商品出口退稅率通知、 7月發布的加工貿易限制類商品目錄、12月發布的《企業所得稅法實施條例》及第2批加工貿易禁止類商品目錄。其中，尤其又以《勞動合同法》及《企業所得稅法》，將直接增加台商營運成本及經營難度。

　　一、實施《勞動合同法》：根據工業總會（2008）公布的「陸況調查」，在受訪台商中，對《勞動合同法》的實施，有58.0%認為造成不利影響，認為很不利的比率約10.6%，合計達68.6%。其中受訪台商認為《勞動合同法》對台商營運最大的影響是人事成本方面，約佔43.0%，其次是勞資糾紛、管理機制與員工流動方面等問題。此外，根據104人力銀行和104獵才顧問中心（2008）公布「2008中國大陸台商台幹動態暨勞動合同法影響」調查顯示，35.2%在中國大陸的企業表示「不清楚勞動合同法的影響性」，32.8%企業採取「維持現狀」對策，有14.4%的企業正進行「人事盤點」，趕在新法令上路前和不適任的員工解約，決定撤資者5.6%，3.5%將減少台幹。

　　二、實施《企業所得稅法》：實施企業所得稅法對於台商的影響，就整體而言，外資企業所得稅稅賦增加（經濟特區、經濟技術開發區及沿海經濟開放區的生產性企業其所得稅率由原15%～24%增至25%，且不再享有「二免三減半」的優惠，不過高新技術企業仍享有15%之優惠稅率，另對於新設在經濟特區及浦東

新區的高新技術企業還維持「二免三減半」的優惠）。台商在中國大陸投資盈餘匯出海外要課徵10%股利所得稅，即使轉以香港為註冊地可享有5%優惠非居民股利所得稅率，整體而言仍不利中國大陸台商盈餘匯回台灣。現行台商透過海外關聯企業財務操作進行節稅的做法會受影響。

三、調整《出口退稅政策》：雖然中國大陸調降出口退稅對台商的衝擊程度視各企業體質而定，但總體來說，台商企業以出口型導向為主，因此將產生極大的影響。政策將會牽涉到各行各業的台商，範圍相當廣。新退稅政策將會大大增加台商的成本，對於已經虧損的台商來說，問題將更加嚴重。在新退稅政策的刺激下，台商必須面臨愈來愈辛苦的經營環境，唯有努力在研發和市場開拓能力上不斷提昇，以及從中國大陸外移到東南亞國家，又或是把工廠從沿海移往中國大陸內陸，皆是面對此次新稅法的因應之道。

四、調整《加工貿易政策》：加工貿易限制類商品政策調整，主要目的是為了優化中國大陸出口商品結構，嚴格控制「兩高一資」產品出口，抑制低附加價值、低技術含量產品出口，減少貿易摩擦，促進貿易平衡，緩解外貿順差過大帶來的矛盾，有利於推進加工貿易轉型升級，實現外貿成長方式的轉變和社會經濟的可持續發展。同時，為配合國家實施區域發展策略，引導加工貿易向中西部梯度轉移，加快形成佈局合理、比較優勢明顯、區域特點鮮明的加工貿易區域發展格局，此次加工貿易限制類商品政策調整，對東部和中西部地區實行差別政策：一是東部地區新設立的外貿企業，不予批准限制類商品加工貿易業務；二是中西部地區A類和B類實行銀行保證金台帳空轉管理。另一方面，商務部認定了江西贛州、湖南郴州、湖北武漢等9個城市作為承接加工貿易轉移的重點地區，並予授牌，為實現東、中部地區產業轉移搭建平台。

五、實施《土地從嚴政策》：2007年1月1日起實施的《全國工業用地出讓最低價標準》規定，工業用地必須採用招標拍賣掛牌方式出讓，其出讓底價和成交價格均不得低於所在地土地等別相對應的最低價標準。中國大陸國土資源部明定了最低價標準與土地等別相掛勾的政策。最低價標準隨土地等別的降低呈現明顯的下降趨勢，1等相對應的最低價標準（840元/平方公尺）是15等（60元/平方公尺）的14倍。這些政策使得土地成本大幅上升。土地調控是宏觀政策的重點，2007年9月5日中國大陸國務院公布《關於加強土地調控有關問題的通知》，新增建設用地控制指標納入土地利用年度計畫，強化地方政府的土地管理責任；禁止擅自將農業用地轉為建設用地，要嚴肅懲處土地違法違規行為；針對工業用地

出讓價格低於水準的問題，提出工業用地出讓最低價標準，一連串的土地從嚴政策，都是加深台商在土地取得費用及土地取得之困難度。

綜上所述，已實施的許多新法規，正在侵蝕台商的權益及獲利，並危及台商之生存權利。但是，寄居於中國大陸的屋簷下，無法改變大環境的趨勢，台商只能加快腳步透過轉型升級來改善經營體質，並提高企業競爭力。

中國大陸實施一連串新的政策法規，影響在中國大陸設廠的台商甚巨，這些不只讓運用中國大陸勞動力之機動性降低，更增加企業經營風險與成本，尤其是對中小規模台商企業衝擊最大。茲將1.實施勞動合同法；2.實施企業所得稅法；3.調整出口退稅政策；4.調整加工貿易政策；5.實施土地從嚴政策等五大法規政策內涵彙整如表16-1所示。

表16-1　2008中國大陸五大重要法規政策內涵一覽表

政策／法規	頒布日期	實施日期	主要內容	對台商影響
❶ 實施《勞動合同法》	2007/06/29	2008/01/01	❖ 強制簽訂無固定期限勞動契約主要情況：連續工作年資滿10年勞工；連續訂立2次固定期限勞動契約；超過1年以上未簽訂勞動契約者，視為簽訂無固定期限勞動契約。 ❖ 給予勞動者平等協商權：企業在制定、修改或者決定有關勞動報酬等涉及勞動者切身利益的規章制度或重大事項時，應與工會或職工代表平等協商確定。 ❖ 勞動者要求經濟補償機會增加：如解除勞動契約時，僱主需按年資每滿1年支付1個月工資標準之經濟補償金。 ❖ 保障試用期勞工權益，如規定試用期限、次數及試用期工資標準。 ❖ 企業對勞動者進行專業技術培訓，可約定服務期。	❶ 勞動報酬、工作時間、休息休假等勞動規則須由勞動者和用人單位平等協商，則勞動者集體談判權大大增加等。 ❷ 企業的規章制度如違法，員工可依規定解除勞動契約，企業必須支付員工經濟補償，將造成員工找「黑心律師」打擊企業行為盛行。 ❸ 加班費、經濟補償金及繳納社會保險費等人事成本增加。 ❹ 一企業與同一勞動者只能約定1次試用期，迫使企業選擇較長期間勞動契約。 ❺ 員工可以企業未提供專業技術培訓為由，任意離職而毋須負擔任何賠償，企業將難留住好人才。 ❻ 人力派遣公司若因違反勞動契約造成簽約勞工損害，則人力派遣公司與企業必須共同賠償損失，意味企業即使尋求外包，仍無法規避勞動合同法的衝擊。 ❼ 當勞工的要求越來越多，而僱主無法負荷時，勢必引來一連串的罷工潮。
❷ 實施《企業所得稅法》	2007/03/16	2008/01/01	❖ 於2007/12/06發布企業所得稅法實施條例 ❖ 內外資企業所得稅稅率統一調整為25%（原內資企業所得稅率為33%，外資企業所得稅平均為15%），但對已享有優惠稅率之外資企業提供5年緩衝過渡期。 ❖ 對小型微利企業、高新技術企業實行優惠稅率（分別為20%及15%）。 ❖ 取消生產性外資企業定期減免稅優惠政策（取消如「2免3減半」優惠與再投資退稅）。 ❖ 取消產品出口型外資企業非定期減半徵稅優惠政策（取消「減免稅期滿後，當年出口額占產值70%以上者，當年所得稅率減半」）。 ❖ 盈餘匯出海外須課徵10%股利所得稅。	❶ 整體而言外資企業所得稅稅負增加（經濟特區、經濟技術開發區及沿海經濟開放區的生產性企業其所得稅率由原15%~24%增至25%，且不再享有「2免3減半」的優惠，不過高新技術企業仍享有15%之優惠稅率，另對於新設在經濟特區及浦東新區的高新技術企業還維持「2免3減半」的優惠）。 ❷ 台商在中國大陸投資盈餘匯出海外將課徵10%股利所得稅，即使轉以香港為註冊地可享有5%優惠非居民股利所得稅率，整體而言仍不利中國大陸台商盈餘匯回台灣。 ❸ 現行台商透過海外關聯企業財務操作進行節稅的做法將受影響。
❸ 調整《出口退稅政策》	2007/06/19	2007/07/01	❖ 取消553項高耗能、高污染及資源性產品出口退稅率（原為13%）。 ❖ 調降2,268項易引起貿易摩擦產品出口退稅率至5~11%。 ❖ 上述2,821項產品，約占中國大陸海關稅則產品總數36.8%。	❶ 台商採購生產所需原物料如被列為調降或取消出口退稅率的商品項目，將導致出口成本增加，影響產品出口競爭力。 ❷ 採用比較低檔的中國大陸材料的台商，購買的材料比例愈高，受到的衝擊就愈大；而進口的材料比例愈高，受到的衝擊就愈小。

表16-1　2008中國大陸五大重要法規政策內涵一覽表（續）

政策／法規名稱	頒布日期	實施日期	主要內容	對台商影響
❹ 調整《加工貿易政策》	2007/04/05	2007/04/26	調整「加工貿易禁止類商品目錄」 ❖ 新增184項商品，涉及重柴油、燃料油等多種能源商品，取消進口保稅政策。	❶台商無法以保稅方式進口該類產品，必須繳納進口關稅和進口環節增值稅，出口核銷後也不退稅，將增加進口成本，進而影響出口競爭力。
	2007/12/21	2008/01/21	調整「加工貿易禁止類商品目錄」 ❖ 新增589項商品（10位碼），涉及化學、塑膠、鋼鐵及含有瀕危動植物成分製品，取消進口保稅政策，截至頒布日為止，累計1,729項商品列入目錄。	❷明定禁止類商品目錄將採「動態調整」，技術層次較低的產品隨時有可能被列為下一次禁止類的範圍，將增加台商經營不確定性 ❸若被列為禁止類加工貿易的台商，只好關門或轉行。
	2007/07/23	2007/08/23	調整「加工貿易限制類商品目錄」 ❖ 新增1,853項商品（10位碼）採「限制出口管理」方式，涉及塑膠、紡織紗線、布匹、家具等項目，截至頒布日為止，累計2,247項商品列入目錄。 ❖ 銀行保證金管理由掛帳改為實繳，惟中西部地區加工企業仍為掛帳。	❶對東部和中西部實行差別政策，東部新設外貿企業不批准限制類加工貿易業務。中西部A、B類企業銀行保證金台帳空轉。 ❷台商進口目錄項目所需之生產原料時，須依不同企業先行繳納關稅加上增值稅50%或100%之銀行保證金，將增加資金調度壓力。
❺ 實施《土地從嚴政策》	2006/12/23	2007/01/01	全國工業用地出讓最低價標準 ❖ 工業用地必須採用招標拍賣掛牌方式出讓，其出讓底價和成交價格均不得低於所在地土地等別相對應的最低價標準。 ❖ 工業用地出讓必須實行「招、拍、掛」，如果不嚴格執行這項制度，地方政府有關負責人都要受到紀律處分。	❶執行工業用地「招拍掛」政策之後，地皮只會「價高者得」，因此產生供需矛盾現象。 ❷中國大陸各地工業地價在實施後半年內普遍上漲五成以上，台商在土地取得上得付出更高的成本。
	2006/11/07	2007/01/01	調整新增建設用地土地有償使用費政策 ❖ 新批准新增建設用地的土地有償使用費徵收標準在原有基礎上提高1倍。 ❖ 地方與中央以70%與30%比例來分配收取的土地有償使用費，而地方收取的部需全額繳入省級國庫，因此地方政府的土地收益大幅減少，便能有效切斷新增建設用地擴張的經濟動因，促進節約集約用地。	❶原本的土地有償使用費是1999年制定，費用明顯低於實際水準，因此，使用費提高1倍，並不會增加過多用地成本。 ❷地方政府在「批地」可獲得的利益減少，將會造成台商在取得土地使用上較過去困難。
	2006/12/30	2007/01/01	城鎮土地使用稅暫行條例 ❖ 外商投資企業為城鎮土地使用稅的納稅人，應當依規定繳納土地使用稅。 ❖ 城鎮土地使用稅標準提高2倍，每平方米年額：大城市1.5元至30元；中等城市1.2元至24元；小城市0.9元至18元；縣城、建制鎮0.6元至12元。	❶提高了城鎮土地使用稅稅額幅度：將稅額標準提高2倍。 ❷外資企業被納入城鎮土地使用稅徵稅範圍，徒增經營成本。
	2007/12/01	2008/01/01	耕地佔用稅暫行條例 ❖ 提高稅額標準，將現行條例規定的稅額標準上、下限都提高4倍左右。 ❖ 統一內外資企業耕地佔用稅收負擔。 ❖ 從嚴規定減免稅項目，取消對鐵路線路、飛機場跑道、停機坪、炸藥庫佔地免稅的規定。	❶稅額提高4倍，並取消許多稅賦的優惠，對台商而言是一大負擔。 ❷將外商投資企業和外國企業納入耕地佔用稅的徵收範圍。

第17章 2008中國大陸企業經營環境困局：六荒

隨著中國大陸經濟的高度發展，使得2008年中國大陸企業所面對的經營環境產生了生態荒、人才荒、融資荒、治安荒、優惠荒、利潤荒等「六荒」困局，茲將此六荒分述如下：

一、中國大陸投資環境面臨的「生態荒」

1.生態環境的破壞：中國大陸經濟的高度發展，備受世界各國矚目。然而隨著過度開發等因素，沙塵暴、荒漠化、乾旱、水土流失、環境污染等生態環境惡化的警訊，也正快速地在中國大陸各地蔓延，並已直接衝擊中國大陸之經濟發展。中國大陸改革開放近30年，已造成沿海省市嚴重的水資源污染問題。中國大陸耕地面積不到全球1/10，氮肥使用量卻占全球1/3，農業使用化肥的強度居世界首位。此外，中國大陸也是全球最大的農藥使用國，每年約消耗120萬噸，且以殺蟲劑為主。當前農業生產之化肥和農藥的過量使用，已成為水資源污染的重要因素。

2.環保意識的高漲：以往中國大陸為了因應經濟的快速發展，其政策以重經濟發展輕環境保護為主軸，直到近年來，中國大陸本土因為過度開發而產生沙塵暴、荒漠化、乾旱、水土流失、環境污染等生態環境惡化問題，再加上全球社會對於環境保護議題的重視，使得中國大陸逐漸將政策轉變為經濟發展與環境保護並重。環境惡化嚴重也同時影響台商在中國大陸天然資源的使用及取得，再加上中國大陸政府政策的轉變以提高台商營運成本，因此台商更必須直接正視企業轉型的急迫性。

二、中國大陸投資環境面臨的「人才荒」

1.高階人才的缺乏：中國大陸企業很多，工廠更多，但訓練有素的高階管

理人才太少。麥肯錫（McKinsey）（2005）調查顯示，即使想要拓展海外市場的中國大陸企業僅占少數，但如果這些企業希望未來的10～15年能夠持續的發展，仍需要7.5萬名具有國際經驗的高階人才，但目前中國大陸僅有3,000至5,000位符合此一國際觀的專才。至於專業工程師的人力素質方面，麥肯錫的評估認為中國大陸只有10%達到國際化標準，僅這些人才可參與全球市場的競爭。

2.人才忠誠度不足：中國大陸各產業蓬勃發展，就業機會大幅提昇。高階管理或優秀的技術人才，更是來自全球企業爭取的對象，在中國大陸，挖角跳槽事件屢見不鮮。目前中國大陸地區，中國大陸籍中階經理人，因工作內容滿意度低，或是薪資無法突破，無法晉升等等原因，主動離職跳槽，或是被其他企業挖角，已經成為最近人力資源部門最頭痛的問題。

3.離職員工另立門戶形成競爭：企業功能的本土化中，人力資源的本土化最早實施，但卻最難快速推廣，其中涉及權力分配、價值觀，以及企業文化的爭議，且人力本土化常涉及高層權力的分配，若處理不慎，常會因內鬥內耗，而使人才流失，以致企業元氣大傷。目前有不少台商將陸幹升到中階主管，然而時間愈久，且有開拓中國大陸市場者，陸幹人才就愈有可能升遷成為中高級幹部，加上台幹因兩岸家庭問題與個人前程規劃，部分台幹未能久待，陸幹因而有更上層樓的機會。然而，這些離職的高階幹部反而變成台商的競爭者，無論是台幹或陸幹皆為如此。

三、中國大陸投資環境面臨的「融資荒」

1.台商企業融資困難：台商在海外蓬勃發展，以中國大陸為最主要根據地，但由於兩岸的政治因素，不少台商在募集資金上遭遇許多困難，政策上依資本額不同，台灣企業投資中國大陸都有相當的限制。此外中國大陸台商的資訊揭露問題，也是遲遲未能開放台商回台上市的重大因素。隨著越來越多台商企業陸續在香港、新加坡掛牌，包括東京、香港和新加坡等交易所也頻頻對台商招手，台商回台上市募資也為目前努力的方向。再者，由於台商缺乏人民幣的操作平台，台灣金融機構無法在中國大陸向台商提供在地化的服務並滿足台商日漸增加內地採購所需要的人民幣周轉營運資金。

2.宏觀調控力度加大：中國大陸自從十七大之後，於2007年10月25日，調高銀行存款準備金率 0.5個百分點，達到 13%的10年新高水準。中國人民銀行採取提高利率、法定存款準備率，以及公開市場操作等貨幣政策措施，試圖抑制經

濟過熱，不過，效果並不如預期。2007一整年中國人民銀行調整存貸款基準利率前後共6次，以一年期利率為例，存貸款基準利率已分別由年初的2.52%和6.12%提高至4.14%和7.47%；金融機構法定存款準備率更是調整了10次，由2007年年初的9%提升到2007年年底的14.5%。

四、中國大陸投資環境面臨的「治安荒」

1.社會整體治安惡化：治安問題已成為台商選擇投資地首要因素，投資地區的治安環境好壞，會嚴重影響公司整體的經營運作，而許多台商在台灣經營之時，就深受治安環境惡劣之苦，所以，台商在選擇投資地點時，治安環境情況可說是台商選擇投資地的首要因素。中國大陸改革開放初期，大部分的台商都聚集在華南地區，然而現在有許多台商將投資重心移轉到以上海為主的華東地區的原因，除了有勞動力成本上漲的考量以外，華南地區治安問題也是一個很大的因素。

2.台資企業勞資糾紛頻傳：2008年5月1日中國大陸實施《中國勞動爭議調解仲裁法》，勞動爭議仲裁不收費，勞動爭議仲裁委員會的經費由財政予以保障，原來的勞動仲裁收費大多在300元人民幣左右，由於勞動者以後無需向仲裁庭繳納仲裁費用，勢必會促使勞動者積極主動維權，對違法用工的用人單位形成壓力。另外，可以讓勞工不需要等到仲裁判決結果，就能先拿到經濟補償或賠償金，由於勞動爭議仲裁不收費導致更多的勞動糾紛，申請仲裁的案件也就越來越多，台商將面臨到更多勞資糾紛案件要處理。

五、中國大陸投資環境面臨的「優惠荒」

1.所得稅優惠期滿，企業喪失競爭力：《企業所得稅法》實行後，設立於經濟特區或保稅區中的稅收優惠將和其他地區相同，中國大陸的優惠政策由「地區傾斜」轉為「產業政策傾斜」，設立於經濟特區中的傳統產業台商將因投資成本的增加而失去競爭力。

2.外資盈餘匯出課徵10%所得稅：2008年起，外資企業在中國大陸賺到錢後，除了要繳交稅賦給中國大陸政府以外，如果要將錢匯回台灣或是匯出中國大陸境外，必須要另外課徵10%的稅，形同阻止台商將盈餘匯回台灣。台商過去總把中國大陸市場當作天堂，但是隨著時空環境的轉變，若台商一味只想著節省成本，而不進行產業升級或研發創意，在中國大陸也只能求取微薄的毛利。

六、中國大陸投資環境面臨的「利潤荒」

1. 人民幣持續升值，出口型企業利潤下滑：中國人民銀行自2005年7月21日對人民幣匯率制度實施改革至2008年7月21日為止，人民幣兌美元的匯率總計升值21.23%，使許多以出口導向為主的紡織、家電、製鞋以及資訊電子等台商採購成本不斷增加而利潤下滑甚至虧損。再加上目前中國大陸是外匯存底最多的國家，強大的升值壓力使得台商未來在中國大陸的生產利潤只會愈來愈小。

2. 苛捐雜稅開徵台商利潤縮水：從2007年開始至今，中國大陸新訂立了許多不同的稅法項目以課徵稅收，例如2007年11月30日開徵土地使用稅，將土地使用稅的徵收範圍擴及至外資企業，導致台商新增的負擔極為沉重；2008年1月1日實行的勞動合同法中的社會保險五金開始徵收，所有外資企業的人事成本至少增加29%～33%，對台商造成嚴重的負擔。

第18章 2008中國大陸企業經營苛捐雜稅：七金

　　中國大陸除了《勞動合同法》與《進出口退稅減免條例》等政策，大大的提昇了台商在經營上的成本，中國大陸法令上所規定的「七金」，對於台商而言也造成了非常大的影響。

　　一、社會保險金：社會保險金是國家最重要的社會經濟制度之一，在中國大陸社會保險金制度，主要分為老人、殘疾以及兒童三大方向來進行努力，而伴隨著2008年《勞動合同法》的通過，使得中國大陸更加重視整體社會保險的發展。

　　二、養老保險金：養老保險金是中國大陸職工退休後的保障依託，是中國大陸現行社會保險制度最重要的一個環節，企業及職工個人繳納的比率也是最高的，企業應繳費率不超過工資總額的20%（包括劃入個人帳戶之部分），具體比率由地方一級政府確定；職工個人繳納部分最高為8%，分別成立統籌基金（企業應繳費率的20%中保留17%成立統籌基金帳戶）與個人帳戶（企業應繳費率的20%中的3%再加上8%的個人繳費率成立統籌個人帳戶合計11%。

　　三、醫療保險金：醫療保險金可區分為「基本醫療保險」及「住院醫療保險」二種，前者保障內容及保險費率均較後者為高。舉例而言，在深圳企業為職工投保「基本醫療保險」或「住院醫療保險」時，按規定均要加保「地方補充醫療保險」，特區內費率為0.5%，特區外為0.2%，保費則完全由企業負擔。

　　四、工傷醫療補助金：工傷醫療補助金是由各地方政府根據不同行業的工傷風險程度，確定各種行業的差別費率後，核定企業應繳納之工傷保險費率，由單位按月繳納。

　　五、勞工住屋公積金：勞工住屋公積金是由中國大陸政府為解決職工家庭住房問題的政策性融資管道。由國家機關、事業單位、各種類型企業、社會團體和民辦非企業單位及其在職職工個別按職工工資的一定比例逐月繳存，住屋歸職工

個人所有。

六、失業保險金：失業保險金是中國大陸政府在推動企業用工制度改革和建立市場導向就業機制的同時，加快建立和完善失業的保險制度。用人單位按照本單位工資總額的2%、職工按照本人工資的1%繳納失業保險費；統籌地區的失業保險基金不敷使用時，由失業保險調劑金調劑、地方財政補貼。

七、生育金保險制度：生育保險費由參保單位按照不超過職工工資總額1%的比例繳納，職工個人不須繳費，沒有參保的單位，仍由其承擔支付生育保險待遇的責任，職工生育依法享受不少於90天的生育津貼。女職工生育或流產後，其工資、勞動關係保留不變，按規定報銷醫療費用。

第19章 2008中國大陸經濟發展政策轉移：八變

　　中國大陸走過30年經濟改革開放之路，釋放市場廣大的需求，激發企業積極性，並在中國大陸政府積極吸引外資的優惠政策下，全球跨國企業大舉進軍中國大陸，而中國大陸的國有企業，更挾著優勢的資本透過上市之途，累積財務性資本；民營企業更是以拚搏精神在全球製造領域占有一席之地，孔子曾說：「三十而立」，中國大陸經過改革開放正面迎著經濟發展的高原期，如何再造中國大陸成長的動力，已經成為中國大陸政府刻不容緩的議題，總結2008年中國大陸經濟發展政策在總體思維上，已經產生8項重大的質變，茲敘述如下：

　　一、從「部分先富」轉變為「共同富裕」：1978年，中共舉行十一屆三中全會，當時的領導人鄧小平提出「改革開放」路線，強調一部分地區、一部分人先富起來，也就是所謂的「先富論」，但經過30年的改革開放，在先富論的指導之下，社會所得分配產生重組效應，造成了貧富差距擴大，根據亞洲開發銀行（Asian Development Bank；ADB）「2007年關鍵指標」調查指出，中國大陸基尼係數（Gini coefficient）高達0.4725，僅次於尼泊爾的0.473，位居亞洲國家的第二位，而基尼係數是衡量一個國家所得分配是否平均的程度，當基尼係數達到0.4就表示貧富差距分配不平均，已到達警戒線，因此近年來中國大陸政府基於社會公平正義之原則，積極提倡「共同富裕」，換言之，社會底層的工、農中下階級，正是政策轉移與重點照顧的對象。從「先富」到「共富」這思維的轉變最重要的就是照顧勞動階層的利益，因此2008年提出的《勞動合同法》，相信就是基於此一理念。

　　二、從「中國大陸製造」轉變為「中國大陸創造」：中國大陸改革開放之初，為了吸引外資的青睞，必須以低廉的勞動力與土地成本作為吸引標的，但中國大陸只是全球的貼牌生產基地，而非以品牌與創新創造高附加價值的中心，企業管理常言：「一流企業訂標準；二流企業長智慧；三流企業專創新；四流企

業立品牌；五流企業建通路；六流企業搞物流；七流企業擅製造；八流企業玩組裝」。因此，若不能以自主創新、自創品牌為核心，中國大陸仍將是全球廉價的加工廠，尤其「中國大陸製造」（Made in China）給全球的消費者留下的是「低廉」（Cheap）的來源國形象，如何擺脫此一刻板印象，就必須靠中國大陸政府有序的政策引導與鼓勵，2006年開始的「十一五規劃」，其重點就是在進行產業結構調整，並強調自主創新與自創品牌的「兩自戰略」思維，因此，傳統加工貿易型的企業在下一輪中國大陸經濟發展過程中，其前途將是困頓的，企業必須培育自身的競爭優勢與核心競爭力，才能夠實現創新價值。

　　三、從「先發後治」轉變為「保優汰劣」：基於「發展是硬道理」、「先發展經濟，後治理環境」的政策思維，中國大陸雖然帶來了高度的經濟成長，但也以環境生態付出高昂的代價，目前中國大陸面臨環境汙染、資源遞減、生態惡化的嚴峻挑戰，根據2007年《外交事務》（Foreign Affairs）期刊「中國的大躍退？」（The Great Leap Backward?）一文指出，中國大陸的環境問題嚴重，其水資源的污染已造成經濟的負擔，空氣的污染已傷害數百萬人的健康，而土地日益沙漠化的問題也很嚴重，迫使民眾搬遷，苦無立錐之地。中國大陸的環境如果再這樣惡化下去，將影響到國家經濟、大眾健康、社會穩定與國家的尊嚴。2005年中國大陸國家環境保護總局副局長潘岳曾警告：「如果我們的環保腳步跟不上進度，我們經濟奇蹟就會結束」。在此內外呼籲環保聲浪日漲之下，中國大陸政策進行轉向，從過去的「先發後治」朝「節能、減排、降耗」；「生態效益、環境優先」；「保優汰劣」的原則發展，因此不符合環境友好型、資源節約型的產業，將遭到環境保護法規的淘汰。

　　四、從「招商引資」轉變為「挑商選資」：依據中國大陸商務部外資司（2008）統計，截至2008年4月底為止，中國大陸已累計批准設立外商投資企業64.2萬家，實際使用外資金額達7,980.3億美元。而全球500大企業已有將近490家在中國大陸設立了企業或進行併購，此外，跨國公司在中國大陸設立研發中心超過1,160家。2007年外資併購佔中國大陸設立外商投資企業總數、合同外資和實際使用外資金額的比重分別為3.34%、2.98%和2.78%。其中，500萬美元以下項目佔全部併購案件數量的80%，製造業併購案599項佔47.3%，非國有企業併購案數1,170件占92.4%；廣東、江蘇、浙江、北京和福建居中國大陸前5位，佔併購案總數的53.48%。從早期中國大陸對全球廣開投資大門，採取「來者不拒」的招商策略，但隨著中國大陸內地經濟實力的強盛，以及產業結構調整的必要，

對吸引外資的態度已經朝向「挑商選資」的思維，「高、精、尖」的產業已經取代了「低、粗、劣」的產業招商原則，中國大陸招商特別重視具有高科技含量、高國際知名度的跨國企業，尤其是「高能耗、高污染、資源型」的「兩高一資」產業，將會在中國大陸政策壓力之下，進行自然的適者生存、優勝劣汰的發展歷程。

　　五、從「築巢引鳳」轉變為「收巢改鳳」：中國大陸改革開放過程，為能夠吸引外資，秉持「要致富、先修路」原則，進行大量的基礎建設，在鐵路交通上的優勢尤為驚人，基於貨暢其流的原則，吸引許多外資在中國大陸棲息，但是隨著土地資源的緊缺、城市發展的需要，早期廉價批租的土地面臨了重新定位及增加土地附加價值，因此必須強調土地的投資強度、產業的創新性及企業的未來性，使得傳統企業必須進行「騰籠換鳥」，讓城市永續發展，產業發揮群聚效應，因此，「收巢改鳳」已經成為中國大陸未來招商引資的重要原則，逐步的進行產業更新換代、產業升級轉型，已是外資企業必須體會的事實。

　　六、從「外資入超」轉變為「內資趕超」：依據中國人民銀行2008年7月14日公布中國大陸上半年外匯存底達到1.8088兆美元，年成長率高達35.73%，換言之，2008年以來平均每個月增加468億美元。但是，2008年6月外匯存底成長速度明顯放緩，僅增加118.67億美元，成長幅度較2007年同期少了281億美元。當然，中國大陸外匯存底驟增的主要原因是貿易入超規模擴大、外商投資持續流入、國際金融市場動盪全球資金以中國大陸為避風港等三大因素，過去依賴外資投入以及貿易順差所形成的入超，造成外匯存底的增加，但是隨著人民幣升值的壓力，中國大陸政府思索民營企業的崛起，採取「標竿學習（Benchmarking）」提出「立標竿、找差距、趕超越」的發展思路，使得中國大陸許多地方政府大力提倡「民營趕超」的策略佈局，換言之，從「外資入超」到「內資趕超」似乎會對長期以來的外商投資產生巨大的衝擊。

　　七、從「外銷導向」轉變為「內需傾向」：誠如中國大陸早期領導人鄧小平所言：「只要搞外向型的企業、只要講效益的企業，就沒有什麼困難」，因此早期珠三角許多「三來一補」、「加工貿易」的傳統產業，正面臨了土地、勞工、原料成本的上漲，徒增經營的壓力，且隨著人民幣的持續升值，外銷導向的企業必然陷入經營的困境，根據中國大陸商務部（2008）指出：「中國大陸消費結構不斷升級，目前已成為全球消費市場成長最快的國家之一，2007年中國大陸人均GDP達到2,460美元，但是其最終的消費率不到50%，比世界平均水準尚低

28%」，因此內需消費的成長空間非常巨大，鼓勵企業建構品牌發展內需市場已成為中國大陸重要的政策導向，廣大的13億市場勢必成為台資企業打造全球知名品牌的最佳練兵場。

八、從「梯度轉移」轉變為「雙向轉移」：根據中國大陸商務部2007年4月發布的《關於確定南昌等城市為加工貿易梯度轉移重點承接地的決定》，商務部初步從湖南、湖北、河南、安徽、山西及江西6個省份挑出9個城市，以作為珠三角、長三角等加工貿易企業梯度轉移的重點城市。從中國大陸商務部頒布《關於支持中西部地區承接加工貿易梯度轉移工作的意見》之總體目標，期望於2010年培育形成50個優勢明顯、各具產業特色的中西部加工貿易重點承接地，亦希望藉由使用政策性優惠貸款300億人民幣，使得中西部加工貿易年進出口額佔全國加工貿易總額比例提高至5%。中國大陸產業梯度轉移開始執行之後，中國大陸為了貫徹落實十七大提出的「推動區域協調發展」、「促進加工貿易轉型升級」要求，希望藉由開放中西部內陸地區以縮小中國大陸沿海以及內陸地區的差距，利用加工貿易梯度轉移，加快佈局合理、比較優勢明顯、區域特點鮮明的加工貿易發展格局。就在中國大陸政府提出梯度轉移之際，珠三角的廣東省提出了「雙向轉移」的轉型思維，所謂「雙向轉移」政策是站在策略的層面，而不僅著眼於當前的區域經濟，還擴及整個廣東省的產業轉型升級，把珠三角群聚中附加價值低的產業轉移到東西部及山區，騰出空間以接納附加價值高的產業移入，一方面可以增加內陸的就業率，另一方面協助珠三角做產業轉型與升級。「雙向轉移」就是在「騰籠換鳥」的產業升級背景下所產生的主動轉移思維。

第四篇

轉型升級——
2008年度專題引領台商新思維

第20章 2008中國大陸台商轉型升級專題研究

2008年是台商在中國大陸這20年來最關鍵的時刻,畢竟在中國大陸2008年政策變局之下,加上國際經貿環境雪上加霜,多重壓力匯聚,台商企業不是面臨關廠倒閉,就是面臨轉型升級的挑戰,為能夠瞭解2008年台商企業在中國大陸佈局之際,面對轉型升級的策略思考,特依據「投入(Input)—過程(Process)—產出(Output)」的IPO模式作為探討企業轉型升級的研究架構。

在企業轉型「投入」的部分,主要考量的就是企業轉型升級所面對的壓力此一構面,在「過程」的部分,乃是考慮企業轉型升級的策略類型、企業轉型升級需求以及企業轉型升級的主要障礙因素,在「產出」的部分,主要的衡量構面有企業轉型升級的關鍵成功因素及企業轉型升級之後的效益。基於此一構想,結構研究架構如圖20-1所示。

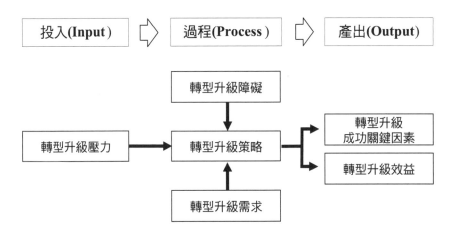

圖20-1　企業轉型升級的IPO模式

2008年《TEEMA調查報告》除以「兩力兩度」模式評估中國大陸城市綜合實力外，特別以轉型升級為年度研究專題，藉由「2008中國大陸投資環境與風險評估」問卷發放之際，亦一併進行「2008中國大陸台商轉型升級策略調查」問卷之調查，共回收540份有效問卷，除根據：1.轉型升級壓力；2.轉型升級障礙；3.轉型升級策略；4.轉型升級需求；5.轉型升級成功關鍵因素；6.轉型升級效益，6項構面進行百分比統計分析外，並將台商最關切的轉型升級策略分別與中國大陸三大經濟區域、中國大陸五大台商群聚、中國大陸三大台商產業類型、中國大陸台商內外銷比例、企業投資型態、企業經營規模、企業上市現況及企業投資區位進行交叉分析，以瞭解不同經營特質的台商企業所面對的轉型升級策略需求，深信此一年度專題之分析，能提供台商在面對中國大陸投資環境丕變以及中國大陸招商政策變局之際，能有所借鑑與參考。

一、2008中國大陸台商轉型升級壓力分析

　　2008年中國大陸台商面對「三缺」（缺民工、缺水電、缺土地）；「四漲」（原料價格上漲、油電價格上漲、勞動工資上漲、租金成本上漲）；「五法」（實施《勞動合同法》、實施《企業所得稅法》、調整出口退稅政策、調整加工貿易政策、調整土地從嚴政策）；「六荒」（生態荒、人才荒、融資荒、治安荒、優惠荒、利潤荒）等政策環境的變化，依表20-1所示，「人民幣升值出口型企業利潤下滑」為整體台商面臨最為嚴重的問題，其後影響較為嚴重的壓力依序為「調整出口退稅政策」、「原物料價格高漲」、「台商企業所得稅優惠期滿壓力」與「利潤匯出收取費用造成成本增加」等。出口退稅對台商而言已經壓縮許多利潤，若再加上人民幣持續升值的話，無疑是雪上加霜，另外，獲得的利潤要再課徵25%的所得稅，若將利潤匯回台灣，得另外再課徵10%的稅率，獲利就這樣被啃蝕掉，有的台商因為捨不得看著自己的心血付諸流水，甚至是虧損經營，但這都不是長久之計。

表20-1　2008中國大陸台商轉型升級壓力分析

序號	中國大陸台商轉型升級壓力影響	非常小	影響小	普通	影響大	非常大	評價	排名
01	土地取得價格高漲	3.08	30.77	39.08	16.31	10.77	3.01	13
02	土地使用用途限制	2.46	32.62	36.31	20.31	8.31	2.99	15
03	土地取得投資強度	4.00	30.46	32.31	26.15	7.08	3.02	12
04	缺電限電問題	3.68	26.99	31.29	27.30	10.74	3.14	11
05	水資源污染問題嚴重	3.69	28.00	37.54	25.54	5.23	3.01	14
06	環保意識高漲台商投資受限	3.40	19.44	37.04	29.01	11.11	3.25	09
07	初級勞動力成本增加	3.08	16.31	37.85	26.77	16.00	3.36	06
08	實施《勞動合同法》	3.67	21.10	31.80	28.75	14.68	3.30	08
09	缺工引發勞資關係緊張	3.69	23.38	33.23	28.62	11.08	3.20	10
10	政府宏觀調控採取從緊貨幣政策	1.54	18.15	38.15	28.92	13.23	3.34	07
11	利潤匯出收取費用造成成本增加	2.17	15.17	31.89	33.13	17.65	3.49	05
12	原物料價格高漲	1.23	11.73	24.07	34.26	28.70	3.77	03
13	台商企業所得稅優惠期滿壓力	1.55	12.42	31.68	28.26	26.09	3.65	04
14	調整出口退稅政策	1.54	9.57	24.07	30.86	33.95	3.86	02
15	人民幣升值出口型企業利潤下滑	1.23	8.00	20.92	30.15	39.69	3.99	01
台商面臨轉型升級壓力整體構面							3.36	-

二、2008中國大陸台商轉型升級障礙分析

依2008《TEEMA調查報告》所擬的中國大陸台商轉型升級障礙的15項因素中,依表20-2統計分析結果顯示,「政策變動沒有考量台商利益」(3.81)排名第一,且比排名第二的「台幹或員工人身安全保障受到威脅」(3.52)高出0.29,顯示台商在面對中國大陸轉型升級障礙之際,最關切的就是中國大陸政府在推動重要的政策變局之際,應該與台商溝通協商,以形成以利於台商欲做調整之準備。在2008《TEEMA調查報告》研究團隊針對珠三角的廣州、深圳、東莞三大台商會的幹部及主要台商進行座談之際,亦得到台商會長的建言,那就是希冀中國大陸在調整對外商權益有影響之政策,必須能夠設置「緩衝時段」,以利企業事先規劃,進行調整,而不是無預警的政策變動讓企業無所適從。從表20-2

顯示，排名在前五項的轉型障礙因素都是與企業經營利潤匯出或人身安全保障及地方保護主義盛行有關，而這些因素都是長久以來台商所面臨經營的重要難題。值得注意的是，排名第二的「人身安全」一直以來是台商恐懼的問題。依海基會（2008）「台商人身安全案件統計表」統計調查顯示，從1991年至2008年6月，依發生的案件數排列依次為：1.因案限制人身自由計392件；2.失蹤計272件；3.遭搶或恐嚇勒索計102件；4.遭殺害計98件；5.遭綁架或非法拘禁計85件，歷年來涉及到人身安全案件數達1,463件。

表20-2　2008中國大陸台商轉型升級障礙分析

序號	中國大陸台商轉型升級障礙影響	非常小	影響小	普通	影響大	非常大	評價	排名
01	中高級專業人才缺乏	0.92	21.71	48.93	20.49	7.95	3.13	09
02	台資企業陸幹離職跳槽或成立公司	1.53	21.47	46.32	24.23	6.44	3.13	10
03	企業周轉資金籌措困難	1.23	19.75	46.30	23.77	8.95	3.19	08
04	社會整體治安惡化	2.45	13.80	42.02	30.06	11.66	3.35	06
05	台幹或員工人身安全保障受到威脅	2.15	14.72	33.13	29.45	20.55	3.52	02
06	台資企業勞資糾紛頻仍	0.96	26.11	47.45	16.56	8.92	3.06	11
07	貨款難以收回所導致信任危機	1.93	28.62	45.66	19.94	3.86	2.95	13
08	人治色彩濃厚法治不夠健全	2.56	36.86	39.74	18.59	2.24	2.81	15
09	查稅頻仍造成經濟困擾	3.83	30.99	42.49	19.17	3.51	2.88	14
10	對內資外資政策不公平待遇	2.26	26.77	42.26	22.90	5.81	3.03	12
11	地方保護主義盛行徒增台商成本	1.61	8.71	44.52	33.87	11.29	3.45	04
12	企業經營額外交際費用及其他費用	1.62	17.53	35.39	33.77	11.69	3.36	05
13	台商企業派遣人員適應困難	1.61	18.65	37.94	31.19	10.61	3.31	07
14	台商企業經營利潤不易匯出	2.25	12.54	35.69	33.12	16.40	3.49	03
15	政策變動沒有考量台商利益	1.61	8.39	27.42	32.90	29.68	3.81	01
台商面臨轉型升級障礙整體構面							3.36	-

由於2008年中國大陸開始實行《勞動合同法》，造成勞資關係緊張，根據《今日新聞》2008年1月16日報導，《勞動合同法》正式實施後，已在珠三角地

區引發罷工潮，當地勞工為了爭取之前少拿的加班費與合理的薪資，紛紛用罷工方式來示威，而且一旦勞工手上握有證據，還可以溯及既往，這讓不少台商備受困擾。如廣州白雲區的台資企業廣達鞋廠就發生4,000人在鬧區堵路罷工事件；另外，生產相框的深圳百達實業公司由於關廠外移，於2008年3月中旬開始，員工持續聚集示威，要求追討過去一年的加班費，並抗議雇主解雇工人不給予任何賠償。

三、2008中國大陸台商轉型升級策略分析

一般認為，台商企業在面對轉型升級的壓力過程，尋求轉型升級策略之際，必然是以投資國別的轉移或投資地理區域的轉移為最主要的策略，但根據表20-3研究顯示，中國大陸台商企業轉型升級策略的急迫性，前5項依次為：1.「台商企業經營團隊的升級」；2.「產品品質升級」；3.「管理幹部本土化的升級」；4.「營運模式調整的轉型」；5.「產品線結構調整的轉型」，從此結果可以推論，台商在面對中國大陸政策突變之際，「升級策略」急迫性高於「轉型策略」的急迫性，更高於「轉移策略」的急迫性，畢竟升級策略主要的關鍵在於經營者的理念和思維，而轉型所涉及的改變成本較高，若涉及到轉移那可謂是「牽一髮而動全身」。

台灣有98%是中小企業且又以家族企業居多，到中國大陸投資設廠的台商通常是沿用家族企業的經營理念。當環境改變之際，常常會因為經營者本身既定思維模式（prevailing paradign）而錯失轉型升級的契機。從表20-3得知，「台商企業經營團隊的升級」，換言之就是從家族企業轉型為專業經理人經營團隊的升級已經被視為台商企業轉型升級的當務之急。2008《TEEMA調查報告》研究團隊訪問深圳艾美特電器時就發現，艾美特電器因為很早就將家族經營轉型升級為專業經理人制度，由於專業經理人較具專業管理素養，能夠用專業知識分析環境的變遷，艾美特在《勞動合同法》實施之前，就做好預應策略，因此，《勞動合同法》對艾美特的衝擊極小；此外，艾美特的專業經理人早已體會自創品牌是企業成功重要途徑，早在多年以前就強調由外銷轉為內需，成功建立起「艾美特Air Mate」的品牌，因此，此次中國大陸調整出口退稅政策對艾美特的衝擊仍在控制的範圍之內。

表20-3　2008中國大陸台商轉型升級策略分析

序號	台商轉型升級策略急迫性	極為不高	不高	普通	高	極為高	評價	排名
01	投資國別的轉移	4.95	24.42	42.90	16.83	10.89	3.04	06
02	投資地理區位的轉移	4.95	27.39	44.55	17.49	5.61	2.91	08
03	經營導向的轉型	4.23	31.92	39.09	20.52	4.23	2.89	09
04	投資產業領域的轉型	3.63	32.67	40.26	20.13	3.30	2.87	10
05	產業業態的轉型	3.97	26.16	40.07	24.50	5.30	3.01	07
06	營運模式調整的轉型	2.30	10.53	29.61	38.49	19.08	3.62	04
07	產品線結構調整的轉型	2.96	11.84	29.61	35.53	20.07	3.58	05
08	產品品質升級	0.98	11.07	27.69	36.48	23.78	3.71	02
09	管理幹部本土化的升級	1.30	11.04	29.55	32.79	25.32	3.70	03
10	台商企業經營團隊的升級	1.30	7.82	23.13	30.29	37.46	3.95	01
台商面臨轉型升級策略整體構面							3.33	-

2008《TEEMA調查報告》研究團隊亦實地考察東莞岳豐科技，該公司是典型產品品質升級的成功案例，岳豐科技從早期生產電源線和插頭進行產品升級，目前以區域通訊網路電纜製造設備為核心產品，並進一步研發高速乙太網路等科技含量較高的產品，如此不斷的自我升級，讓岳豐科技能夠在傳統加工貿易遇到困境之際，用自我的超越與自我的提昇，創造經營的新藍海。

四、2008中國大陸台商轉型升級需求分析

2008年中國大陸台商面對轉型升級壓力，採取轉型升級的策略，但在執行轉型升級策略之際，亟需兩岸政府相關單位的政策協助，依表20-4統計顯示，台商在面對轉型升級需求的殷切度，排名前5項依次為：1.「大陸台商之間形成共同物流」；2.「大陸台商之間進行產業共同銷售及建立銷售賣場」；3.「經貿部門協助台商拓展國際市場相關資訊與輔導」；4.「相關政府部門提供台商回台投資相關資訊與輔導」；5.「相關政府機構協助全球佈局建議與輔導」，從這5項順序顯示，前兩項為台商之間的策略聯盟（strategic alliance），其次才是希冀政府的政策協助，換言之，台商思維是「無助不如求助，求助不如他助，他助不如自助」。

台商間若能形成共同物流系統與聯合採購系統則能大幅降低經營成本，另外，若台商之間能建立共同銷售賣場則能產生疊加的綜效（synergy）。如預計2009年即將完成的東莞台商會館，是由廣東省東莞台商協會3,500多個會員集資

20億元台幣興建首座台商會館大樓，該會館提供辦公、會議、商務、展覽、資訊、教育訓練、社交宴會、休閒交誼等多功能的服務。

表20-4　2008中國大陸台商轉型升級需求分析

序號	中國大陸台商轉型升級需求重要性	非常不重要	不重要	普通	重要	非常重要	評價	排名
01	當地銀行融資信貸服務	0.32	16.72	39.23	22.51	21.22	3.48	06
02	相關研發機構協助進行技術升級轉型輔導	0.32	17.42	42.90	28.71	10.65	3.32	08
03	相關產業協會進行產業整合轉型升級輔導	1.29	26.13	37.42	23.23	11.94	3.18	10
04	相關培訓機構進行台幹及陸幹教育訓練輔導	0.96	24.12	38.59	27.97	8.36	3.19	09
05	相關輔導機構進行經營管理提升輔導	0.97	20.71	35.60	29.77	12.94	3.33	07
06	相關政府機構協助全球佈局建議與輔導	0.64	9.62	35.58	38.14	16.03	3.59	05
07	相關政府部門提供台商回台投資相關資訊與輔導	0.97	10.32	31.61	32.58	24.52	3.69	04
08	經貿部門協助台商拓展國際市場相關資訊與輔導	0.97	7.10	33.23	31.94	26.77	3.76	03
09	大陸台商之間進行產業共同銷售及建立銷售賣場	0.32	7.74	30.97	34.19	26.77	3.79	02
10	大陸台商之間形成共同物流	0.32	5.47	24.12	31.83	38.26	4.02	01
台商面臨轉型升級需求整體構面							3.54	-

五、2008中國大陸台商轉型升級成功關鍵因素分析

2008年中國大陸台商企業在進行轉型升級之際，為確保其轉型升級的成功，需要掌握關鍵因素，依表20-5顯示，轉型升級成功關鍵因素排名前五項依次為：1.「高階主管轉型升級的策略決策」；2.「加強國際化人才及團隊建設」；3.「提昇管理人員整體素質」；4.「規範企業內部管理制度」；5.「建立共同研發與創新聯盟」，由此5項排序發現，轉型的成功關鍵因素，最重要的是來自內部管理，而非外部資源投入，高階主管是整個企業的靈魂人物，以高階主管為首帶領全體員工進行企業的轉型與升級，從內部管理制度調整、研發創新系統建置、人力資源的優化與全球物流佈局，都是企業轉型升級的成功關鍵所在。

2008《TEEMA調查報告》研究團隊在東莞進行台商企業轉型升級實地訪查之際，對於台升傢俱經營層的轉型升級印象深刻，台升傢俱一路從低階餐桌與咖啡桌升級到高階的家具市場，1999年台升傢俱郭山輝董事長併購「Legacy Classic」及「Universal Furniture」二大美國家具公司，因而成功開拓國際市場，拓展銷售通路，整合國際知名品牌，創造產業完整的價值鏈，近期租用「美好家園」品牌，作為進入中國大陸13億廣大內需市場的前哨站，此等策略思維都顯示高階決策層轉型升級的決心是企業轉型升級的成功保障。

表20-5　2008中國大陸台商轉型升級成功關鍵因素分析

序號	轉型升級成功關鍵因素同意度	非常不同意	不同意	普通	同意	非常同意	評價	排名
01	加強與國際市場接軌	0.32	9.94	44.55	24.04	21.15	3.56	06
02	進行非核心業務策略外包	0.32	16.77	42.26	31.94	8.71	3.32	08
03	建立台商區域大賣場	1.29	23.15	40.19	28.62	6.75	3.16	10
04	建立聯合採購制度	1.29	21.22	40.51	30.55	6.43	3.20	09
05	加強資本運作及融資能力	0.64	15.06	37.50	32.37	14.42	3.45	07
06	建立共同研發與創新聯盟	1.60	8.33	35.90	33.97	20.19	3.63	05
07	提昇管理人員整體素質	1.28	6.09	26.28	40.38	25.96	3.84	03
08	規範企業內部管理制度	1.28	8.33	23.08	40.38	26.92	3.83	04
09	加強國際化人才及團隊建設	1.28	6.73	20.83	35.26	35.90	3.98	02
10	高階主管轉型升級的策略決策	0.96	3.54	18.65	32.48	44.37	4.16	01
台商面臨轉型升級成功關鍵因素整體構面							3.61	-

六、2008中國大陸台商轉型升級效益分析

　　在面臨中國大陸政策轉變之際，中國大陸台商雖然意識到轉型升級的迫切性，也研擬了轉型升級的策略及轉型升級的需求，但究竟最終台商企業面臨轉型升級之際，期望獲致何種轉型效益，從表20-6所示，列名轉型升級效益前五項依次為：1.「企業永續經營基業長青」；2.「提昇產品附加價值」；3.「全球價值鏈分工佈局」；4.「擴大企業經營規模」；5.「集團經營整合綜效」，而刻板印象中認為轉型升級是在降低經營成本與經營風險、提高獲利能力、提昇市場占有率等項目，竟然是台商認為非其追求的主要效益選項，這顯示中國大陸台商在這一波大浪淘沙的風暴中，已經意識到企業不能夠短視近利，必須要有基業長青的思維。

表20-6　2008中國大陸台商轉型升級效益分析

序號	台商轉型升級效益同意度	非常 不同意	不同意	普通	同意	非常 同意	評價	排名
01	降低經營成本	2.50	35.00	33.13	18.44	10.94	3.00	10
02	降低經營風險	0.94	25.94	37.19	25.00	10.94	3.19	09
03	提高獲利能力	3.13	18.75	40.31	27.50	10.31	3.23	08
04	提昇市場占有率	2.19	18.13	39.38	28.44	11.88	3.30	07
05	改善經營體制	1.25	12.85	30.72	39.18	15.99	3.56	06
06	擴大企業經營規模	2.52	9.12	28.62	38.05	21.70	3.67	04
07	集團經營整合綜效	2.20	11.95	23.90	41.19	20.75	3.66	05
08	全球價值鏈分工佈局	0.94	9.43	22.96	35.22	31.45	3.87	03
09	提昇產品附加價值	1.26	5.35	19.81	34.59	38.99	4.05	02
10	企業永續經營基業長青	0.63	4.08	15.99	29.78	49.53	4.24	01
台商面臨轉型升級效益整體構面							3.58	-

七、2008中國大陸三大經濟區台商轉型升級分析

　　由於台商企業進入中國大陸的路徑，先由「珠三角」到「長三角」而至「環渤海」，因此這三大經濟區的台商面對轉型升級的壓力以及採取的轉型升級策略，理應有所不同，依表20-7顯示，台商面臨轉型升級的整體壓力上，珠三角大於長三角，而長三角又大於環渤海，這顯示早期進入中國大陸的台商以中小企業為主，一般都選擇在珠三角從事加工貿易，在此一波政策調整之下，轉型升級的壓力最為殷切。

　　此外，根據表20-8顯示，中國大陸三大經濟區的台商企業，面臨轉型升級策略的迫切程度則是環渤海大於珠三角，而珠三角大於長三角。此一分析的結果顯示，由於環渤海的台商企業佈局較晚，對外在環境的敏感度較強，加之環渤海的台商有許多是從珠三角北擴至此，因此，當面對中國大陸環境政策的變局時，環渤海的台商轉型升級策略的迫切性就高過其他兩個經濟區。而長三角由於都是集團型或大型的台資企業，因此較有長期的策略規劃，不致因為外在環境的瞬息變遷，而貿然採取轉型升級策略。

表20-7　中國大陸三大經濟區台商轉型升級壓力分析

序號	中國大陸台商轉型升級壓力影響	❶珠三角 N=156		❷長三角 N=228		❸環渤海 N=148		F值	P值
01	土地取得價格高漲	3.27	13	2.92	14	2.88	13	4.370**	0.013
02	土地使用用途限制	3.29	12	2.93	13	2.80	14	6.679***	0.001
03	土地取得投資強度	3.33	11	3.01	11	2.72	15	9.060***	0.000
04	缺電限電問題	3.59	05	3.01	12	2.89	12	12.906***	0.000
05	水資源污染問題嚴重	3.20	15	2.91	15	2.96	10	2.954*	0.054
06	環保意識高漲台商投資受限	3.23	14	3.22	09	3.32	06	0.278	0.757
07	初級勞動力成本增加	3.51	06	3.38	06	3.19	08	2.244	0.108
08	實施《勞動合同法》	3.49	07	3.26	08	3.15	09	2.600*	0.076
09	缺工引發勞資關係緊張	3.46	10	3.22	10	2.91	11	6.688***	0.001
10	政府宏觀調控採取從緊貨幣政策	3.49	08	3.27	07	3.30	07	1.562	0.211
11	利潤匯出收取費用造成成本增加	3.49	09	3.51	05	3.46	05	0.053	0.948
12	原物料價格高漲	3.89	02	3.72	03	3.73	03	0.884	0.414
13	台商企業所得稅優惠期滿壓力	3.67	04	3.68	04	3.59	04	0.200	0.819
14	調整出口退稅政策	3.77	03	3.93	01	3.85	02	0.734	0.481
15	人民幣升值出口型企業利潤下滑	4.06	01	3.93	02	4.01	01	0.523	0.593
	台商面臨轉型升級壓力整體構面	3.52	①	3.33	②	3.25	③	-	

說明：❶*代表P<0.1；**代表P<0.05；***代表P<0.01；❷N代表樣本的個數。

註：各經濟區排名中，第一欄表示對該問項之評價，分數越大表示影響程度越大；第二欄表示該問項在該經濟區影響程度之縱向排名；第三欄表示該問項分別在三大經濟區影響程度之排名。

八、2008中國大陸五大群聚別台商轉型升級分析

依據目前台商企業在中國大陸的群聚分類，東莞群聚、深圳群聚、昆山群聚、蘇州群聚、上海群聚為台商密集的五大群聚區域，依據表20-9顯示，五大群聚面臨轉型升級壓力依次為：1.東莞群聚；2.深圳群聚；3.昆山群聚；4.蘇州群聚；5.上海群聚。由於東莞群聚主要的是屬於勞動密集型、加工貿易型、出口導向型的台商企業居多，因此，面對「三缺」、「四漲」、「五法」、「六荒」轉型升級的壓力最為迫切，此外，深圳群聚由於是最早吸引台商赴中國大陸投資的中國大陸特區，其面對產業轉型的壓力也特別的巨大。

表20-8　中國大陸三大經濟區台商轉型升級策略分析

序號	台商轉型升級策略急迫性	❶珠三角 N=156		❷長三角 N=228		❸環渤海 N=148		F值	P值	Scheffe 多重檢定
01	投資國別的轉移	2.97	07	3.03	06	3.13	06	0.598	0.551	
02	投資地理區位的轉移	2.84	10	2.89	07	3.02	08	0.935	0.394	
03	經營導向的轉型	2.95	08	2.88	09	2.84	10	0.388	0.679	
04	投資產業領域的轉型	2.94	09	2.76	10	2.95	09	1.576	0.209	
05	產業業態的轉型	3.12	06	2.89	08	3.08	07	1.850	0.159	
06	營運模式調整的轉型	3.64	03	3.51	04	3.74	05	1.507	0.223	
07	產品線結構調整的轉型	3.59	05	3.44	05	3.76	03	2.725*	0.067	❸>❷
08	產品品質升級	3.78	02	3.63	02	3.76	04	0.833	0.436	
09	管理幹部本土化的升級	3.64	04	3.56	03	3.94	02	3.925**	0.021	❸>❶ ; ❸>❷
10	台商企業經營團隊的升級	4.00	01	3.79	01	4.12	01	2.997*	0.051	❸>❷
	台商面臨轉型升級策略整體構面	3.35	②	3.24	③	3.43	①	-		-

　　深圳市政府2007年提出「四轉型」城市規劃：1.社會從傳統社會向現代社會及公民社會轉型；2.產業從快速發展向優化調整轉型；3.深圳從二元向一元化發展，特區外城市化水平有明顯提高；4.城市管理由粗放管理向規範精細化管理轉型。深圳全市將著力推進產業結構優化調整，由此可知，從政府的政策角度觀之，深圳已經不再是以製造業為支柱的現代化城市，在邁向現代化的城市之路，深圳轉型成為總部經濟、商貿之城，可見在此群聚的台商轉型壓力之大。

　　此外，根據表20-10所示，五大產業群聚的台商面對轉型升級策略的評價介於3.24～3.47之間，這表示五大群聚中轉型升級緊迫性差異不大，都屬於中等程度。五大群聚之台商均一致認為較為緊迫的策略之排名前五位分別為：1.「台商企業經營團隊的升級」；2.「產品品質升級」；3.「產品線結構調整的轉型」4.「管理幹部本土化的升級」；5.「營運模式調整的轉型」，這也顯示在中國大陸的台商在轉型升級時，比較傾向於調整企業自身的產品型態、產品品質及管理團隊，而較不考慮遷移到其他國家或是經營導向的變遷。

　　而從表20-10的五大群聚台商面臨轉型升級策略的迫切程度加以剖析發現，這五大群聚轉型升級策略迫切度的排序分別為：1.深圳群聚；2.上海群聚；3.蘇州群聚；4.東莞群聚；5.昆山群聚，這一結果似乎與常理有違，但仔細深思可解

釋為：1.深圳、上海、蘇州這些中國大陸成長最快的大都會城市，正面臨新一輪的城市產業重新定位，深圳、上海將朝服務業、貿易業、知識密集產業發展，蘇州則朝高新科技產業轉型發展。東莞、昆山之定位已經根深柢固，因此，在五大群聚中，轉型升級策略的迫切性實際上是低於其他3個群聚；2.從2008年初始，東莞及昆山市政府即結合當地台商協會成立轉型升級委員會，協助台商進行轉型升級之相關輔導，因此對這兩個群聚的台商而言，自發性的轉型動能要比其他3個沒有政府協助推動的群聚來的低；3.深圳、上海等大都會城市，由於當地政府都有既定的產業發展政策以及產業升級的步驟，因此當台商面對到轉型升級需求時，較難有暢通的溝通管道以及雙向互動的機制，因此，就造成了此兩群聚之台商必須尋求自我的轉型升級，而不是依靠當地政府的協助和政策的支持。

表20-9 中國大陸五大群聚別台商轉型升級壓力分析

序號	中國大陸台商轉型升級壓力影響	❶東莞群聚 N=102		❷深圳群聚 N=79		❸昆山群聚 N=157		❹蘇州群聚 N=72		❺上海群聚 N=73		F值	P值
01	土地取得價格高漲	3.27	14	3.24	12	3.09	14	2.87	12	2.74	13	3.766***	0.005
02	土地使用用途限制	3.30	12	3.26	11	3.16	13	2.68	14	2.69	14	6.702***	0.000
03	土地取得投資強度	3.31	11	3.34	09	3.24	08	2.63	15	2.68	15	8.429***	0.000
04	缺電限電問題	3.69	04	3.24	13	3.17	11	2.88	11	2.85	12	7.512***	0.000
05	水資源污染問題嚴重	3.26	15	3.05	15	2.95	15	2.75	13	2.98	10	1.963*	0.100
06	環保意識高漲台商投資受限	3.29	13	3.16	14	3.21	10	3.33	09	3.27	07	0.216	0.929
07	初級勞動力成本增加	3.65	05	3.34	10	3.41	06	3.50	06	3.10	08	3.047**	0.017
08	實施《勞動合同法》	3.56	07	3.36	07	3.29	07	3.43	08	3.06	09	2.388*	0.051
09	缺工引發勞資關係緊張	3.52	08	3.36	08	3.24	09	3.15	10	2.92	11	3.726***	0.006
10	政府宏觀調控採取從緊貨幣政策	3.45	10	3.50	06	3.16	12	3.45	07	3.32	06	1.313	0.265
11	利潤匯出收取費用造成成本增加	3.50	09	3.51	05	3.45	05	3.63	05	3.45	05	0.247	0.911
12	原物料價格高漲	3.84	02	3.92	02	3.77	03	3.90	03	3.63	03	0.859	0.489
13	台商企業所得稅優惠期滿壓力	3.62	06	3.70	04	3.62	04	3.75	04	3.63	04	0.150	0.963
14	調整出口退稅政策	3.71	03	3.86	03	3.90	01	4.10	02	3.83	02	0.900	0.464
15	人民幣升值出口型企業利潤下滑	3.92	01	4.26	01	3.83	02	4.13	01	4.02	01	1.516	0.197
	台商面臨轉型升級壓力整體構面	3.53	①	3.47	②	3.37	③	3.34	④	3.21	⑤	-	-

表20-10 中國大陸五大群聚別台商轉型升級策略分析

序號	台商轉型升級策略急迫性	❶東莞群聚 N=102		❷深圳群聚 N=79		❸昆山群聚 N=157		❹蘇州群聚 N=72		❺上海群聚 N=73		F值	P值
01	投資國別的轉移	2.90	09	3.06	07	3.07	06	3.06	06	3.10	06	0.386	0.818
02	投資地理區位的轉移	2.85	10	2.86	09	2.78	10	3.03	08	3.04	07	1.012	0.401
03	經營導向的轉型	3.03	07	2.84	10	2.89	08	2.73	10	2.87	09	0.672	0.612
04	投資產業領域的轉型	2.93	08	3.00	08	2.81	09	2.83	09	2.84	10	0.379	0.824
05	產業業態的轉型	3.07	06	3.20	06	2.90	07	3.05	07	2.97	08	0.712	0.584
06	營運模式調整的轉型	3.52	04	3.89	04	3.47	04	3.58	05	3.70	04	1.383	0.240
07	產品線結構調整的轉型	3.44	05	3.91	03	3.28	05	3.59	04	3.77	03	3.793***	0.005
08	產品品質升級	3.72	02	3.94	02	3.71	02	3.62	03	3.65	05	0.592	0.598
09	管理幹部本土化的升級	3.55	03	3.81	05	3.65	03	3.68	02	3.79	02	0.541	0.633
10	台商企業經營團隊的升級	3.88	01	4.20	01	3.82	01	3.89	01	4.02	01	1.061	0.376
	台商面臨轉型升級策略整體構面	3.29	④	3.47	①	3.24	⑤	3.31	③	3.37	②	-	

九、2008中國大陸三大產業類型台商轉型升級分析

　　由表20-11所示，在三大產業類型的台商所面對的產業升級壓力中，「台商企業所得稅優惠紛紛期滿」與「出口退稅政策減少台商出口優惠」這兩項指標，有顯著性的差異。早期由於優惠政策吸引大批台商到中國大陸經濟特區、經濟技術開發區及沿海經濟開放區投資設廠，而2008年開始實施的企業所得稅法將所得稅率統一上調至25%，且不再享有二免三減半的優惠，但若屬於高新技術企業者仍享有15%的優惠稅率。總體而言，宏觀環境的壓力對於傳統製造業的影響最巨，而服務業則是以內需市場為經營範疇，因此受出口退稅政策影響不大。

　　由表20-12所示，三大產業與轉型升級策略交叉分析顯示，由於傳統製造業受到的轉型升級壓力相較於高科技及服務業來得更強烈，因此對於轉型升級策略最具急迫感的是傳統製造業。從細項指標而言，三大產業類型在「營運模式調整的轉型」與「產品線結構調整的轉型」之緊迫程度具有顯著性差異，就「營運模式調整的轉型」而言，傳統製造業明顯高於高科技與服務業。由於傳統製造業之獲利已經很低，加之中國大陸許多新法規施行後，廠商的實際獲利率可用慘不忍睹來形容，因此，企業必須提高產品附加價值，才能提高產品售價，進而提高獲利率。所以，從代工製造轉型為設計加工或自創品牌則成為傳統製造業較為急迫的轉型升級策略，這與「微笑曲線」所傳達的概念是一致的。另外「產品線結構調整的轉型」之評價中，高科技與傳統製造業的緊迫程度明顯高於服務業，因此，傳統製造業與高科技產業可朝產品多元化轉型。

　　此外，從服務業的角度而言，「管理幹部本土化的升級」與「台商企業經營團隊的升級」是最為緊迫的，由於服務業多半是往內需市場發展，因此，為了提供符合消費者偏好之產品及服務，需要有當地的管理人員來協助，以便獲得更貼近消費市場之資訊。總體而言，服務業相較於傳統製造業及高科技產業，其轉型升級的壓力以及轉型升級策略的急迫性都是最低的，畢竟以中國大陸廣大的內需市場為依歸的服務業及自創品牌的企業，才能規避人民幣升值、中國大陸政府政策變遷的衝擊。

　　從台商轉型升級的策略類型急迫性中，服務業比起傳統製造業、高科技產業對於「經營導向的轉型」急迫性都要來得高，而在此一經營導向轉型的策略中，傳統製造業覺得該選項是最不急迫的，換言之，傳統製造業主要都是以外銷導向為主，要在經營導向上轉型就必須從傳統的外銷轉型為內需，因此非一蹴可幾。

此外，從表20-11、表20-12綜合分析得知，在轉型升級的壓力以及策略的急迫性上，三大產業類型的順序都是一致的，那就是傳統製造業高於高科技產業，高科技產業又高於服務業，顯示台商未來佈局中國大陸必須著重在品牌與通路為核心的內需市場，康師傅、龍鳳食品、旺旺集團、統一企業、成霖衛浴、正新輪胎、捷安特等具有品牌與通路的台資企業，在這一波的宏觀政策變局中，則相對衝擊較小。

表20-11　中國大陸三大產業類型台商轉型升級壓力分析

序號	中國大陸台商轉型升級壓力影響	❶高科技產業 N=140		❷傳統製造業 N=341		❸服務業 N=48		F值	P值
01	土地取得價格高漲	2.94	15	2.98	13	2.82	12	0.222	0.801
02	土地使用用途限制	3.06	13	2.91	15	2.82	13	0.889	0.412
03	土地取得投資強度	2.95	14	3.00	12	2.76	15	0.496	0.610
04	缺電限電問題	3.14	09	3.07	11	3.06	09	0.153	0.858
05	水資源污染問題嚴重	3.10	10	2.95	14	3.06	10	0.780	0.459
06	環保意識高漲台商投資受限	3.18	07	3.25	09	3.13	08	0.210	0.811
07	初級勞動力成本增加	3.17	08	3.40	06	3.18	07	1.742	0.177
08	實施《勞動合同法》	3.07	12	3.32	08	3.47	04	1.983	0.139
09	缺工引發勞資關係緊張	3.10	11	3.20	10	2.82	14	1.280	0.280
10	政府宏觀調控採取從緊貨幣政策	3.20	06	3.34	07	3.53	02	1.043	0.354
11	利潤匯出收取費用造成成本增加	3.53	05	3.48	05	3.31	05	0.320	0.726
12	原物料價格高漲	3.73	03	3.75	03	3.71	01	0.020	0.981
13	台商企業所得稅優惠期滿壓力	3.66	04	3.69	04	2.94	11	3.942**	0.020
14	調整出口退稅政策	3.89	02	3.89	02	3.19	06	3.470**	0.032
15	人民幣升值出口型企業利潤下滑	4.00	01	4.03	01	3.53	03	1.894	0.152
	台商面臨轉型升級壓力整體構面	3.32	②	3.35	①	3.16	③	-	

表20-12 中國大陸三大產業類型台商轉型升級策略分析

序號	台商轉型升級策略急迫性	❶高科技產業 N=140		❷傳統製造業 N=341		❸服務業 N=48		F值	P值
01	投資國別的轉移	3.01	06	3.10	06	2.80	10	0.780	0.459
02	投資地理區位的轉移	2.88	08	2.96	08	2.81	08	0.330	0.719
03	經營導向的轉型	2.89	07	2.83	10	3.13	05	0.819	0.442
04	投資產業領域的轉型	2.69	10	2.93	09	2.81	09	2.063	0.129
05	產業業態的轉型	2.88	09	3.06	07	3.00	06	1.024	0.360
06	營運模式調整的轉型	3.43	05	3.75	03	3.14	04	5.023***	0.007
07	產品線結構調整的轉型	3.67	04	3.66	05	2.87	07	4.548**	0.011
08	產品品質升級	3.80	03	3.73	04	3.40	03	1.057	0.349
09	管理幹部本土化的升級	3.95	01	3.99	01	4.00	01	1.165	0.314
10	台商企業經營團隊的升級	3.95	02	3.99	02	4.00	02	0.046	0.955
	台商面臨轉型升級策略整體構面	3.32	②	3.40	①	3.20	③	-	

十、2008中國大陸內外銷類型台商轉型升級分析

　　早期台商佈局中國大陸主要的動機都是基於低廉勞動成本的考量，換言之，主要是以加工貿易外向型台商為主，但是在中國大陸改革開放30年之際，中國大陸政府為了尋求新的產業升級與定位，祭出許多對外銷導向型企業不利的政策，從表20-13統計顯示，就整體轉型升級壓力而言，外銷為主的台商其轉型升級的壓力高過於內銷為主的台商企業甚多，尤其在「人民幣升值出口型企業利潤下滑」這項壓力上差距極為顯著，其次是「缺工引發勞資關係緊張」、「土地取得投資強度問題」亦有顯著性的差異。

　　此外，外銷為主的台商企業在2008年面對著人民幣持續升值、出口退稅政策調整、原物料價格的高漲、企業所得稅優惠期滿、從緊的貨幣政策調控，使得外銷導向型的台商企業面臨了空前的經營壓力，但是以13億市場為主體的內銷導向型台商企業，則較能夠規避上述政策之風險，畢竟中國大陸廣大的內需市場，已經成為全球跨國企業「非贏不可」的市場。

表20-13　中國大陸內外銷類型台商轉型升級壓力分析

序號	中國大陸台商轉型升級壓力影響	❶外銷為主 N=351		❷內銷為主 N=154		F值	P值
01	土地取得價格高漲	3.09	13	2.86	12	1.676*	0.095
02	土地使用用途限制	3.09	14	2.84	14	1.927*	0.055
03	土地取得投資強度	3.12	12	2.84	15	2.175**	0.030
04	缺電限電問題	3.23	11	2.97	11	1.799*	0.073
05	水資源污染問題嚴重	3.09	15	2.85	13	1.899*	0.059
06	環保意識高漲台商投資受限	3.29	10	3.25	08	0.293	0.770
07	初級勞動力成本增加	3.41	07	3.32	06	0.666	0.506
08	實施《勞動合同法》	3.38	08	3.19	09	1.475	0.142
09	缺工引發勞資關係緊張	3.32	09	3.03	10	2.147**	0.033
10	政府宏觀調控採取從緊貨幣政策	3.45	06	3.32	07	0.982	0.327
11	利潤匯出收取費用造成成本增加	3.62	05	3.36	05	1.866*	0.063
12	原物料價格高漲	3.89	03	3.78	01	0.832	0.406
13	台商企業所得稅優惠期滿壓力	3.78	04	3.53	04	1.863*	0.064
14	調整出口退稅政策	4.04	02	3.75	03	1.917*	0.058
15	人民幣升值出口型企業利潤下滑	4.21	01	3.78	02	2.989***	0.003
	台商面臨轉型升級壓力整體構面	3.47	①	3.24	②	-	

　　表20-14以內外銷型台商轉型升級策略的交叉分析結果顯示，內銷為主的企業與外銷為主的企業在「投資國別的轉移（如從中國大陸轉移到越南投資）」、「投資地理區位的轉移（如從珠江三角洲轉移到環渤海經濟圈投資）」、「經營導向的轉型（如從外銷為主轉型以內需為主）」、「投資產業領域的轉型（如從製造業轉型到服務業）」、「產業業態的轉型（如從批發業態到零售業態）」與「管理幹部本土化的升級（如從派用台幹到進行陸幹本土化的升級）」，這6個策略急迫性上都有顯著的差異。除「管理幹部本土化的升級」此一策略急迫性是內銷為主的台商企業高過於外銷為主的台商企業，畢竟從事內銷的企業更必須重視幹部本土化，而上述的其他5項轉型升級策略急迫性則是外銷為主的台商企業高過於內銷為主的台商企業。

　　根據經濟日報2008年6月14日報導，由於出口退稅調整政策及人民幣匯率的不確定性，讓許多出口型鞋業或外銷貿易企業難以確定出口價格，導致部分鞋業有單不敢接或不想接，甚至接單後主動毀約。中國大陸運動鞋的生產基地晉江，已經有20%至30%的小型鞋廠倒閉，而珠三角一帶則有將近2,000家製鞋企業為

了自保，選擇放棄出口貿易，考慮轉型或遷移，目前許多東莞港資鞋業遷移到成都或江西，貿易公司則轉單到越南。另外，服裝產業亦面臨上述的窘境，根據中國棉紡織行業協會（2008）發布的調查報告，在魯、蘇、浙、粵、冀、閩6省的紡織或製衣企業中，27.3%的企業已無法承受人民幣匯率不斷的升值；44.4%企業表示將從出口為主轉向以內銷為主，而完全取消出口轉移到內需市場的企業比率則高達16.8%。

表20-14　中國大陸內外銷類型台商轉型升級策略分析

序號	台商轉型升級策略急迫性	❶外銷為主 N=351		❷內銷為主 N=154		F值	P值
01	投資國別的轉移	3.15	06	2.80	07	2.574***	0.011
02	投資地理區位的轉移	3.03	08	2.69	10	2.826***	0.005
03	經營導向的轉型	2.98	09	2.71	09	2.209**	0.028
04	投資產業領域的轉型	2.94	10	2.73	08	1.817*	0.070
05	產業業態的轉型	3.10	07	2.82	06	2.217**	0.027
06	營運模式調整的轉型	3.69	03	3.55	04	1.054	0.293
07	產品線結構調整的轉型	3.61	04	3.52	05	0.584	0.561
08	產品品質升級	3.71	02	3.67	03	0.333	0.740
09	管理幹部本土化的升級	3.59	05	3.83	02	-1.968**	0.050
10	台商企業經營團隊的升級	3.93	01	3.89	01	0.264	0.792
	台商面臨轉型升級策略整體構面	3.38	①	3.22	②	-	

十一、2008中國大陸《企業規模類型》台商轉型升級分析

　　台商進入中國大陸經歷第一波的中小企業投資珠三角等勞動密集型的產業，第二波則是以中大型資金密集型企業投資長三角為主體，第三波則是以在台灣上市上櫃為主的資訊電子高科技產業，而第四波則是以連鎖加盟服務業為重心的連鎖體系，從企業規模型態而言，其實在選擇投資地點有顯著的不同，依表20-15與表20-16統計分析顯示，在集團企業、大型企業、中小企業這三種台商企業規模類型，其面對轉型升級的壓力程度以及轉型升級策略的急迫性此兩項構面而言，其壓力程度與迫切性依序為：1.中小企業；2.大型企業；3.集團企業。

表20-15　中國大陸企業規模類型台商轉型升級壓力分析

序號	中國大陸台商轉型升級壓力影響	❶集團企業 N=35		❷大型企業 N=151		❸中小企業 N=354		F值	P值
01	土地取得價格高漲	2.57	15	3.12	10	3.16	15	2.195	0.114
02	土地使用用途限制	2.79	13	2.96	15	3.21	12	2.479*	0.086
03	土地取得投資強度	3.00	11	2.99	14	3.21	12	1.403	0.248
04	缺電限電問題	3.36	06	3.07	12	3.37	11	2.085	0.127
05	水資源污染問題嚴重	2.71	14	3.00	13	3.18	14	2.348#	0.098
06	環保意識高漲台商投資受限	2.86	12	3.32	09	3.50	10	3.176**	0.044
07	初級勞動力成本增加	3.21	09	3.37	08	3.62	06	2.124	0.122
08	實施《勞動合同法》	3.21	10	3.43	07	3.59	07	1.441	0.239
09	缺工引發勞資關係緊張	3.36	07	3.09	11	3.51	09	4.319**	0.014
10	政府宏觀調控採取從緊貨幣政策	3.36	08	3.54	06	3.56	08	0.312	0.732
11	利潤匯出收取費用造成成本增加	3.50	04	3.56	05	3.68	05	0.525	0.592
12	原物料價格高漲	3.64	02	3.63	04	4.09	02	5.958***	0.003
13	台商企業所得稅優惠期滿壓力	3.54	03	3.72	03	3.91	04	1.584	0.207
14	調整出口退稅政策	3.50	05	4.10	02	4.08	03	2.795*	0.063
15	人民幣升值出口型企業利潤下滑	3.71	01	4.25	01	4.20	01	2.304	0.102
	台商面臨轉型升級壓力整體構面	3.22	③	3.41	②	3.59	①	-	-

表20-16　中國大陸企業規模類型台商轉型升級策略分析

序號	台商轉型升級策略急迫性	❶集團企業 N=35		❷大型企業 N=151		❸中小企業 N=354		F值	P值
01	投資國別的轉移	2.50	09	3.04	06	3.19	06	3.743**	0.025
02	投資地理區位的轉移	2.47	10	2.83	08	3.05	10	3.891**	0.022
03	經營導向的轉型	2.73	07	2.63	10	3.10	08	8.174***	0.000
04	投資產業領域的轉型	2.54	08	2.69	09	3.06	09	6.437***	0.002
05	產業業態的轉型	3.08	06	2.87	07	3.18	07	3.162**	0.044
06	營運模式調整的轉型	3.15	05	3.73	02	3.71	04	2.441*	0.089
07	產品線結構調整的轉型	3.54	03	3.69	04	3.66	05	0.135	0.874
08	產品品質升級	3.93	01	3.59	05	3.86	03	2.322*	0.100
09	管理幹部本土化的升級	3.47	04	3.72	03	3.88	02	1.682	0.188
10	台商企業經營團隊的升級	3.86	02	4.06	01	4.08	01	0.362	0.697
	台商面臨轉型升級策略整體構面	3.11	③	3.29	②	3.49	①	-	-

十二、2008年中國大陸企業投資型態台商轉型升級分析

台商進入中國大陸所採取的佈局型態,可以分為獨資與合資,早期的台商為了建構當地的人脈網絡,為了快速熟悉當地市場,因此多採取合資方式,但由於採取合資方式成功關鍵在於合作夥伴的選擇,許多早期進入中國大陸佈局的台商,就因為與合作夥伴之間的關係惡化,利益分配衝突,造成台資企業經營不善,因此,許多早期合資企業漸漸改為獨資的經營模式,雖然採取獨資型態能夠由台商自主控制,但是當地網絡關係則變得較為脆弱,面對到環境變化過程,則較缺乏政策的緩衝機制。

依表20-17統計顯示,獨資企業的轉型升級壓力高過於合資企業的轉型升級壓力,在「初級勞動成本增加」、「缺電限電問題」、「實施《勞動合同法》」、「原物料價格高漲」、「調整出口退稅政策」這5項指標上有顯著的差異,尤其在「實施《勞動合同法》」、「調整出口退稅政策」這兩項,獨資的台商企業較難以克服,畢竟有當地人脈網絡的合資企業較能夠有管道與政府溝通。

表20-17　中國大陸企業投資型態台商轉型升級壓力分析

序號	中國大陸台商轉型升級壓力影響	❶獨資企業 N=290		❷合資企業 N=222		F值	P值
01	土地取得價格高漲	2.98	13	2.94	13	0.333	0.740
02	土地使用用途限制	2.98	14	2.90	14	0.724	0.470
03	土地取得投資強度	3.06	12	2.87	15	1.623	0.106
04	缺電限電問題	3.21	11	2.99	11	1.861*	0.064
05	水資源污染問題嚴重	2.98	15	2.95	12	0.259	0.795
06	環保意識高漲台商投資受限	3.25	09	3.21	07	0.315	0.753
07	初級勞動力成本增加	3.46	06	3.17	08	2.414**	0.016
08	實施《勞動合同法》	3.41	07	3.08	10	2.724***	0.007
09	缺工引發勞資關係緊張	3.22	10	3.12	09	0.802	0.423
10	政府宏觀調控採取從緊貨幣政策	3.36	08	3.29	06	0.580	0.562
11	利潤匯出收取費用造成成本增加	3.49	05	3.48	05	0.086	0.931
12	原物料價格高漲	3.87	03	3.65	03	1.817*	0.070
13	台商企業所得稅優惠期滿壓力	3.71	04	3.58	04	1.095	0.274
14	調整出口退稅政策	4.00	02	3.71	02	2.384**	0.018
15	人民幣升值出口型企業利潤下滑	4.07	01	3.92	01	1.338	0.182
	台商面臨轉型升級壓力整體構面	3.40	②	3.26	①	-	

另外，表20-18主要是針對轉型升級策略與投資型態進行交叉分析的結果，獨資型的台商企業在選擇「經營導向的轉型」這項轉型升級策略急迫性上顯著大於合資型台商企業；而合資型的台商企業在「產品線結構調整的轉型」策略急迫性顯著大於獨資型台商企業。此外，就「台商企業經營團隊的升級」此一策略而言，獨資型台商與合資型台商企業都將其列為10項台商轉型升級策略最急迫之第一名，雖然獨資與合資在統計檢定上未達到顯著性，可見企業都很渴望轉型為專業經理人之經營制度，但從平均值的評價而言，合資企業（4.06）的急迫性高過獨資企業（3.88）的急迫性。

表20-18　中國大陸企業投資型態台商轉型升級策略分析

序號	台商轉型升級策略急迫性	❶獨資企業 N=290		❷合資企業 N=222		F值	P值
01	投資國別的轉移	3.03	06	3.03	06	-0.002	0.998
02	投資地理區位的轉移	2.91	09	2.89	08	0.205	0.838
03	經營導向的轉型	2.98	08	2.74	10	2.285**	0.023
04	投資產業領域的轉型	2.91	10	2.77	09	1.303	0.194
05	產業業態的轉型	2.99	07	2.99	07	-0.040	0.968
06	營運模式調整的轉型	3.61	04	3.65	05	-0.354	0.724
07	產品線結構調整的轉型	3.48	05	3.74	03	-2.160**	0.032
08	產品品質升級	3.69	02	3.75	02	-0.544	0.587
09	管理幹部本土化的升級	3.67	03	3.73	04	-0.497	0.619
10	台商企業經營團隊的升級	3.88	01	4.06	01	-1.467	0.144
	台商面臨轉型升級策略整體構面	3.32	②	3.33	①		-

十三、2008中國大陸企業上市現況類型台商轉型升級分析

由於佈局中國大陸的許多上市上櫃台商公司基於「分工兩岸、佈局全球」之策略思維，在中國大陸許多的城市進行產業群聚的深耕，依理論而言，上市公司應該較有長程的策略規劃以及佈局步驟，較不受外在環境的突變而產生策略的調整，從表20-19顯示，未上市上櫃的台商企業其轉型升級的壓力高過於上市上櫃的台商企業，這就說明了上市上櫃公司對於環境的風險管理較屬於長期的規劃。

但從表20-20有關轉型升級策略與企業上市上櫃現況類型進行交叉分析結果顯示，上市上櫃公司在「產品線結構調整的轉型」、「管理幹部本土化的升級」

與「台商企業經營團隊的升級」此3項轉型升級策略上，急迫性要比非上市上櫃的台商企業來得高，因為上市上櫃企業制度比較規範，因此在面對中國大陸變局時，會從企業內部的管理架構以及管理制度先進行調整，尤其是上述3項有顯著的轉型升級策略都是屬於升級策略，而非轉型或轉移策略。

表20-19　中國大陸企業上市現況類型台商轉型升級壓力分析

序號	中國大陸台商轉型升級壓力影響	❶上市上櫃 N=207		❷未上市上櫃 N=333		F值	P值
01	土地取得價格高漲	2.89	14	3.09	13	-1.708*	0.089
02	土地使用用途限制	2.91	13	3.05	14	-1.187	0.236
03	土地取得投資強度	2.87	15	3.11	12	-2.085**	0.038
04	缺電限電問題	3.06	11	3.20	11	-1.102	0.271
05	水資源污染問題嚴重	3.06	12	2.97	15	0.749	0.455
06	環保意識高漲台商投資受限	3.29	06	3.22	10	0.625	0.533
07	初級勞動力成本增加	3.26	08	3.43	06	-1.481	0.140
08	實施《勞動合同法》	3.21	09	3.35	08	-1.101	0.272
09	缺工引發勞資關係緊張	3.08	10	3.28	09	-1.674*	0.095
10	政府宏觀調控採取從緊貨幣政策	3.28	07	3.38	07	-0.939	0.348
11	利潤匯出收取費用造成成本增加	3.56	05	3.44	05	1.049	0.295
12	原物料價格高漲	3.68	04	3.83	02	-1.313	0.190
13	台商企業所得稅優惠期滿壓力	3.69	03	3.62	04	0.566	0.572
14	調整出口退稅政策	3.92	02	3.83	03	0.792	0.429
15	人民幣升值出口型企業利潤下滑	4.06	01	3.95	01	0.911	0.363
	台商面臨轉型升級壓力整體構面	3.32	②	3.39	①	-	

表20-20　中國大陸企業上市現況類型台商轉型升級策略分析

序號	台商轉型升級策略急迫性	❶上市上櫃 N=207		❷未上市上櫃 N=333		F值	P值
01	投資國別的轉移	3.11	06	2.99	07	1.003	0.317
02	投資地理區位的轉移	2.91	08	2.92	08	-0.067	0.947
03	經營導向的轉型	2.85	09	2.91	09	-0.516	0.606
04	投資產業領域的轉型	2.82	10	2.90	10	-0.699	0.485
05	產業業態的轉型	3.00	07	3.02	06	-0.148	0.882
06	營運模式調整的轉型	3.72	05	3.55	04	1.454	0.147
07	產品線結構調整的轉型	3.74	04	3.47	05	2.237**	0.026
08	產品品質升級	3.81	03	3.65	02	1.439	0.151
09	管理幹部本土化的升級	3.87	02	3.59	03	2.424**	0.016
10	台商企業經營團隊的升級	4.07	01	3.86	01	1.765*	0.078
	台商面臨轉型升級策略整體構面	3.38	①	3.29	②	-	

十四、2008中國大陸投資區位別台商轉型升級分析

　　從表20-21與表20-22綜合顯示，在高新技術區、保稅區、經濟開發區、出口加工區、一般市區這5個投資區位的台商企業，以一般市區的台商企業其轉型升級的壓力最大，畢竟會在一般市區投資的大多比較少形成產業價值鏈之一環或是較少參與產業群聚的形成，因此在面對轉型升級壓力的過程，會感受到較大的轉型升級需求。另外，從表20-22有關轉型升級策略與投資區位別交叉分析的結果顯示，不同投資區位別的台商企業在「產品線結構調整的轉型」、「經營導向的轉型」、「管理幹部本土化的升級」、「營運模式調整的轉型」、「台商企業經營團隊的升級」與「投資國別的轉移」策略選擇之急迫性，存在顯著差異。一般市區對於選擇經營導向的轉型（如從外銷轉為內需）策略之急迫程度較高；而保稅區對於選擇產品線結構調整的轉型策略之急迫程度明顯高於其他區位。

表20-21 中國大陸投資區位別台商轉型升級壓力分析

序號	中國大陸台商轉型升級壓力影響	❶ 高新技術區 N=68		❷ 保稅區 N=77		❸ 經濟開發區 N=168		❹ 出口加工區 N=89		❺ 一般市區 N=61		F值	P值
01	土地取得價格高漲	3.15	13	3.00	09	3.01	13	2.80	12	3.14	14	0.908	0.460
02	土地使用用途限制	3.12	14	2.94	13	3.02	12	2.69	14	3.17	13	1.775	0.134
03	土地取得投資強度	3.22	10	3.00	10	3.01	14	2.65	15	3.26	12	2.678**	0.032
04	缺電限電問題	3.44	06	2.96	11	3.03	11	2.72	13	3.53	09	4.887***	0.001
05	水資源污染問題嚴重	3.10	15	2.96	12	2.91	15	2.94	11	3.08	15	0.397	0.811
06	環保意識高漲台商投資受限	3.24	09	2.87	15	3.25	09	3.20	07	3.51	10	2.104*	0.081
07	初級勞動力成本增加	3.41	07	3.04	07	3.30	07	3.20	08	3.86	02	3.662**	0.006
08	實施《勞動合同法》	3.32	08	2.94	14	3.26	08	3.20	09	3.70	05	2.743**	0.029
09	缺工引發勞資關係緊張	3.17	12	3.02	08	3.12	10	3.11	10	3.57	08	1.694	0.151
10	政府宏觀調控採取從緊貨幣政策	3.22	11	3.21	06	3.33	06	3.31	06	3.69	06	1.411	0.231
11	利潤匯出收取費用造成成本增加	3.63	05	3.50	05	3.34	05	3.74	03	3.32	11	1.722	0.145
12	原物料價格高漲	3.93	02	3.76	03	3.65	03	3.74	04	4.00	01	1.077	0.368
13	台商企業所得稅優惠期滿壓力	3.68	04	3.65	04	3.61	04	3.70	05	3.60	07	0.091	0.985
14	調整出口退稅政策	3.90	03	3.89	02	3.92	02	3.87	02	3.75	04	0.181	0.948
15	人民幣升值出口型企業利潤下滑	3.98	01	4.20	01	3.94	01	4.06	01	3.81	03	0.822	0.512
	台商面臨轉型升級壓力整體構面	3.43	②	3.26	④	3.31	③	3.26	②	3.55	①	-	-

表20-22 中國大陸投資區位別台商轉型升級策略分析

序號	台商轉型升級策略急迫性	❶高新技術區 N=68		❷保稅區 N=77		❸經濟開發區 N=168		❹出口加工區 N=89		❺一般市區 N=61		F值	P值
01	投資國別的轉移	3.13	06	2.89	07	3.22	06	3.08	06	2.65	10	1.978*	0.098
02	投資地理區位的轉移	2.78	10	2.78	09	2.92	09	3.04	07	2.93	06	0.658	0.622
03	經營導向的轉型	2.85	08	2.46	10	2.96	08	2.83	10	3.14	05	3.223**	0.013
04	投資產業領域的轉型	2.80	09	2.85	08	2.86	10	2.92	09	2.92	07	0.131	0.971
05	產業業態的轉型	2.98	07	3.17	06	3.08	07	3.00	08	2.82	09	0.683	0.604
06	營運模式調整的轉型	3.61	05	3.96	02	3.65	04	3.58	05	3.18	04	2.766**	0.028
07	產品線結構調整的轉型	3.68	03	3.89	03	3.58	05	3.68	04	2.92	08	3.884***	0.004
08	產品品質升級	3.68	04	3.72	05	3.86	03	3.70	03	3.48	02	0.928	0.448
09	管理幹部本土化的升級	3.78	02	3.83	04	3.88	02	3.74	02	3.20	03	2.807**	0.026
10	台商企業經營團隊的升級	3.85	01	4.20	01	4.10	01	3.85	01	3.63	01	2.196*	0.070
	台商面臨轉型升級策略整體構面	3.32	④	3.37	②	3.40	①	3.34	③	3.15	⑤	-	

第21章　台商佈局中國大陸轉型升級經驗分享

　　2008年中國大陸台商面對內地政策變局，在「一規」、「雙防」、「三缺」、「四漲」、「五法」、「六荒」、「七金」、「八變」的政策壓力下，必須採取轉型升級以度過難關。根據東莞台商子弟學校（2008）「對珠三角投資環境的改變，到底留還是走？」的調查結果顯示：珠三角有5%的台商表示準備撤離該地區，而有20%的台商表示不會受到中國大陸經營環境以及政策的影響；而有75%的台商表示經營受到影響，但不會輕易離開當地。另外根據2008年3月號的《台商》雜誌調查顯示，有65%台商企業表示，中國大陸投資環境壓力，會對流動資金構成負擔；有20%企業將會因成本上升而導致停產或收縮企業規模；有73%企業會無法適應中國大陸政策變局而被迫轉移他地或是縮小經營規模。

　　企業經營管理常言：「企業不應該只看現在的市場占有率，而要重視未來的機會占有率」；「企業面對不確定性的環境，應該採取預應（proactive）的前瞻思維，而非因應（reactive）的坐以待斃」；「企業西進、南進，不如自我上進」。許多深耕中國大陸的台商企業，在面對此一波嚴苛的政策變局，仍然能夠持續發展（sustainbale growth），其最重要的就是經營者的「理念升級」（mindset upgrading），而且能夠用前瞻的視野，佈局企業的未來，茲將台商企業轉型升級成功的案例彙整分享。

案例一：華憶電子轉型升級個案分析

　　華憶電子股份有限公司創立於1976年，專門生產液晶彩色電視機、影音光碟機、電腦顯示器、休閒及車用彩色電視機及精緻生活小家電。創立前兩年，遇上世界性能源危機，對內則一切從無到有，要建立制度、安排人事、降低成本，面對不可知的未來，使得華憶遇到很大的困境。之後華憶電子漸漸建立了「熱誠、品格、服務、行動、創新、回報」的公司精神，嚴格要求產品品質及持續地服務

來維繫客戶及推廣市場外，同時也不斷開發新產品，逐步向世界各地邁進。

在華憶電子站穩台灣的市場後，中國大陸廣大的市場也吸引其前往投資。面對中國大陸地區這塊陌生的市場，事前的評估與準備花費彭君平董事長相當工夫。最後決定選擇嘉定設廠，主因為嘉定離上海國際機場及上海港很近、人力素質高、治安良好，無適應問題。華憶電子在此地扎根，年產值約占總產值的27%。現在這個地點雖然不是台商最熱門的投資地，但是在台商心目中被列為整體滿意程度最佳的投資地點之一。

1.重要歷程

華憶電子在中壢、深圳各設有2家工廠，在檳城及嘉定各設有1家工廠，另在香港設立控股公司，在美國、英國、德國、馬來西亞、中國大陸及台灣均設有行銷中心。於1992年進軍中國大陸設廠，1993年正式開業。嘉定廠係於1999年4月開工生產，內外銷各半，海外投資事業所需營運資金，均由當地融資獲得，不依賴母公司支應。同時藉由多國研發、行銷、生產、用人、融資，發揮多國生財的效果，走向多國上市的經營策略。

華憶電子的產品進展大致上以5年為周期：第一期（1976年～1980年）以時鐘收音機為主，主要產品有時鐘收音機、LCD時鐘收音機；第二期（1981～1985年）生產收錄音機、床頭音響、電話收錄音機等；第三期（1986～1990年）迷你黑白小電視、車用、家用、郊外用影視產品；第四期（1991～1995年）生產電腦用監視器資訊產品及航太電子等系列產品。現在華憶電子邁入第五期（1996年～迄今）主要產品為資訊/IA及光電/影視二大類：PC用液晶顯示器、專業用（銀行ATM、商業POS及工業用）顯示器、WEB PHONE網路、NET PC網路及車用液晶電視、液晶顯示器、戶外用多功能液晶電視、休閒/車用彩色電視、露營休旅車專用TV/VIDEO CONSOLE組合、DVD光碟機、彩色電視/DVD組合等，在這個時期華憶電子不僅面臨世界各地電子同業的競爭，同時處於兩岸進入WTO的關鍵時刻，彭君平董事長以如履薄冰的心情稱之為「華憶元年」。

現在台灣的總公司設立研發中心，專責研發共同性、未來性可供2年後才投產的新高科技產品；在各利潤中心及分公司皆設有開發部及技術處，以便快速設計供客戶一、二年內市場所需之產品。除了產品隨著市場需求不斷更新變化外，華憶電子看好小尺寸的LCD市場，陸續推出新產品搶攻市場，例如專為廚房、運動設計用的LCD TV。同時將毛利較低的CRT監視器移往中國大陸生產，未來的營運前景可期。

2.壓力與動因

　　除了深圳土地價格昂貴之外，中國大陸還存在著供電不穩、勞動力不足的現象，中國大陸勞工的企業忠誠度有待質疑，並且由於《勞動合同法》的實施，導致工資成本也逐漸上升。

3.策略

　　（1）**投資國別的轉型**：1988年轉投資馬來西亞。1992年轉投資美國華憶有限公司，並在該年赴中國大陸設廠；1993年正式在中國大陸營運，投資香港華憶有限公司，並委託該公司間接投資深圳華憶電子有限公司。

　　（2）**投資地理區位的轉型**：由於中國大陸各種政策的頒布，華憶電子於2005年在吉安買地，準備在此設廠，撤離深圳廠。

　　（3）**營運模式調整的轉型**：1997年設立歐、美行銷據點，德國華憶科技公司、英國華憶科技公司及美國華憶科技公司，成功的以自有品牌建立行銷通路。

　　（4）**投資產業領域的轉型**：華憶電子以「立足台灣、結合中國大陸、佈局全球」之經營模式，從「製造業」邁向「技術服務製造業」多國行銷、多國生產、多國生財。

　　（5）**產品品質提昇的轉型**：自1986年開始主要生產迷你黑白小電視、車用、家用、郊外用影視產品；到1991年開始轉型生產電腦用監視器資訊產品及航太電子等系列產品。現在華憶電子邁入第五期（1996年）主要產品為資訊/IA及光電/影視二大類：PC用液晶顯示器、專業用（銀行ATM、商業POS及工業用）顯示器、WEB PHONE網路、NET PC網路及車用液晶電視、液晶顯示器、戶外用多功能液晶電視、休閒/車用彩色電視、露營休旅車專用TV/VIDEO CONSOLE組合、DVD光碟機、彩色電視/DVD組合等，除了產品隨著市場需求不斷更新變化外，華憶電子看好小尺寸的LCD市場，陸續推出新產品搶攻市場，例如專為廚房、運動設計用的LCD TV。

　　（6）**大量推出新產品**：由於可攜式DVD產品價格大幅下滑，成本降低空間有限，華憶電子2007年推出多項新產品，其中數位相框出貨量2007年達到200萬台，較2006年成長10倍，加上其餘新產品IPTV等出貨量也有明顯成長。

　　（7）**提高面板供給穩定度**：2007年由於有了TFT-LCD面板供給吃緊的經驗，華憶提前在2007年即與供應商議定2008年的面板供給量，例如與韓國面板廠樂金顯示器（LGD）簽約，取得250萬片到330萬片的面板供應量，加上華映供應100餘萬片面板，讓華憶2008年免受面板貨源不足壓力。

4.關鍵成功因素

（1）規範企業內部管理制度：透過兩岸互補互利，相互提昇產業知識、溝通工作方法、培養當地人才，平等互惠、共存共榮，結合兩岸優點，向國際市場邁進。因此，華憶電子投資中國大陸是以長期利益為考量，對於員工的管理相當注重。也制定了「華憶人」在中國大陸日常生活注意事項，在簡單的規則基礎上，可使兩岸員工平等、和睦相處，如此一來，不僅多了相互瞭解的機會，更減少了不必要的摩擦與衝突。

（2）高階主管的轉型決策：華憶電子為了保持機動靈活，順應電子產品變化快速的特性，在世界各地的生產基地均依比較成本及接近市場地方投產原則作為經營方針。舉例來說，在台的光電廠，主要產品為車用液晶電視/顯示器、戶外多功能液晶電視，年產能50萬台；而資訊廠主要產品為專業電腦顯示器、PC用液晶顯示器、IA產品，年產能30萬台。馬來西亞的馬檳廠，主要產品為車用液晶電視/顯示器、戶外多功能液晶電視，年產能50萬台。中國大陸的深圳廠，主要產品為DVD光碟機、彩色電視機/DVD組合露營休旅車用TV/VIEDO CONSOLE組合，年產能140萬台；上海廠，主要產品為電腦顯示器、通訊產品，年產能100萬台。每個生產基地均以做到「專、簡、賺」的經營目標。

5.轉型升級後之績效表現

（1）提高獲利能力之效益：華憶總經理趙登榜估計，在各項新產品加入之下，2007年上、下半年營收比約37%比63%，首季營收約占10%左右，集團營收合計上看5億美元，較2006年的118億元明顯攀升。就個別產品來看，可攜式DVD還是占1億8,000萬美元，IPTV約3,000萬美元，LCD TV約5,000萬美元，Audiovox則占3,000萬美元，2006年第四季才開始出貨的數位相框，可望一舉攀升至1億2,000萬美元，較2005年約6,000萬美元的營收來看，幾乎翻升一倍，並在各項新產品導入之下，華憶2007年平均毛利率達12%的水準。2008年受惠數位相框、可攜式多媒體播放器出貨量顯著成長。

（2）提昇市場占有率之效益：華憶2007年營運成長動力主要來自於新產品的貢獻，其中，在數位相框上，市場銷售情況比預期佳，全球最主要品牌廠商Philips 2007年全球數位相機市場成長到1,000萬台。華憶2006年推出，銷售量20萬台，約占整體市場一成，2007年搭配數位相機銷售，第二季起出貨展現爆發力，華憶2007年出貨量達200萬台，成長10倍，全球市占率也提昇到二成。

（3）全球價值鏈分工佈局之效益：華憶電子基於風險分散的原則，華憶電

子在中壢、深圳各設有2家工廠，在檳城及嘉定各設有1家工廠，另在香港設立控股公司，在美國、英國、德國、馬來西亞、中國大陸及台灣均設有行銷中心。

（4）提昇產品附加價值之效益：中國大陸深圳廠於1996年中國大陸最大外商企業500大中，排名第247名，1996年、1997年、1998年、1999年、2000年、2003年中國大陸外商投資雙優企業。馬來西亞廠於2003年獲海外台商經營管理磐石獎。上海廠獲中國大陸進出口商品質量認證、中國大陸先進企業認證，並獲商業周刊2005年千大製造商排名181名。

（5）企業永續經營基業長青之效益：1996年12月通過中國大陸商檢局ISO-9002品質體系認證，2001年1月通過英國SGS之QS-9000/ISO-9001品質體系認證，2001年11月通過德國E-MARK認證。2003年8月通過SGS之ISO9001：2000版認證。2005年4月取得SGS認證公司ISO14001：2004版認證。

案例二：岳豐科技轉型升級個案分析

岳豐科技一開始只是台灣生產電器電源線的一個小工廠，如今已是全球網路線市場占有率約20%的世界大廠。並且是網路產業中第一個從生產、通路到銷售都由自己行銷的企業。岳豐科技擁有優秀經營團隊，以科技技術為導向，秉持一貫的高品質及產品創新而聞名。身為電源線組，電子產品及網路產品的生產領導廠商之一，除了提供完整的電源線組及網路電子產品，並且不斷持續創新及開發新產品，讓各領域的使用者皆能享受高科技所帶來的便利與無遠弗屆的科技成效。

電力線與網路的發明使得全球的距離大幅縮短，透過先進的電子及網路產品，更能將人類生活的便利提昇到極致。所以岳豐科技永不停息的追求創新，優秀產品不斷推陳出新，矢志成為電子及網路產品的生產領導廠商以對人類社會做出貢獻。

1.重要歷程

岳豐電線電纜有限公司成立於1983年，一開始主要以電源線和插頭的加工為主。岳豐秉持不斷創新的理念，不斷在產品上做研發和改進。加上1990年代全球網路時代的興起，在1995年開發出區域通訊網路電纜製造設備，並經美國UL機構認證合格。1996年研發生產出高速乙太網路、100Base區域網路線、光纖被動元件，奠定了岳豐在網路這塊領域上的競爭地位。

1997年起，短短的3年內岳豐開始積極在中國大陸設立工廠。分別在1997年

成立了「東莞岳豐電線電纜有限公司」，1999年增資成立了「岳豐科技股份有限公司」。伴隨著網路和通訊技術日益的進步和發展，岳豐在2000年的時候再次將產品升級，研發生產光通訊傳輸與接收模組和藍芽無線傳輸模組；2001年再次增資成立了「東莞岳豐電子科技有限公司」；2002年開始，岳豐積極地拓展海外市場，於歐洲設立了辦事處，並於2003年在台股票上市。

基於近幾年來，中國大陸市場的崛起，加上許多的經商條件已經逐漸的對台商不利，其中包括工資成本的提高與租稅優惠的降低等，大大地提昇了企業的經營成本。所以岳豐科技體認到了只做上游製造商是無法維持企業的競爭能力。所以在2006年時一舉增資資本額至7億5,160萬，並購併美國PRIME WIRE & CABLE, INC。正式整合了製造、貿易和通路的領域，大大的提昇了企業本身的競爭能力，而在短短的幾年內，岳豐的成長和發展就越來越驚人。

2.壓力與動因

（1）**轉型升級之壓力：**❶1990年開始，由於全球網際網路的興起，岳豐開始在產品上從事轉型，開發區域網路相關的通訊電纜製造設備。但面對節節升高的生產成本，岳豐為了降低生產成本，強化企業本身的競爭優勢，經過審慎評估及考察後決定前進中國大陸，並且在廣東東莞設廠。❷面對岳豐創業時的主力產品，電器插座的市場越來越難做，因為利潤太低，獲利空間逐漸緊縮。所以，藉由原來做電源線技術，而決定轉向比較有機會和商機的乙太網路線市場。❸這兩年來，中國大陸的經濟突飛猛進，工資也不斷的上漲，加上中國大陸政府給予台商的租稅優惠也逐漸的減少，大大地提昇台商的經營成本也削弱了台商的競爭能力。有鑑於此，岳豐科技認為若光只做製造商是無法繼續維持企業競爭能力，所以增資買下美國PRIME WIRE & CABLE, INC，一舉整合了製造、貿易和通路的領域。

（2）**轉型升級之動因：**因為全球化網路通訊的時代來臨，透過先進的電子及網路產品，更能將人類生活的便利提昇到極致。岳豐本身擁有電源線的扎實基礎，使其進行產品升級的時候，能以電源線為基礎，再從電子線、網路線迅速延伸到網路接外掛程式產品，光電產品及無線通訊產品等，成長速度非常的驚人。面對這兩年來全球化經濟體系的快速發展，企業不再只能固守在自己的領域中打轉，應該要做出有效的產業價值鏈管理，才能發揮綜效的概念進而提昇企業的競爭能力，所以統整整個產業的價值鏈相對的非常重要，而岳豐科技本身就具備研發和生產的技術，以及全世界約20%的市場占有率，以此為基礎進而整合了貿易

和通路的領域，大大提昇了岳豐的全球競爭力。

3.策略

（1）**投資國別的轉型：**因為全球網際網路時代的來臨，岳豐也意識到這點，所以從2003年開始，除了在中國大陸投資工廠外，也積極地拓展全球市場，開始在歐洲等地設立辦事處，將岳豐的營業範圍逐漸從亞洲拓展到全世界。

（2）**新產品開發的轉型：**為了因應全球網際網路時代的來臨，並且掌握這個先機，岳豐所採用的產品策略是以原先生產電源線的技術為基礎，研究開發網路接插件和光電等相關產品，來符合整個大眾市場的需求，拓展本身的市場。

（3）**營運模式調整的轉型：**除了從事研發和生產外，岳豐開始積極的往行銷方面發展，積極的拓展包括歐洲、新加坡、香港和美國等行銷的通路據點。在2004年的時候，更在美國成立了行銷公司，建立專業行銷團隊，擴大本身的經營規模。有鑑於近兩年來全球經濟的發展以及中國大陸政策變動導致企業經營成本的提昇、全球競爭力下滑。岳豐於2006年購併了美國的PRIME WIRE & CABLE, INC，從原來製造商的領域跨足了貿易和通路商的領域。不僅整合了產業的價值鏈因應企業的全球化，也提昇了企業整體的競爭能力。

（4）**經營導向的轉型：**雖然企業主要還是以外銷市場為主，但是不可否認的是中國大陸的內銷市場已經慢慢的成長。終於在2008年開始，岳豐科技決定開始拓展中國大陸的內銷市場，並且預估在2008年中國大陸的內銷市場將會有約1億人民幣的產值。

4.關鍵成功因素

（1）**建立共同研發與創新聯盟：**岳豐非常重視R&D，因此研發的能力非常強。在進行研發的時候，會與下游的廠商密切配合，先瞭解市場最主要的需求，然後再開發最適切的產品，以求符合整個產業的潮流和趨勢。正如同岳豐先瞄準全球網際網路的需求，再開發出符合整個市場的產品就是最好的例子。

（2）**建立聯合採購制度：**岳豐在進行研發的同時，也積極地增加台灣與海外的投資及擴張產品的生產線，來增購新式生產設備與擴大生產量。除了可提昇整體生產線的產能外，也使生產更具規模經濟，且大量採購能有效的降低生產成本，提昇企業的競爭優勢。

（3）**規範企業內部管理制度：**有鑑於家族企業常常會有一些問題產生，所以岳豐集團清一色都是採用專業經理人，並且早在台灣的法令規定前一年，就已經設立了獨立董事，而且企業內部也特別強調專業經理人的透明化，以避免許多

不必要的問題產生。

（4）**供應鏈整合**：岳豐集團一開始只有生產和研發，不過隨著整體全球經濟的發展，岳豐為了整合產業價值鏈，於是透過購併美國的PRIME WIRE & CABLE, INC，掌握通路末端，此舉也讓岳豐成為世界第一家從網路到末端完全整合的通路行銷公司。

（5）**擁有先進的技術**：岳豐擁有先進的技術，不斷地在產品上做修正和升級。包含電線的夜光跟斷電系統，而且在包裝的技術上也相當講究，產品直接在美國就可以上架銷售。在乙太網路方面，目前已經做到六類線跟七類線，自製率高達95%，光纖一旦進入家庭，就一定用得上岳豐所生產的產品。

5.轉型升級後之績效表現

（1）**擴大企業經營規模之效益**：這幾年岳豐的成長非常迅速，加上全球策略的佈局，目前在世界各地都設立行銷據點，並且建立專業的行銷團隊，擴大整個產業的經營規模，也因為如此，岳豐成為橫跨台灣、中國大陸及美國的光電、電子產業界翹楚。

（2）**企業永續經營基業長青之效益**：由於岳豐投資中國大陸工廠的經營績效非常良好。岳豐科技公司的利潤也因此匯回台灣，支持了台灣公司的發展。台灣公司並順利於2003年公開發行股票上櫃，讓整個岳豐的經營更加穩定與快速。

（3）**提高獲利能力之效益**：近年來，由於岳豐隨時掌握網際網路和通訊市場的最新脈動，不斷地研發新產品，使得岳豐的營收屢創新高，營收在2006年接近新台幣160億大關，也因為不斷地研發而榮獲頒發第三屆小巨人獎及第十屆國家磐石獎等殊榮；在品質體系上，更獲得了ISO14000認證的肯定。

案例三：艾美特電器轉型升級個案分析

商業周刊第1009期曾經以〈艾美特把百元家電變成60億的大生意〉報導這家企業，艾美特的前身是1973年在台南市安平工業區創立的東富電器，並於1991年到中國大陸深圳發展，艾美特目前是到中國大陸投資非常成功的台商之一。艾美特所生產之產品暢銷英國、法國、美國、加拿大、日本、韓國等60多個國家及地區，全球有將近20%的電風扇是由艾美特所生產，包括日本三洋（Sanyo）、東芝（Toshiba）、韓國三星（Samsung）與法國HEV等國際知名品牌都是由艾美特代工。

艾美特成立之初是一家小型的電風扇代工廠，當初主要是幫幸福牌（Lucky）代工生產，1991年到中國大陸投資之後，曾經嘗過業績爆發的滋味，也經歷了削價競爭變成一片紅海的後果。很幸運的是，艾美特經過多次的轉型成功，從OEM代工生產轉型到ODM產品設計，最後轉型到OBM自創品牌、從貿易外銷導向到內銷市場導向、從家族企業到專業經理人企業、從低階產品到創新產品，上述種種轉型升級的歷程，更加穩固了艾美特在家電產業的領導地位。

1.重要歷程

1973年東富電器成立於台南安平工業區，也就是現在的艾美特電器（深圳）有限公司，於1991年東富電器從台灣轉移到中國大陸深圳設立主要生產基地，註冊資本2,375萬美元，廠房建築面積約12.5萬平方公尺，員工將近8,000人。其主要生產之產品有夏季的電風扇、除濕機、冬季的電暖器、除濕機及電磁爐、快速熱水爐等廚房小家電。

2.壓力與動因

（1）轉型升級之壓力：只要擁有馬達製造的基本概念就可以進入電風扇產業，這表示電風扇的生產技術低且進入門檻不高，再加上中國大陸等新興國家的電風扇工廠相繼崛起，這批競爭者挾帶著比台灣廠商更低的生產成本優勢，開始蠶食著原本屬於台商的市場占有率。由於20世紀以來罕見的「聖嬰現象」發生，夏季平均溫度高達攝氏40度，造成當時電風扇市場供不應求的狀況。占艾美特80%營業額的歐洲市場中，買電風扇的客戶大排長龍、絡繹不絕，因為擔心聖嬰現象會持續下去，客戶紛紛上調隔年電風扇的需求量。當時，中國大陸廣東已是全球最重要的電風扇生產基地，占全球產量超過70%，再加上聖嬰現象的影響，使得廣東電扇生產聚落於1996年時，工廠家數暴增到1,000家以上。

（2）轉型升級之動因：在中國大陸生產一台電風扇的成本，比台灣便宜20%，比日本低50%；艾美特到中國大陸設廠後，靠著低廉的生產成本，在旺季（夏季）時努力加班生產電風扇，經過短短6年的時間，艾美特的營收規模成長超過10倍。

3.策略

艾美特的轉型「138法則」：「1」是企業第1年迅速切入中國大陸市場；「3」是在企業生存下來後的第3年迅猛起飛；「8」則是企業要在第8年後成為本土的著名品牌。

（1）投資國別的轉型：1973年東富電器草創於台南時，是個沒沒無聞的小

廠商，黑手出身的創辦人史鴻堯，看中中國大陸低廉且充足的勞動力，恰逢中國大陸開始開放外資設廠之際，艾美特電器經過多次考察之後，於1991年時決定到中國大陸廣東省深圳市寶安區的小鎮設廠生產，廠房占地面積相當於21座足球場的大小。將生產基地轉移到中國大陸，以獲取較低的生產成本之策略，艾美特算是該產業的先鋒者，因而搶得先進者的優勢。

（2）**經營導向的轉型**：前往中國大陸設廠投資的台商，多數是以外銷貿易為主要的經營模式，1991年艾美特到中國大陸設廠投資時，是以外銷模式為主要，當時艾美特的內銷比率占營業收入總額的1/3，而外銷比率占營業收入總額的2/3，其所生產之產品行銷至世界各地60多個國家，全球有將近二成的電風扇是由艾美特所生產；近年來隨著中國大陸經濟起飛，人民可支配所得亦相對提昇，艾美特看準中國大陸13億內需市場的消費潛能，加上2008年施實的調降出口退稅政策，艾美特便由外銷貿易為主的策略轉型成內需市場策略，把內銷比率增加至3/5，外銷比率則減少為2/5。若要搶占中國大陸13億的內需市場，「自創品牌」是企業必經之路。

（3）**營運模式調整的轉型**：1997年，中國大陸政府全力扶植國營家電廠「美的電器」，並進行大規模的整併動作，將廣東接近200家電扇工廠全數併購，其產量迅速暴增為當時艾美特的5倍以上，由於有政府的支持，美的電器因而成為中國大陸少數掛牌上市的家電廠。家電產業的經營模式改變之後，艾美特的競爭力大大降低，為了能與美的電器競爭，艾美特決定提高產品的附加價值，如此才有機會與國際大廠做生意，艾美特在此階段的轉型升級策略則是由代工生產轉型為自有品牌，以「艾美特AIRMATE」品牌打入中國大陸內需市場。

（4）**產品品質提昇的轉型**：艾美特將自己定位為「空氣改善小家電」，並且為了追求卓越的產品品質，艾美特把自己建立成一座「虛擬工廠」，虛擬工廠指的是從工業設計、模具開發、金屬沖壓、組裝生產至末端測試，一連串的工作流程都在艾美特廠區內完成，為了有效控管品質，目前艾美特的產品零組件自製率已高達95%。

（5）**新產品開發的轉型**：除了上述虛擬工廠之外，艾美特董事長鄭立平還成立一個500人的工業設計團隊，團隊包括工業設計（ID）、研發設計（RD）、模具設計（MD）、模具製造（MM）四大部分，且多數成員為大專以上之學歷，這批工業設計團隊，每年為艾美特研究開發出200件創新的產品，相對於競爭者「美的電器」而言，艾美特的產品種類有「美的電器」的6倍之多。由於產

品品質提昇加上創新產品所帶來的附加價值，使得艾美特在議價能力上擁有相當大的權力，產品的售價都可以高出同業許多。

（6）**台商企業經營團隊的轉型**：艾美特原本為家族經營企業，1978年，創辦人史鴻堯為拓展外銷貿易市場，讓出公司5%的股權聘請鄭立平擔任艾美特董事長；1991年赴中國大陸深圳設廠投資時，再讓出公司5%股權聘請蔡正富擔任副董事長，主導中國大陸龐大的業務；最後，為了讓公司完全轉型為專業經理人管理之企業，史鴻堯於1998年，將東富電器與艾美特切割，分成兩個獨立的事業體，使家族的管理成員不得干涉中國大陸艾美特的經營層面。另外，於2002年時，艾美特為激勵員工，採行員工持股制度，將釋股範圍擴大至1,000位中國大陸幹部，把家族持股再下降至60%；於2005年，英商Henderson入股艾美特，史鴻堯家族持股比率再降至50%以下。

4.關鍵成功因素

（1）**加強與國際市場接軌**：由於堅持製造高品質的產品，加上擁有許多為國際知名企業代工的寶貴經驗，艾美特讓日本三洋決定關閉其海外工廠，將生產訂單外包給艾美特，隨後，東芝、湯淺（Yuasa）等日商也相繼結束電風扇代工生產業務，從此之後，艾美特拿下日本2/3的電風扇市場。

（2）**建立共同研發與創新聯盟**：艾美特建立的「虛擬工廠」加上500人的工業設計團隊，讓艾美特有高達95%的零組件自製率，如此可以穩定其產品的品質及研發更多的創新產品。

（3）**加強國際化人才及團隊建設**：艾美特擁有非常多元化的管理人才，外銷總監為日本人、內銷總監為中國大陸當地人、歐洲辦事處為法國人、製造總監為中國大陸當地人，另有一位日本顧問及15位台幹，如此多元化的專業人才將可激盪出不同的策略思維。

（4）**高階主管的轉型決策**：投資國別轉移到中國大陸、家族企業轉型成專業經理人經營、建立虛擬工廠及設計研發團隊、目標市場從外銷轉內銷、從代工生產轉型為自有品牌等，皆是透過高階主管高瞻遠矚之策略遠見，才使得艾美特有今日的成就。另外，由於副董事長蔡正富早在2004年得知基本工資將上漲，即將工人薪資一次調整到位並開始執行一連串的員工效率提昇工程，因此，2008年實施的新《勞動合同法》對艾美特一點影響也沒有。

5.轉型升級後之績效表現

（1）**提昇市場占有率之效益**：1997年「艾美特」品牌正式在中國大陸國內

市場推廣。根據中華全國商業資訊中心2004年的研究資料顯示，艾美特電暖器銷量已位居中國大陸第一名，電風扇銷量連續4年穩居中國大陸前三名，電磁爐亦躋入中國大陸前十名之行列。

（2）**提昇產品附加價值之效益：**「艾美特」從代工生產轉型為自有品牌策略，再加上積極從事創新產品開發，大大地提高其附加價值，讓艾美特所生產之產品定價足足比「美的電器」高出20%，艾美特連續被世界品牌實驗室（WBL）評為「中國大陸前500強最具品牌價值」的企業，其品牌價值高達12.08億人民幣，除了得到「中國大陸500人品牌」之榮耀外，2006年3月獲得中國大陸商務部評選為「中國大陸最具市場競爭力品牌」。

（3）**提昇獲利能力之效益：**艾美特於1991年到中國大陸投資時的營業額為新台幣1億元，如今，每年生產超過1,000萬台電風扇，加計電暖扇、電磁爐、除濕機、加濕機等產品，於2006年時，合併營業額接近新台幣60億元，如此驚人的業績成長讓艾美特成為全世界電風扇產值最大的霸主，穩坐電風扇產業的龍頭。

案例四：台升傢俱轉型升級個案分析

代工與製造一直是台灣的強項，台灣在家具產業的製造與銷售領域中亦有輝煌的成績，且在全球市場上占有極重要地位，尤其1986～1993年之間，台灣家具外銷更是到了登峰極致的境地，每年平均出口值高達22.16億美元，其中又以木製家具為主，並創造出在美國家庭中，平均每5張桌椅，就有一張是「Made in Taiwan」的佳績。但是，自90年代起，隨著中國大陸、馬來西亞、印尼等新興國家的崛起，加上原物料取得的困難，台灣家具出口值從1994年開始逐年衰退。大量木製家具廠商逐漸外移，另外尋覓相對較低成本的生產地區。

台升傢俱是家具產業中頗為知名的台灣企業，由於台灣家具生產製造的環境已逐漸缺乏競爭力，於是台升傢俱郭山輝董事長在1991年毅然決然地到中國大陸東莞的大嶺山投資設廠，經過15年的光景，營業額由台幣1億元暴增到185億元，由代工製造走向自有通路及自有品牌，再走向代工與品牌的雙軌並行的模式，台升傢俱改變了家具產業的競爭規則，這也凸顯了台升傢俱在全球家具製造、銷售、品牌及行銷方面的優異能耐。

1.重要歷程

台升傢俱郭山輝董事長認為中國大陸的廉價勞工可以支援台升傢俱實現產品

升級，並與世界級家具業者競爭。因此，於1991年，郭山輝對著5家台灣的家具加工廠老闆拍胸脯保證：「到大嶺山投資，失敗的損失由我負責！」憑著這勇於承擔投資風險的責任意識，帶領著油漆、家具五金零件（鋸片、砂紙、紙箱）、家具加工設備（如木材切割機）等加工廠商一起外移到中國大陸東莞大嶺山投資設廠。

面對不斷成長及緊追在後的競爭者，郭山輝決定先打好生產代工的基礎，再進一步建立自有通路及自有品牌。因此，於1999年台升傢俱收購美國知名的家具公司Legacy Classic，不僅改變了原有的Business model，且縮短交易流程；過去的Business model是透過美國進口商與家具批發商向海外製造商進貨，再送貨到批發商倉庫，最後才運送至零售商倉庫；而新的Business model是由中國大陸廠直接運送至零售商倉庫，再轉至零售商店，節省許多交易時間及運輸成本。另外，台升傢俱於2001年買下環美（Universal）家具，正式從代工生產模式轉型升級為自有品牌策略，而轉型升級到自有品牌的效益立即在2002年展現，台升傢俱營業額突破3億6,000萬美元（約新台幣120億元），單月出口量為1,400個貨櫃，出口量成長超過4成以上，因而成為全球木製家具的龍頭。

2.壓力與動因

（1）**轉型升級之壓力：**❶自90年代起，馬來西亞、印尼、中國大陸等家具製造新興國家的崛起，加上原木材料取得的困難，台灣家具產業出口值在1994年至2000年間逐年衰退，大量木製家具廠商逐漸外移。❷隨著台灣的經濟起飛，《勞動基準法》健全之後，台灣勞動力成本逐漸上升，加上台灣的土地價格上漲、勞工短缺等因素，使得台灣的生產力低落，直接投資經營成本過高，此環境已不適合勞力密集的家具產業營運。台灣家具業者為降低生產成本、提昇企業競爭力，造成企業外移現象相當普遍，根據家具公會2004年估計，台灣家具廠商有80%外移至中國大陸，僅20%留在台灣；以家具公會的會員家數來看，也可以嗅出傢俱業外移的趨勢，原本家具公會的會員達500多家，漸漸外移只剩下100多個會員，而家具公會28個理監事中，就有20個理監事在中國大陸投資設廠，由此可見台灣家具業者的動向。❸2008年是台商在中國大陸經營的關鍵年，許多政策陸陸續續頒布，如新《勞動合同法》、降低出口退稅政策與《企業所得稅法》，另外，中國大陸商務部44號文規定，家具出口企業要向銀行繳納台帳保證金，再加上總體經營環境丕變，如人民幣升值、原材料價格高漲、美國次貸危機等，造成企業經營環境越趨嚴峻。

（2）**轉型升級之動因**：雖然大部分台灣家具業者選擇外移到氣候較為乾燥的中國大陸北方，或是木材資源蘊藏量較為豐富的東南亞國家，但是台升傢俱卻選擇東莞大嶺山。該地氣候春、夏是高溫多雨又潮濕的，並不適合美國市場中高價位的家具製造及加工，但由於中國大陸的廣東東莞大嶺山上擁有較為低廉的勞動力成本，是台灣勞動成本的1/10，當地政府提供優渥的投資條件及「二免三減半」賦稅優惠，且只需要1小時運輸車程便可到達深圳鹽田港；並透過一同到中國大陸投資的家具配套廠商形成木材切割、組裝、貼皮、噴漆、包裝出口的「一貫化」家具生產線，可將原本120天的交期縮短為45天，大大提高台升傢俱在生產方面的競爭力。

3.策略

（1）**投資國別的轉型**：5家台灣家具業憑著郭山輝的一句話，「到大嶺山投資，失敗的損失由我負責！」便從台灣轉移至中國大陸的東莞大嶺山投資設廠，造就了目前台升傢俱的成就，也使東莞形成家具產業的垂直整合聚落。

（2）**產業業態的轉型**：郭山輝表示台升傢俱在中國大陸發展10多年的體認，就是專業代工最終的命運，是同業間為搶奪客戶而採割喉戰策略，使得家具業市場陷入一片削價紅海之中。為脫離這一片廝殺的紅海，台升傢俱自1999年起開始朝「自建通路」轉型，收購美國頗具知名度的「Legacy Classic」家具公司，以佈局美國市場，並成功搶占中價位品牌。

（3）**投資產業領域的轉型**：台商家具轉投資東莞第一高樓「東莞台商會館」已開始建造，該會館高達289公尺，暫定68層，建成之後將成為中國大陸第五高樓，世界排名第三十七。另外，亦成立一個專業團隊負責台升傢俱轉投資之醫院「台新醫院」，預計可申請到600個床位，且與廣東醫學院簽定實習合約，亦即廣東醫學院之實習醫師可到台新醫院看診。

（4）**營運模式調整的轉型**：台升傢俱能達到今日的成就，很重要的一個關鍵性的轉型升級策略是收購Universal公司。台升傢俱在1999年透過「Legacy Classic」成功地佈局美國通路之後，2001年再轉向自有品牌策略延伸。第二次的轉型升級策略是台升傢俱併購擁有多國海外設廠且已佈建完善通路的美國旅館家具業者Universal公司，使得台升傢俱從代工模式蛻變為自有品牌、自主經營的模式。在自有品牌的定位上，台升傢俱的Legacy Classic品牌搶占美國中、下價位市場，而Universal Furniture則主攻中、高價市場，兩種品牌的設計包括從傳統風味到現代感，種類包含臥室、飯廳、客廳及辦公室家具等，提供超過60種系

列，合計4,000多項產品。

（5）**產品品質提昇的轉型：**台升傢俱從早期較為低階的家具開始生產，併購「Legacy Classic」家具公司之後，產品品質升級到中等價位的家具，再併購「Universal Furniture」之後，更把產品品質定位在中、高價位的家具。另外，分工精細的家具產業，為爭取代工的微薄利潤，需強化生產技術方面的能耐，如木製家具製造過程中的一級材與二級材，銷售售價相去甚遠，若透過生產技術的升級，將一級材「升級」為二級材，則原本代工一級材的利潤僅3%，而二級材的利潤將上升13%，因而，台升傢俱最終將產品鎖定在頂級家具的生產及銷售。

（6）**經營導向的轉型：**台升傢俱屬100%出口外銷型企業，透過併購Universal、Legacy、Craftmaster等美國三大家具品牌，建立了自有品牌並掌握銷售管道。而為分散外銷風險並拓展內銷市場，台升傢俱在美國租用「美好家園」品牌，準備「美好家園」品牌延伸到中國大陸市場來進行品牌銷售，另外，台升傢俱於2008年3月中參加「2008年春季名家具展」，由此可看出台升轉往內銷市場的企圖心。

4.關鍵成功因素

（1）**建立共同研發與創新聯盟：**1991年郭山輝決定要到中國大陸東莞設廠時，說服了做木器加工的吳浴全、生產家具漆的大寶集團、做家具貼皮的金石、做家具零組件的寶鴻、做塗裝的銓一，一同遷廠到中國大陸，成功打造出現在的東莞家具生產聚落。家具製造必須經過繁複的過程，從木材切割、組裝、表面磨光、實木貼皮、油漆、紙箱包裝到裝櫃出口，若能將一連串的流程建構在一條長度1,600公尺長的台車上加工，形成一貫化生產線，那麼生產時間將可以節省近2/3，由原本的120天縮短為45天，同時，生產成本將可降低1/4。

（2）**高階主管的轉型決策：**首先，由於台灣生產壓力及中國大陸的生產誘因，促使台升傢俱決定轉移生產基地，並連帶周邊加工廠商一起到中國大陸東莞設廠，低廉的生產成本及產業聚落的形成，使台升傢俱朝家具業龍頭邁進一大步。另外台升傢俱原本生產餐桌及咖啡桌，1995年，豪順企業跨足生產餐桌及咖啡桌，郭山輝決定把過去屬於台升的低階餐桌與咖啡桌市場與訂單陸續給豪順，台升傢俱因而晉級更高階的市場。轉型自有品牌決策的關鍵點是郭山輝併購「Legacy Classic」及「Universal Furniture」，因而成功拓展銷售通路及佈局自有品牌。近期，由於中國大陸經商環境的變化，郭山輝迅速調整經營策略，租用「美好家園」品牌，準備進入中國大陸13億的廣大內銷市場。

（3）**加強與國際市場接軌：**台升傢俱第一次的併購策略是收購國際知名家具品牌「Legacy Classic」，以展開國際市場的通路並搶占中低價市場。第二次併購策略是收購環美家具「Universal Furniture」，使台升傢俱從OEM轉型升級成OBM，並在美國市場上大放異彩。

5.績效表現

（1）**集團經營整合綜效之效益：**台升傢俱郭山輝董事長將在台灣被視為夕陽產業的木製家具業，帶到廣東東莞大嶺山上，使東莞大嶺山成為世界最大的家具生產聚落。且台升傢俱透過「Legacy Classic」與「Universal Furniture」兩大自有品牌的市場通路，使台升傢俱從單純的家具製造，轉型跨國性綜合家具集團。不僅如此，台升傢俱的「綜合直接貨櫃」服務改變了家具業的物流策略，其提供進口商在中國大陸的物流倉庫，等待經銷商下訂，即從倉庫取貨、裝船出口，直接送達經銷商倉庫或店面。在整個運輸過程中，買方只需付一次國際運費，但人工搬運成本節省2/3，總成本節省了25%，另外在效率上也提昇25天。台升傢俱為了實現「綜合直接貨櫃」服務，2003年在嘉善廠設立第一條「自動倉儲系統」（Auto-mated storage and retrieval system；ASRS），這是全球家具業最大的，運轉作業量高達1,800個40呎貨櫃。藉由ASRS的掃描器、運輸帶及叉式升降機組等設備，台升傢俱便可以「先進、先出」的方式，自動和機械化地儲存、追蹤及提取嘉善廠為美國品牌所生產的產品。到了2006年，台升傢俱為因應需求的增加，在廠邊完成了第二座ASRS，儲存量達2,200個40呎貨櫃，並成為世界第一。

（2）**提高獲利能力之效益：**台升傢俱每月出口2,000多個貨櫃的家具到美國，年出口值逾14.5億美元，比馬來西亞一整個國家的家具出口值還多。2007年創造5.7億多美元的營收，是全球最大的木製家具廠商。

（3）**企業永續經營基業長青之效益：**2005年11月順誠控股公司在香港上市，成為37家在港上市台商中唯一的家具製造商，踏上吸收國際資金及人才，快速擴展全球版圖的道路。展望未來，郭山輝正構思許多計畫，目前正朝頂級產品市場進攻，製造藝術精品的家具；也決定繼續透過併購以追求企業的持續成長。另一方面，郭山輝表示，降低成本將是長期性的目標，台升傢俱目前已有能力延伸到原料端，將藉由取得森林資源的控制權、研發複合材料、增加新功能，使基業得以長青。如今的台升傢俱，將家具製造工廠設在勞工、土地便宜的中國大陸東莞，主要負責的是中國大陸之代工及內需市場；在上海的廠區則投資設置倉儲

發貨中心，主要負責生產自有品牌的產品以供美國龐大的家具需求。台升傢俱不僅是台灣家具業佼佼者，同時在國際家具市場也占有一席之地。

案例五：徐福記轉型升級個案分析

徐福記原為台資企業品牌，1992年在中國大陸註冊創立，結合18年成功的台灣市場銷售經驗開拓新局，急遽取得成長擴展。1997年與新加坡匯亞集團（TRANSPAC）及仲華海外投資基金共同合資，成立BVI徐福記國際集團，並註冊成立東莞徐福記食品有限公司，專事經營徐福記品牌在35個大型生產車間，120多條自動化生產線，300多台尖端的高速包裝設備。每日五大類產品總產能超過900噸，可同時生產100個以上的品種。「同樣吃糖果，徐福記就是不一樣！」創新用心扎根、專業勤奮經營的徐福記，始終致力於提昇糖果的精緻境界，不斷研發改良，自我挑戰、突破，無論東、西方的個別特色或相容並進，都在傳統與創新的研製下再度發揚光大。

自2000年起，中國大陸國家統計局行業企業資訊發布中心根據年度統計調查：徐福記糖果至2004年已經連續5年榮列全國同類產品銷量第一名；2004年8月獲頒中國大陸名牌以及國家免檢產品的殊榮。讓徐福記品牌成為華人休閒食品的代表，持續創造安全精緻、健康美味的特色產品，邁向世界頂尖品牌，將是徐福記做為中國大陸糖果領導品牌的唯一願景！讓徐福記品牌成為華人休閒食品的代表，持續創造安全精緻、健康美味的特色產品，邁向世界頂尖品牌。

1.重要歷程

徐福記的前身，是台灣的徐福記食品。1992年，徐福記正式在東莞市投資創立「東莞徐福記食品有限公司」，把「糖果王國」進一步壯大。1994年在東莞設廠。1997年由新加坡TRANSPAC匯亞集團、仲華海外投資基金以及徐氏兄弟個人，正式簽定合資案，成立「BVI徐福記國際集團」，標誌東莞徐福記食品完成了跨國投資的第一步。

2004年買下位於龍泉的成都經濟技術開發區內一塊80多畝的土地，徐福記建新的生產基地，一期工程僅硬體投資就達到2,000多萬元，於2005年建成投產。2006年正式在新加坡掛牌上市，2007年在浙江湖州和河南駐馬店購地，準備建設分廠，擴充生產線與物流基地，預計2008年底能夠陸續投產。

2.壓力與動因

（1）**轉型升級之壓力**：由於當時台灣的糖果原料（如砂糖、麵粉、油、水

果等）價格太高，勞動力資源成本也相當高，增加徐福記發展的不利因素。80年代末90年代初，徐福記就開始到世界各地進行考察，尋求最佳的投資地點，與其他地方相比，中國大陸糖果的原料成本要比台灣低得多，勞動力資源豐富且低；中國大陸地域廣，消費市場廣闊。徐福記最後將「糖果王國」的大本營設在中國大陸，東莞成為徐福記進駐中國大陸的起源地。

（2）**轉型升級之動因：**由於四川糖果消費需求旺盛，加上成都本來就有很多實力不俗的食品企業，徐福記高舉西進旗幟建廠，市場爭奪無疑將更加激烈。目前，中國大陸各大超市商場出售的徐福記糖果糕點，全都來自該公司在東莞的3個生產基地。成都工廠是徐福記在東莞總公司外，在西部投資的第一個生產基地總投資超過1億元，而成都廠主要是供應西南、西北為主的西部市場。

3.轉型升級之策略

（1）**投資國別的轉型：**徐福記當初由於台灣人工愈來愈貴，員工不好找而將台灣的工廠移往東莞，把需要大量工序的產品，像是軟糖、花生糖移往中國大陸生產。1992年，徐福記正式在東莞市投資創立「東莞徐福記食品有限公司」，把「糖果王國」進一步壯大。

（2）**投資地理區位的轉型：**徐福記在成都的生產基地落戶龍泉經濟開發區，投資約6,000萬元，占地43,000多平方公尺，2007年已經開始動工。建成後，將有3～4個食品生產車間，以生產符合四川人口味的糕點、糖果等為主，預計2008年年底前可全部建成投產，屆時年產量可達11,000噸。另外，在成都的生產基地中還有一個物流基地，這是徐福記繼上海、瀋陽之後的第三個物流基地，輻射整個西部地區的產品運輸、配送。

（3）**擴充生產據點和通路：**2007年開始加速發展中國大陸事業。目前徐福記投資數億元在各地購地並正在建設分廠，2007年已在華東浙江湖州、華中河南駐馬店的籌建新生產基地，其中駐馬店基地總投資5.4億元，3個工廠都將於2008年內投產，這將擴大徐福記的產能並壓縮產品運輸成本；同時，還計畫擴充銷售分公司，加強行銷網路。因為看好河南人消費能力，以及河南區位優勢帶來逾5億人口的巨大市場。2006年8月，BVI徐福記國際控股集團即與遂平縣簽定投資協定，擬投資4.5億元人民幣，成立河南徐福記食品有限公司、河南華台新農副產品有限公司、河南中原駐馬店食品工業有限公司、河南凱力物流有限公司等4個外資企業，主要從事農副產品的收購、儲存、加工和糕點、糖果、果凍的生產銷售以及道路貨物運輸、倉儲配送等。

（4）**營運模式調整的轉型：** 1997年與新加坡匯亞集團（TRANSPAC）及仲華海外投資基金共同合資，成立BVI徐福記國際集團，並註冊成立東莞徐福記食品有限公司，專事經營徐福記品牌在中國大陸休閒食品領域的的永續發展。徐福記主要生產和銷售糖果、餅乾點心、沙琪瑪、巧克力和果凍布丁等系列散、包產品超過600多個款式；年產能達21萬噸，可同時生產100個以上品種。徐福記散裝產品採取的市場策略是，不管多少品種，都是一個價格，小小包裝，方便秤量。此策略大大滿足了消費者購物尋求方便的心理需求。

4.關鍵成功因素

（1）**建立台商區域大賣場：** ❶2007年徐福記在中國大陸擁有88家銷售分公司，超過13,500個直接管控的終端零售點，為全國客戶與消費者，提供快捷便利的分銷服務與產品售後服務，成為中國大陸最大型的糖果品和糖點企業之一。❷建立廣闊的市場網路，2007年在蚌埠、普寧、肇慶等19個城市開設分公司。目前為止，徐福記在中國大陸已經擁有88家分公司，同時公司投資數億元在浙江湖州和河南駐馬店設立新的生產基地，預計2008年陸續投產，從而擴大徐福記的產能並壓縮產品運輸成本。❸貼近消費者，在市場層面，繼續開拓二、三級城市的市場及農村鄉鎮市場，方便更多消費者就近買到徐福記產品。徐福記在中國大陸各地大賣場、商場建起3,000多個產品展銷專櫃，其中超過2,000個專櫃設有專屬的促銷員。

（2）**建立共同研發與創新聯盟：** 徐福記雖然屬於休閒食品行業，但非常重視高科技的融入和新產品的研發，從研發實驗室設立之初，便成功地將傳統的手工製造，提昇為半自動化，更階段性的邁向自動化。除此之外，還每年投入盈餘的5%作為研發經費，聘請專家顧問參與產品研發。並且每年要研發50多種新產品。徐福記很早就成立了組織產品技術委員會，領導徐福記的研發，並且不斷增設先進的器材，延攬資深的專業人才，希望透過企業包括研發、行銷、管理等多方位的努力，打造徐福記純純正正的金字招牌。

（3）**規範企業內部管理制度：** 徐福記的宗旨是對消費者負100%的責任。其物料管理制度非常詳細，對物料管理的流程進行了嚴格規定。物料品管員負責對物料（包括：紙箱、彩盒和膠罐）的質量進行抽樣檢驗，確保到貨物料符合公司質量標準。由於產品不僅供應中國大陸市場，還出口日本、歐美等地，為保證產品安全，進料這一部分最為嚴格，要從源頭開始，對供貨商進行嚴格管理，因為原料的安全才能保證產品的安全，事後檢測已經解決不了問題。

5.徐福記轉型升級後之績效表現

（1）**提昇產品附加價值之效益：**台灣知名財經雜誌商業新聞周刊與中國大陸最大的入口網站合作，針對中國大陸網路用戶進行一項內容為「50大高知名度台商企業」的全國性的調查，結果發現在食品行業，以經營糖果、餅乾、蜜餞等食品為主的徐福記名氣直追康師傅和統一等企業，漸漸受寵於越來越多的消費者。2004年9月被國家技術監督檢查總局授予糖果「中國大陸名牌」稱號並取得免檢資格；2006年徐福記餅乾獲頒「中國大陸名牌」稱號。

（2）**擴大企業經營規模之效益：**徐福記1999年銷售量為3萬噸，產品銷售遍及全中國大陸一、二級城市的各大商場、賣場等，年貨糖果銷售遍布5,000多個銷售點。2000年，「徐福記」被中國大陸國家統計局確認為全國糖果行業年銷量排名第一的品牌。

第**22**章　中國大陸台商轉型升級法律問題

一、前言

　　中國大陸經濟的持續增長，以及中國大陸巨大市場，給前往中國大陸投資的台資企業創造了無限商機。然而，最近中國大陸相繼推出一些新法令或措施，如《勞動合同法》的實施、新《企業所得稅法》的施行等等，導致成本加重，中國大陸台商有些已應聲倒地，而要真正存活並具備競爭力，必然要提高企業整體素質，加強人力的提昇、智慧產權的提昇，並注重在愈演愈烈的併購商戰中防範壟斷問題等成為目前台商企業面臨轉型升級的法律問題。

　　中國大陸台商的轉型升級其途徑及策略甚多，如自創品牌、重視研發與創新、收購知名品牌公司、進行多角化經營、進攻內銷市場、運用高科技提昇附加價值、重視開發新產品、採用加盟、降低成本、加強人力管理、建立良好聲譽、提昇顧客滿意、健全財務管理、帳款催收、加強融資力等，而這當中均涉及相關法律，中國大陸台商自有瞭解其重要性的必要，如此方有助於轉型升級。

二、加強勞動管理，因應《勞動合同法》

　　首先，談到勞動管理方面，因自2008年1月1日施行之《勞動合同法》，已引起相當大之震撼，台商自不可等閒視之，而應加以認識及因應，現分述如下：

1.中國大陸《勞動合同法》對企業主的影響：

　　如果把中國大陸《勞動合同法》理解為重點保護員工的法律，應該說沒有太大偏差；以法律人士的角度來看，此部新法規將更多地規範企業主的用工和解雇行為。對企業主來說，起碼要關注以下5處內容：

　　（1）老賴著不簽勞動合同的後果：中國大陸《勞動合同法》規定，用人單位與勞動者建立勞動關係後，雙方應當在「一個月」之內訂立書面勞動合同。用

人單位自用工之日起超過一個月不滿一年尚未與勞動者訂立書面勞動合同的，應當每月支付勞動者二倍的工資。如果用人單位自用工之日起滿一年仍未與勞動者訂立書面勞動合同，則用人單位與勞動者之間視為已訂立「無固定期限勞動合同」。

（2）**不能永無止境地試用員工**：中國大陸《勞動合同法》規定，勞動合同期限三個月以上不滿一年的，試用期不得超過一個月；勞動合同期限一年以上不滿三年的，試用期不得超過二個月；三年以上固定期限和無固定期限的勞動合同，試用期不得超過六個月。同一用人單位與同一勞動者只能約定一次試用期。試用期包含在勞動合同期限內；勞動合同僅約定試用期的，試用期不成立，該期限為勞動合同期限。同時，中國大陸《勞動合同法》還規定，用人單位如違反上述規定與勞動者約定試用期，且違法約定的試用期已經履行的，用人單位除應支付工資外，還必須以勞動者試用期滿後的月工資為標準，支付勞動者賠償金。

（3）**不得解雇員工的條件增多**：在傾向保護勞工的大勢所趨之下，中國大陸《勞動合同法》也就限制企業解雇權做出了規定。根據中國大陸現行《勞動法》，企業在幾種情況下是不能解雇職員的。如：❶患職業病或者因工負傷並被確認喪失或者部分喪失勞動能力的；❷患病或者負傷，在規定的「醫療期」內的；如果用人單位違反法律、法規或者勞動合同，工會有權要求重新處理；勞動者申請仲裁或者提起訴訟的，工會應當依法給予支持和幫助；❸女職工在孕期、產期、哺乳期內的；❹法律、行政法規規定的其他情形。中國大陸《勞動合同法》新增加了兩個情況：❶從事接觸職業病危害作業的勞動者未進行離崗前執業健康檢查，或者疑似職業病病人在診斷或者醫學觀察期間的；❷勞動者在用人單位連續工作滿15年，且距法定退休年齡不足5年的。顯然，中國大陸《勞動合同法》的規定，增強了對年長而逐漸在人力市場失去競爭力的員工和對長年工作在同一勞動環境身體受到一定損傷的員工的保護。

（4）**支付「經濟補償」不能含糊**：在大多數終止勞動合同的情形下，企業都要承擔一筆給付「經濟補償金」的開銷；依據員工工作滿一年支付一個月工資的經濟補償金的要求，若碰到與薪資不菲的中高層職員終止勞動合同，對於企業來說可是負擔不輕。此次中國大陸《勞動合同法》的規定在一定程度上幫助企業減負降壓；該法規定，勞動者月工資高於用人單位所在地區政府公布的上年度該地區職工月平均工資3倍的，其應得的經濟補償金額按該地區職工月平均工資的3倍標準乘以其在該用人單位的工作年限計算，並且在計算其工作年限時，最高不

超過12個月。

（5）**制度的完善迫在眉睫**：中國大陸《勞動合同法》規定，用人單位在制訂和修改包括勞動紀律、福利政策等直接涉及勞動者切身利益的規章制度，以及在決定有關重大事項時，必須與勞動者進行平等協商。在協商時，勞動者一方可以由「工會」出面代表，也可以由用人單位與全體職工或職工代表直接討論。用人單位在實施規章或者重大決定時，工會或職工有權與用人單位就修改或建立完善的規章制度和重大決定隨時進行協商。此外，用人單位有義務將規章制度和重大決定告知勞動者或對勞動者進行公告。這對企業內部管理制度的完善性而言，是個重大考驗；目前中國大陸企業中，有不少公司沒有設置人事部門，或者一個幾百名員工的企業只配置了一個人在負責人事，這顯然是不夠的。至於員工的基本資訊、勞動合同存檔、培訓計畫、公司出差報銷制度、員工手冊、公司獎懲制度等，都處在不完整、不規範的狀況下。企業的老闆也沒有意識到，有效地管理好員工對企業而言的重要意義，他們似乎一味地認為自己的企業又不是「上市公司」，何必弄出這麼多繁瑣的文件束縛自己；正是這樣的想法，導致不少勞動糾紛，最終常是企業敗訴。原因就是企業因為員工屢次曠工或者亂報發票等行為惹怒老闆而被解雇，但企業卻沒有一套處分員工的文件依據和通知程序，造成嚴重違反勞動紀律和公司制度一說沒有根據，結果企業又生氣又賠錢，實在是虧大了。

2.台資企業的應對之道：

依目前的狀況看，台資企業仍然是以勞動密集為主的製造產業，勞工多、勞資糾紛多，也成為一大特點。伴隨中國大陸《勞動合同法》的頒布和實施，建議台商乘機整治企業的人事管理，配置相應資質的人力資源師，聘請專業人士根據企業需要製作完備的用工、培訓、出差、報銷、會議、業績考核、崗位制度、獎懲制度等文件，並嚴格遵守中國大陸《勞動合同法》有關規定辦理離職、解雇等易發生糾紛的手續。

3.注意《勞動爭議調解仲裁法》的因應：

中國大陸自2008年5月1日起施行《勞動爭議調解仲裁法》，中國大陸為維護勞動者的權益，於該法第53條規定：勞動爭議仲裁不收費，台商勢必要對未來增加的勞動爭議仲裁案件審慎因應及處理。

三、自創品牌，應重視商標權的維護

接著，再談到品牌經營方面。「商標」是一種商品或服務的標記或標記的組合；商標代表了商品或服務的質量、內涵，集中表現了經營者的商譽。商標權是指商標權人依法對自己的註冊商標所享有的使用、收益、處分的權利。商標侵權行為，是指侵犯他人註冊商標專用權的行為。在中國大陸，由於高額利潤的誘惑、執法力度不夠等原因，商標侵權案件時有發生，導致嚴重損害商標權人的合法權益。一些商標侵權案件，帶給權利人重大的商譽損失和經濟損失。為免遭商標侵權損害，台商須加強商標權保護意識，瞭解中國大陸《商標法》對商標侵權的相關規定，並積極地採取相應的反商標侵權措施。

1.中國大陸法律對商標權取得制度的一般原則規定：

（1）**註冊取得原則：**中國大陸《商標法》規定，商標權的取得採取註冊取得制度。人用藥品和菸草製品商標採取強制註冊制度；其他商標的取得採取自願註冊取得制度；自然人、法人均可以申請商標註冊，而成為商標權人。

（2）**國家統一註冊原則：**中國大陸商標註冊實行「國家統一註冊」，即中國大陸的商標註冊工作由中國大陸國家商標局負責統一審核批准註冊。

（3）**申請在先原則，特定情形下以商標的在先使用為補充：**兩個或兩個以上的申請人，在同一種商品或者類似的商品上，以相同或者近似的商標申請註冊的，初步審定並公告申請在先的商標；同一天申請的，初步審定並公告使用在先的商標，駁回其他人的申請，不予公告。

台商還應注意，根據中國大陸商標權「註冊取得制度」的規定，如未在中國大陸註冊的商標，則不受中國大陸法律保護。又根據中國大陸商標權申請在先取得的制度規定，台商須及早在中國大陸國家商標局申請商標註冊，取得商標權。另外，根據中國大陸《商標法》規定，台商以法人或個人名義在中國大陸申請註冊商標，不能直接以自己的名義申請，而必須委託在中國大陸有「代理權的商標代理機構」代理申請。

2.對抗商標侵權可採取的措施：

台商發現自己的商標權被侵權時，首先應注意保全侵權人的侵權證據，及時向商標行政管理部門舉報「侵權行為」；也可以直接向法院提起「民事侵權訴訟」。如有證據證明他人正在實施或者即將實施侵犯自己註冊商標權的行為，如不及時制止，將會使自己合法權益受到難以彌補的損害的，可以在起訴前向法院

申請採取責令停止有關侵權行為和「財產保全」的措施。此外，提高商標「防偽技術」，重視商標管理，也是對抗商標侵權的重要措施。其他還可以「提高商標設計的科技含量」、「印製高質量防偽商標」及「平時安排專人負責商標管理工作」。

四、爭取馳名商標，強化企業利益保護

台商除應注意商標的相關法律責任，也應注意「馳名商標」的規定。

1.馳名商標的益處

首先說明取得「馳名商標」的益處。「馳名商標」（well-known trademark），是受到《保護工業產權巴黎公約》及各國國內法特別保障的法律意義上的商標。馳名商標可以是註冊商標或者未註冊商標，但一定都是在市場上享有較高聲譽並為相關公眾所熟知的。

一個馳名商標可以向購買者大量傳遞有關它所代表的商品或服務的資訊：優良的質量、質量的長期穩定性、對購買者消費習慣的適應程度及心理享受的滿足程度等。這些經過市場長期考驗的資訊既簡化了購買者的購買行為，也簡化了銷售者的銷售行為。換句話說，購買者在購買時無須逐一地去瞭解上述各種資訊，而只須認准該商標即可，這就是建立在信任基礎上的所謂「認牌購貨」；銷售者也無須不厭其詳地去宣傳上述資訊，而只須在銷售過程中通過廣告等傳播媒介重複自己的商標即可。因此可以說，「馳名商標」已經成為連續購買者與銷售者的穩定紐帶。

申請馳名商標對於商標的保護具有以下好處：1.對抗惡意搶註；2.對抗不同商品的相同（似）商標影響；3.對於「近似商標」的認定更容易；4.在立案調查假冒商標犯罪案件時，不受立案金額的限制；5.防止其他公司以馳名商標為公司名稱註冊；6.在電子商務中避免功能變數名稱註冊問題。

2.馳名商標的取得

在中國大陸，若要讓自己的商標被認定「馳名商標」，主要有兩種途徑。一種是由商標局認定，另一種是由法院認定；但是，其前提都必須是該商標在中國大陸地區被廣為知曉。如果僅在台灣很有名氣，可是沒有到中國大陸進行過推廣，那很難被認定為「馳名」。

（1）中國大陸商標局或商標評審委員會認定

提交商標是「馳名」的相關證據資料，也就是說，某家企業自認為自己的商

標有一定名氣，應該是個「馳名商標」，那就必須向位於北京的中國大陸國家工商行政管理總局商標局提交商標「馳名」的資料，去說服商標局作出官方認定。根據中國大陸《馳名商標認定和保護規定》，主要應準備下列文件：

❶證明相關公眾對該商標知曉程度的有關資料；這當中，「相關公眾」是有特定範圍的，指「與使用商標所標示的某類商品或者服務有關的消費者，生產前述商品或者提供服務的其他經營者以及經銷渠道中所涉及的銷售者和相關人員等」。因此，以台商來講，如果是生產管道閥門的企業，就需要在中國大陸閥門貿易商、最終用戶裡做其商標認知度的問卷調查；

❷證明該商標使用持續時間的有關資料，包括該商標使用、註冊的歷史和範圍的有關資料；

❸證明該商標的任何宣傳工作的持續時間、程度和地理範圍的有關資料，包括廣告宣傳和促銷活動的方式、地域範圍、宣傳媒體的種類以及廣告投放量等有關資料；

❹證明該商標作為「馳名商標」受保護紀錄的有關資料，包括該商標曾在中國大陸或者其他國家和地區作為馳名商標受保護的有關資料；

❺證明該商標馳名的其他證據資料，包括使用該商標的主要商品近3年的產量、銷售量、銷售收入、利稅、銷售區域等有關資料。

（2）申請認定的階段

馳名商標的申請認定應該來說，永遠都不會晚；但是由於中國大陸馳名商標認定法規的修訂，使得現有商標權利人只有在被遭到侵害時才能提出自己商標「馳名」而應當享受馳名商標保護。所以，認定的前提是商標權被侵害了。

❶以異議人的身分申請：企業發現有其他被商標局公告出的擬註冊商標違反中國大陸《商標法》，與自己的商標標示相似，則可以以異議人的身分，對公告的商標提出異議，同時提請要求認定自己商標為「馳名商標」的請求。

❷以撤銷人的身分申請：企業可以發現其他已經被商標局註冊的商標違反《商標法》，與自己的商標標示相似時，可以以撤銷人的名義，要求撤銷他人的註冊商標，同時提請要求認定自己的商標是馳名商標。不過，這個時候要向商標局的商標評審委員會提出。

五、技術研發，應注意商業秘密的保護

1.何謂商業秘密？

　　商業秘密，依中國大陸《反不正當競爭法》第10條的規定，是指「不為公眾所知悉，能為權利人帶來經濟利益、具有實用性並經權利人採取保密措施的技術資訊和經營資訊」。其有幾個公認的要件：（1）「商業秘密」是一種資訊，它不拘泥於某一種固定的形式（但是它一定是具有具體形式而不僅僅是單純的構想和抽象的概念），只要是負載了有價值的資訊即可。（2）「商業秘密」是一種不為公眾所知悉的資訊，也就是商業秘密的「秘密性」。（3）「商業秘密」是和經濟利益相連或是具有商業價值的。值得注意的是，具有經濟（商業）價值並不意味著只有運用於商業上的資訊才受法律保護，對於商業秘密的保護不僅限於有實際價值的資訊，也包括具有潛在價值的資訊。（4）「商業秘密」必須是經權利人採取了保密措施的資訊。這種保密措施包括對於「內部人」的，也包括對於「外部人」的。只要權利人努力維持其秘密性，其採取一般正常水平的保密措施，盡到了合理的注意義務即可。

　　「商業秘密」是一種「無形財產權」。因為，商業秘密和專利權、著作權、商標權等等一樣，是人類智力勞動的成果，是以資訊的形式存在的，權利人享有商業秘密就可以擁有相對於其他人的競爭優勢，也就是說商業秘密的所有和使用是有經濟價值的，這些是構成財產權的最基本要素。

2.《反不正當競爭法》對於「商業秘密」的規定：

　　中國大陸對於商業秘密的保護到目前為止，主要是從中國大陸《反不正當競爭法》方面進行的。1993年頒布的《反不正當競爭法》對商業秘密進行了定義，同時規定了3種侵犯商業秘密的行為：（1）以盜竊、利誘、脅迫或者其他不正當手段獲取權利人的商業秘密；（2）披露、使用或者允許他人使用以前項手段獲取的商業秘密；（3）違反約定或者違反權利人有關保守商業秘密的要求，披露、使用或者允許他人使用其所掌握的商業秘密。另外，該法還規定了第三人明知或應知上列違法行為，獲取、使用或者披露他人的商業秘密也視為侵犯商業秘密。中國大陸《反不正當競爭法》還規定了侵犯商業秘密行為的法律責任（主要是「行政責任」，由主管機關責令停止違法行為並處以罰款）。1995年中國大陸「國家工商行政管理總局」發布實施了《關於禁止侵犯商業秘密行為的若干規定》，這部行政法規對於《反不正當競爭法》的規定進行了擴展和細化，從歸屬

來看，該法規仍然是將侵犯商業秘密行為認定為「不正當競爭行為」，因此實際上是《反不正當競爭法》的延伸。

六、專利權遭侵犯的救濟

中國大陸台商的專利發現遭侵權仿冒，應進行處理：

1.刊登警告啟事或寄律師函

2.函行政查處

中國大陸《專利法》第57條第1款規定：「未經專利權人許可，實施其專利，即侵犯其專利權，引起糾紛的，專利權人或利害關係人，也可以請求管理專利工作的部門處理。管理專利工作的部門處理時，認定侵權行為成立的，可以責令侵權人立即停止侵權行為，當事人不服的，可以自收到處理通知之日起十五日內依照中華人民共和國行政訴訟法向人民法院起訴；侵犯人期滿不起訴又不停止侵權行為的，管理專利工作的部門可以申請人民法院強制執行。」

3.司法程序

（1）民事救濟

台商的發明創造可以在中國大陸，依中國大陸的《專利法》規定，註冊取得專利權。依中國大陸《專利法》的規定：「發明專利權」的期限為「20年」；「實用新型專利權」的期限為「10年」；而「外觀設計專利權」的期限也是「10年」。專利權人的專利受保護，任何人原則上在未經專利權人的許可，不得實施該專利；如有違反規定，即構成專利權的侵害。中國大陸台商的專利權在中國大陸受侵害時，中國大陸《專利法》第57條規定：「未經專利權人許可，實施其專利，即「侵犯其專利權」，引起糾紛的，由當事人協商解決；不願協商或者協商不成的，專利權人或者利害關係人可以向『人民法院』起訴。」如欲藉向人民法院提起民事訴訟，進行民事救濟，應注意以下4點：

❶在起訴前申請責令停止有關行為和財產保全措施：

首先台商應注意如何藉司法公權力停止加害人之侵犯專利的行為及進行財產保全措施。按中國大陸《專利法》第61條第1款規定：專利權人或者利害關係人有證據證明他人正在實施或者即將實施侵犯其專利權的行為，如不及時制止將會使其合法權益受到難以彌補的損害的，可以在起訴前向人民法院申請採取責令停止有關行為和財產保全的措施。台商於進行此一舉措還須注意自2001年7月1日起施行之最高人民法院《關於對訴前停止侵犯專利權行為適用法律問題的若干規

定》，特別提醒以下3點：A.訴前責令停止侵犯專利權行為的申請，應當向有專利侵權案件管轄權的人民法院提出。B.申請時，應向管轄人民法院以「書面申請狀」提出申請，申請狀內應載明當事人及其基本情況、申請的具體內容、範圍和理由等項；而申請的理由包括有關行為如不及時制止會使申請人合法權益受到難以彌補的損害的具體說明。C.申請人提出申請時應當提供「擔保」，且該擔保如係保證、抵押等形式的擔保只要合理、有效，人民法院也會准許。

❷確定管轄人民法院：

台商於處理專利權受侵犯之糾紛的案件時，進行民事訴訟，務必注意管轄的人民法院。中國大陸的訴訟採行「四級二審制」。而「侵犯專利權糾紛案件」究竟由何一級法院為第一審管轄法院呢？依中國大陸自2001年7月1日起施行之最高人民法院《關於審理專利糾紛案件適用法律問題的若干規定》第2條規定：「專利糾紛第一審案件，由各省、自治區、直轄市人民政府所在地的中級人民法院和最高人民法院指定的中級人民法院管轄。」由上述規定，要提醒台商切勿向「基層人民法院」提起。又管轄人民法院，由「侵權行為地」或者「被告住所地」人民法院管轄，亦即被害人可以向上述法院提起訴訟。惟上述「侵權行為地」究竟所指？依規定包括：被控侵犯發明、實用新型專利權的產品的製造、使用、許諾銷售、銷售、進口等行為的實施地；專利方法使用行為的實施地，依照該專利方法直接獲得的產品的使用、許諾銷售、銷售、進口等行為的實施地；外觀設計專利產品的製造、銷售、進口等行為的實施地；假冒他人專利的行為實施地，上述侵權結果發生地。

❸原告須注意「檢索報告」的提出：

中國大陸《專利法》第57條第2款規定：專利侵權糾紛案件涉及「實用新型專利的」，人民法院可以要求專利權人出具由「國務院專利行政部門」作出的「檢索報告」；所以提起侵犯實用新型專利訴訟的原告，應當在起訴時出具由「國務院專利行政部門」作出的「檢索報告」（參見最高人民法院《關於審理專利糾紛案件適用法律問題的若干規定》第8條第1款）。

❹受害人須注意「訴訟時效」的規定：

在侵害專利權的訴訟案件，受害人即原告還須注意「訴訟時效」的規定。按中國大陸《專利法》第62條第1款規定：侵犯專利權的訴訟時效為「2年」，自專利權人或利害關係人得知或者應當得知侵權行為之日計算。如果加害人的侵害行為已超過2年，且侵權行為已終止者固不利於原告；惟如起訴時而侵權行為仍在

繼續時，又如何呢？依中國大陸最高人民法院《關於審理專利糾紛案件適用法律問題的若干規定》第23條第1款後段規定：「……權利人超過二年起訴的，如果侵犯權行為在起訴時仍在繼續，在該項專利有效期內，人民法院應當判決被告停止侵權行為，侵權損害賠償數額應當自權利人向人民法院起訴之日起向前推算2年計算。

（2）刑事救濟

中國大陸《刑法》第216條：假冒他人專利，情節嚴重的，處3年以下有期徒刑或者拘役，併處或者單處罰金。中國大陸《刑法》第220條：「單位」犯本節第213條至第219條規定之罪的，對「單位」判處罰金；並對其直接負責的主管人員或其他直接責任人員，依照本節各該條的規定處罰。

七、取得高新技術企業認定，享受租稅優惠

按中國大陸積極推動產業轉型，高科技產業和傳統產業呈現兩極化現象，中國大陸自2008年1月1日起施行《高新技術企業認定管理辦法》，許多以研發部門為強項的台資高科技企業在地方科委協助下，申請「高新技術企業認定」，享受中國大陸企業所得稅15%的優惠稅率，並申請地方政府提供的轉型升級補助金。而台商在申請時要注意以下4點：

1.瞭解國家重點支持的高新技術領域：企業要申請高新技術企業認定，必須先符合中國大陸《國家重點支持的高新技術領域》，包括：電子信息技術、生物與新醫藥技術、航空航天技術、新材料技術、高技術服務業、新能源及節能技術、資源與環境技術及高新技術改造傳統產業等。

2.明白「高新技術企業」的定義：其乃指在中國大陸《國家重點支持的高新技術領域》內，持續進行研究開發與技術成果轉化，形成企業核心自主知識產權，並以此為基礎開展經營活動，在中國大陸境內註冊「一年」以上的居民企業。

3.高新技術企業認定的條件（高新技術企業認定須同時滿足以下條件）：

（1）在中國大陸境內註冊的企業，近「3年」內透過自主研發、受讓、受贈、併購等方式，或透過「5年」以上的獨占許可方式，對其主要產品（服務）的核心技術擁有自主知識產權。

（2）產品（服務）屬於《國家重點支持的高新技術領域》規定的範圍。

（3）具有大學專科以上學歷的科技人員占企業當年職工總數的30%以上，

其中研發人員占企業當年職工總數的10%以上。

（4）企業為獲得科學技術（不包括人文、社會科學）新知識，創造性運用科學新知識，或實質性改進技術、產品（服務）而持續進行了研究開發活動，且近3個會計年度的研究開發費用總額占銷售收入總額的比率符合以下要求：最近一年銷售收入小於人民幣5,000萬元的企業，比率不低於6%；最近一年銷售收入在人民幣5,000萬元至2億元的企業，比率不低於4%；最近一年銷售收入在人民幣2億元以上的企業，比率不低於3%；其中，企業在中國大陸境內發生的研究開發費用總額占全部研究開發費用總額的比率不低於60%，企業註冊成立時間不足「三年」的，實際經營年限計算。

（5）高新技術產品（服務）占企業當年總收入的60%以上。

（6）企業研究開發組織管理水準、科技成果轉化能力、自主知識產權數量－銷售與總資產成長性等指標符合《高新技術企業認定管理工作指引》的要求。

4.高新技術企業認定的程序：企業經自我評價，認為符合高新技術企業認定的條件，可提出申請，而認定的程序如下：

（1）依規定提交申請資料，如：高新技術企業認定申請書、企業營業執照副本等資料；

（2）由專家進行「合規性審查」，提出認定意見；

（3）認定機構對企業進行認定，並於「高新技術企業認定管理工作網」上公示「15個工作天」，沒有異議的，即報送「領導小組辦公室」備案，在「高新技術企業認定管理工作網」上公告認定結果，並向企業頒發「高新技術企業證書」。

八、注意商業賄賂罪的規定

1.商業賄賂的規定：

對商業賄賂的處理，在中國大陸一般是由「工商行政管理部門」出面予以處理；但如果行賄受賄數額較大，還會牽涉「刑罰」。

（1）行政處理

❶《反不正當競爭法》

早在1993年的中國大陸《反不正當競爭法》就曾對商業賄賂問題作了規範。中國大陸《反不正當競爭法》第8條規定：「經營者不得採用財物或者其他手段

進行賄賂以銷售或者購買商品。在帳外暗中給予對方單位或者個人回扣的，以行賄論處；對方單位或者個人在帳外暗中收受回扣的，以受賄論處。經營者銷售或者購買商品，可以以明示方式給對方折扣，可以給中間人佣金。經營者給對方折扣、給中間人佣金，必須如實入帳。接受折扣、佣金的經營者必須如實入帳。」這似乎在告訴人們，是否構成賄賂主要看「回扣」有沒有入賬。如果行賄方做帳做得巧妙的話，就能夠逃脫《反不正當競爭法》對於商業賄賂的認定。

對於商業賄賂行為的打擊方式，主要是「罰款」和「沒收非法所得」。中國大陸《反不正當競爭法》第22條規定：「經營者採用財物或者其他手段進行賄賂以銷售或者購買商品，構成犯罪的，依法追究刑事責任；不構成犯罪的，監督檢查部門可以根據情節處以1萬元以上20萬元以下的罰款，有違法所得的，予以沒收。」但是由於《反不正當競爭法》對於商業賄賂構成要件之制定得比較單純，企業在做生意的時候很容易繞過帳外給回扣，用發票報銷、贈券等方式就能實現帳內給予回扣。因此，事實上被處以不正當罰款或沒收的機率並不大。

❷關於禁止商業賄賂行為的暫行規定

由於中國大陸《反不正當競爭法》在商業賄賂問題上的規定過於單薄，1996年中國大陸「國家工商行政管理總局」專門就此發布了《關於禁止商業賄賂行為的暫行規定》，列明幾種隱性商業賄賂行為。商業賄賂，通常的理解是用「現金」和「實物」，包括經營者為銷售或者購買商品，假藉促銷費、宣傳費、贊助費、科研費、勞務費、諮詢費、佣金等名義，或者以報銷各種費用等方式，給付對方單位或者個人的財物。此外商業賄賂也可以是提供國內外各種名義的旅遊、考察等給付財物以外的其他利益的手段。

在帳外暗中給予對方單位或者個人回扣的，在實際操作中往往就帳內帳外問題扯不清楚。對此，中國大陸《關於禁止商業賄賂行為的暫行規定》明定了帳外暗中，就是指未在依法設立的反映其生產經營活動或者行政事業經費收支的財務帳上按照財務會計制度規定明確如實記載，包括不記入財務帳、轉入其他財務帳或者做假帳等。

與「吃回扣」不被允許有所不同的是，給一定折扣是可以的。這種折扣應當是商品購銷中的讓利，就是經營者在銷售商品時，以明示並如實入帳的方式給予對方的價格優惠，包括「支付價款時對價款總額按一定比例即時予以扣除」和「支付價款總額後再按一定比例予以退還」兩種形式。通常是根據雙方「合同」約定的金額和支付方式，在依法設立的反映其生產經營活動或者行政事業經費收

支的財務帳上按照財務會計制度規定明確如實記載。

　　商業賄賂行為主要由縣級以上工商行政管理機關監督檢查。工商行政管理機關在監督檢查商業賄賂行為時，既可以對行賄行為調查處理，也可以將受賄行為一併予以處理。

2.何種情形的商業賄賂會涉及刑責？

　　中國大陸1997年《刑法》對商業受賄罪的規定是，公司、企業的工作人員利用職務上的便利，索取他人財物或者非法收受他人財物，為他人謀取利益，數額較大的，處五年以下有期徒刑或者拘役；數額巨大的，處5年以上有期徒刑，可以併處沒收財產。公司、企業的工作人員在經濟往來中，違反國家規定，收受各種名義的回扣、手續費，歸個人所有的，依法給予處罰。

　　此後的中國大陸《刑法》修正案（六）中，將1997年《刑法》對商業受賄罪的主體範圍進行了擴大解釋，將1997年《刑法》中的「公司、企業的工作人員」修改為「公司、企業或者其他單位的工作人員」。

　　可見商業受賄罪犯罪主體是特定主體——公司、企業的工作人員，包括公司、企業的高級管理人員，如董事長、總經理、監事、總會計師等，又包括一般採購員、會計師、審計師等。按照中國大陸《刑法》修正案（六）的修改內容，商業受賄罪主體擴展範圍較大，「醫療機構的醫務人員」均可成為適格的犯罪主體。

　　犯商業受賄罪的，處5年以下有期徒刑或者拘役；數額巨大的，處5年以上有期徒刑，可以併處沒收財產。數額大小，按照1995年12月中國大陸最高人民法院發布的《關於辦理違反公司法受賄、侵占、挪用等刑事案件適用法律若干問題的解釋》規定，索取或者收受賄賂人民幣5千～2萬元以上的，屬於「數額較大」；索取或者收受賄賂人民幣10萬元以上的，屬於「數額巨大」。顯然，以目前中國大陸經濟的飛速發展，只送人民幣5千元的紅包真是太過寒酸，起不了什麼大作用的。這意味著生意人要做成生意，其越雷池受罰的可能性增高了。

九、懂得運用法律，確保貨款債權

　　中國大陸台商為了財務周轉能力的提升，除了提昇融資貸款的能力外，減少呆帳，加強貨款的收取，這都是必要的，而為了確保貨款，至少應注意以下4個問題：

1.中國大陸台商確保貨款的手段有那些？

（1）**貨款到才出貨的原則：**一手交錢，一手交貨，對於賣方固較有利，但不一定為買方所接受。如賣方居於有利地位時，可做此一要求。

（2）**接受銀行承兌匯票、銀行匯票或銀行本票的原則：**中國大陸《票據法》將票據分為「匯票」、「本票」及「支票」，匯票可分為「銀行承兌匯票」、「商業承兌匯票」、「銀行匯票」；本票僅限於「銀行本票」。台商以接受「銀行承兌匯票」、「銀行匯票」或「銀行本票」，對於貨款債權較有保障。

（3）**保證、抵押的原則：**買受人提供有信用的保證人或以「動產、不動產」抵押，藉以擔保貨款，對於出賣人貨款債權的確保也有幫助，而運用中國大陸《擔保法》的擔保時，還應注意其他相關規定。

（4）**催帳不手軟的原則：**出賣人出售貨物，而未能收到貨款時，一定要加強催收，切勿觀望延宕。而進行催收，可以有足資信賴的律師事務所協助催收；如仍未獲清償時，則應進行「財產保全」，藉以防止債務人脫產，並進行相關的訴訟，進而強制執行！

（5）**簽訂合同的原則：**台商在中國大陸進行買賣交易，一定要運用中國大陸《合同法》的相關規定，借使合同完備有效，一旦買受人拒不支付貨款時，則可以「合同」做為催討的有效依據。

（6）**運用違約金的原則：**中國大陸台商可以在「合同」中約定「違約金條款」（參見中國大陸《民法通則》第112條第2款），藉以對買受人發生威嚇作用，使之能遵守合同約定履行。

（7）**要求支付訂金的原則：**中國大陸《擔保法》規定「訂金」也可以作為擔保的方法，賣方可要求買方提供「訂金」，但訂金不得超過價金的20%。

（8）**注意訴訟時效的原則：**如出賣人遇上買受人積欠貨款，進行催討，一定要掌握中國大陸《民法通則》中所規定之「訴訟時效」的規定。

2.中國大陸台商如何避免呆帳的發生？

中國大陸市場是各國商人所重視，但台商在中國大陸還應重視成功回收貨款，依一項調查結果顯示：台商在中國大陸所採取的交易條件，有48.7%採用「放帳方式」交易，另「一手交錢，一手交貨」方式占24.89%，至於「預付款」及「信用狀」方式的交易，則各占14.2%及11.5%。基於各種不同的交易方式，導致發生呆帳的案件仍然頻傳，建議中國大陸台商要減少或避免呆帳的發生，並應注意以下5點：

（1）**客戶徵信：**中國大陸台商的交易對象有「國有企業」、「鄉鎮企業」、「私營企業」、「工商個體戶」、「中外合營企業」、「外商獨資企業」等。台商不論對何種對象均應進行徵信，不過私營企業、工商個體戶較不易有效查證，而經營實力又良莠不齊，台商與之交易應格外小心。

（2）**減少「放帳」：**不是對所有客戶均可採用放帳方式交易，如自己找上門來的客戶，即必須採用「現金交易」，或配合中國大陸《擔保法》所規定之「擔保」手段的運用。

（3）**信用管理：**往來客戶如有前帳未清的情形發生，即應停止供貨，不得再繼續供貨。

（4）**預付款不同於「訂金」：**出賣人透過「預付款」的收受，藉以避免呆帳，是法律容許的。預付款不是「訂金」，預付款無不得逾價款20%的限制。

（5）**注意業務員的管理：**業務員如向客戶收取貨款，務必要求當天下班前將收回的貨款交給公司的出納，有些款項可由客戶匯款，藉以減少由業務員前往收款的情事發生，並減少風險。

3.中國大陸台商遇上交易相對人不付貨款時，該怎麼辦？

發生交易貨款的糾紛，中國大陸台商可以透過下述一大途徑，解決糾紛：（1）自行協商或委請律師協商：不戰而屈人之兵是上策，孔子說：「訟則終凶」，因而如雙方當事人能自行協商或透過律師協商而解決糾紛，固然可喜；如不能解決時，仍能透過其他法律途徑。（2）向法院聲請「支付令」：中國大陸《民事訴訟法》有規定「督促程序」，當事人可以聲請「支付令」。（3）向法院聲請「調解」：由法院為雙方當事人調解。（4）向法院提起訴訟：向法院「立案」，法院受理後而為裁判。（5）向仲裁機構聲請仲裁：提出仲裁，必須雙方當事人有「仲裁協議」，仲裁機構作出的裁決書具有法律效力。按中國大陸《仲裁法》第57條規定：「裁決書自作出之日起發生法律效力。」但如當事人提出證據證明裁決有下列情形之一的，可以向「仲裁委員會」所在地的「中級人民法院」申請撤銷裁決：

❶沒有仲裁協議的；

❷裁決的事項不屬於仲裁協議的範圍或者仲裁委員會無權仲裁的；

❸仲裁庭的組成或者仲裁的程序違反法定程序的；

❹裁決所根據的證據是偽造的；

❺對方當事人隱瞞了足以影響公正裁決的證據的；

❻仲裁員在仲裁該案時有索賄受賄，徇私舞弊，枉法裁決行為的（參見中國大陸《仲裁法》第59條第1款）。

4.中國大陸台商取得執行名義後，如何強制執行？

此可注意以下三點：

（1）注意「立案」的規定：中國大陸人民法院受理執行案件，必須符合下列條件的申請，會在「七日」內予以「立案」；反之，則於「七日」內裁定不予受理：

❶申請或移送執行的法律文書已經生效；

❷申請執行人是生效法律文書確定的權利人或其繼承人、權利承受人；

❸申請執行人在法定期限內提出申請；

❹申請執行的法律文書有給付內容，且執行標的和被執行人明確；

❺義務人在生效法律文書確定的期限內未履行義務；

❻屬於受申請執行的人民法院管轄。

（2）強制執行申請時須提出的文件和證件：申請執行，應向人民法院提交文件和證件為：

❶申請執行書，申請執行書應當寫明申請執行的理由、事項、執行標的，以及申請執行人所瞭解的被執行人的財產狀況。

❷生效法律文書副本。

❸申請執行人的身分證明。

❹繼承人或權利承受人申請執行的，應當提交繼承或承受權利的證明文件。

❺其他應當提交的文件或證件。

（3）執行費用的繳納：台商應注意申請強制執行應繳納執行費用，依中國大陸《人民法院訴訟費收費辦法》的規定，須依下述標準繳納，即申請執行案件，執行金額或者價額在人民幣1萬元以下的，每件交納人民幣50元；超過1萬元至50萬元的部分，按0.5%交納；超過50萬元的部分，按0.1%交納。

十、結語

綜上所述，中國大陸台商面對中國大陸經濟情勢的改變，為了生存及發展，不得不轉型升級，而轉型升級務必注意相關規定，方可保障自身權益，並避免不必要的紛爭！

註：【1】中國大陸法院共分為四級，即最高人民法院、高級人民法院、中級人民法院及基層人民法院。

註：【2】參見賴文平撰「入世後大陸智慧財產權法令解析」乙文載中國台商投資保障促進會主辦「2002年大陸投資財經法令實務講座」論文集，頁97。

註：【3】依大陸《專利管理機關查處冒充專利行為規定》第3條規定：專利權屆滿或者終止後，繼續銷售專利權期限屆滿或者終止前合法製造的標有專利記號的產品的，不屬於冒充專利行為。

註：【4】參見陳慧敏撰「高新技術門檻高傳產台商苦」乙文，載於2008年5月21日經濟日報A8版。

註：【5】參見朱偉雄編著，《台商常犯的十大錯誤》，頁234～238，2004年7月初版，聯經出版事業股份有限公司出版。

註：【6】參見李永然著，《大陸投資法律通》，頁145～152，2003年11月初版，台灣工商稅務出版社有限公司出版。

註：【7】參見王介良等著，《中國貿易經營環境與管理實務》，頁68，2005年12月初版，台北市進出口商業同業公會出版。

註：【8】大陸《擔保法》所規定的擔保方式有「保證」、「抵押」、「質押」、「留置權」、「訂金」。

註：【9】大陸《擔保法》第91條規定：訂金的數額由當事人約定，但不得超過主合同標的額的20%。

註：【10】參見呂榮海著，《中國投資法律暨案例研究》，頁306～307，2002年6月，蔚理有限公司出版。

（此專題內容由永然聯合法律事務所所長李永然律師撰寫，並獲其慨然同意提供，為本報告增色。）

第**23**章 中國大陸勞動合同法 對台商影響及因應對策

一部法令的頒布如果能夠造成三贏的局面，那是員工之幸、企業之幸、社會之幸、國家之幸。然而《勞動合同法》頒布實施前後所造成的三輸局面，員工採取罷工、怠工、抗爭等手段爭取權益，造成企業生產出貨不順；企業為了反制員工的抗爭，於是採取解除勞動合同、改為勞務派遣等規避措施，或只好選擇關廠、裁員等措施；當地執法的勞動主管機關面對層出不窮的罷工抗爭事件頭痛不已，當地勞動主管機關疲於奔命，到處滅火。《勞動合同法》的實施，員工還沒來得及享受《勞動合同法》帶來的好處，卻先面臨失業的懲罰，可以說員工「未蒙其利，先受其害」。

《勞動合同法》的實施會增加企業的成本，企業都可以接受；企業最怕的是由於法令的不確定性、模糊性，造成員工「誤讀」、「誤解」、「誤導」、「誤用」，以致員工不理性的抗爭、罷工，使得企業無法順利生產出貨。《勞動合同法》實施都快8個月了，然而法令模糊不清、模稜兩可以及不可操作性的地方，至今仍未解決，連2008年5月9日頒布的《勞動合同法實施條例》草案，都還規定得不清不楚，甚至還有許多地方與《勞動合同法》不一致或相衝突，要企業如何遵循呢？以下分別探討《勞動合同法》實施8個月後的現況、影響及因應對策。

一、新《勞動合同法》不完善的地方

新《勞動合同法》的頒布實施，在大方向並沒有問題，條文內容偏向勞動者也是合情、合理，企業都可以理解的，但問題是條文要明確、可操作性，不要法令不一致、誤導員工。然而很不幸的，《勞動合同法》自2008年1月1日開始執行，就因為《勞動合同法》內容規定不明確、模稜兩可、不可操作性、各方解讀不一，而造成員工無理的抗爭及罷工，影響企業正常生產。

此外，《勞動合同法》的實施時機是否適當也是一大問題？特別是《勞動合同法》的實施日期選在春節前實施，此時正是員工要返鄉過年，又是企業的出口旺季，很容易造成員工情緒浮動，採取激烈的手段抗爭，例如罷工、怠工。

《勞動合同法》影響企業最大、最深遠的問題是，《勞動合同法》條文不明確，各方解讀不一，嚴重誤導員工，造成員工認為《勞動合同法》就是用來保護勞工的，以致員工只要權利，不要義務，動不動就以罷工、怠工、抗爭來與企業對抗，造成企業生產中斷，無法如期出貨，最後企業受不了而關廠或外移，原本勞動合同法立法的目的是要達到勞資雙贏的目的，最後反而造成勞資雙輸的局面。

《勞動合同法》仍有許多窒礙難行的地方，例如：加班時間每月不得超過36小時。此一規定對大多數的企業都做不到，企業要麼被勞動主管機關罰款，要麼想辦法規避不要留下超時加班的證據。許多工廠特別是出口型企業，都是計件工資，由於員工晚上加班（或星期天加班），工廠必須發加班工資，造成了有些員工白天不好好幹活，白天可以做完的工作，故意拖到晚上做，特別是企業在趕貨時，為了不被客戶罰款，失去訂單，不得不向員工妥協，多發加班工資，造成了工廠成本增加。新《勞動合同法》對員工一邊倒，如果嚴格執行必將造成連鎖效應，一年後，將有大批企業向其他國家轉移或倒閉。理由如下：

1. 企業與員工簽訂勞動合同，雖然向員工傾斜無可厚非，但應遵循基本的公平、公正、誠實、可信度。企業與員工簽訂合同，實際上是完全不平等的，對企業有約束，對員工沒有任何約束，員工想來就來，想走就走，企業完全處於弱勢地位。以前舊《勞動法》對員工還有一個約束，即員工與企業簽訂合同後，如果員工要終止合同，員工還必須按合同的約定對企業進行違約賠償。

2. 由於新《勞動合同法》對員工欠缺約束力，員工想來就來，想走就走，企業必須儲備足夠的備用人員，才能夠保證正常的生產及運作，許多工廠都是流水作業，一個蘿蔔一個坑，某崗位上少了一個人，有可能造成全線生產的停止。為防止這種情況的發生，企業必須儲備足夠的人員替補，因為員工一旦提出辭職，企業想要求員工在最後30天內好好工作，對中國大陸員工而言，幾乎是不可能的，企業明智的選擇是，員工一旦提出辭職，企業馬上結算工資要員工走人，但按新《勞動合同法》的規定，又必須多支付一個月的工資，而且企業還需要替補人員的及時到位，而這些替補的人員，平時事又不多，每月要照常支付工資，又容易造成員工之間的相互攀比，同時又增加企業運作成本。

二、制訂一部完善的《勞動合同法》應考慮的因素

中國大陸立法機關在制訂法令時應遵循毛澤東講過的話：「實踐檢驗真理」以及「沒有調查就沒有發言權」。而且任何法令的頒布實施，不應在配套法令尚未完成之前就貿然實施。以《勞動合同法》為例，都已經實施快8個月了，《勞動合同法實施條例》還是無法頒布實施，即使頒布了《勞動合同法實施條例》草案，仍有多處條文與母法不一致或相衝突，難怪會造成企業與員工誤解，以致發生許多不該發生的罷工等勞動抗爭糾紛及企業關廠事件。

很多事情不一定「對的就是好的」，有些時候「對的反而是不好的」。因為沒有考慮配套完善、沒有考慮執行面的可行性，沒有考慮實施的時機點。新《勞動合同法》實施後，已經看出許多負面效果，近幾個月來，沿海地區大量的工廠關門、倒閉、外遷，就能說明問題的嚴重性。1～2年後，更可以看出這種負面效果。

三、《勞動合同法》應修改那些條文以創造雙贏

其實《勞動合同法》真正需要修改的地方並不多，只需動「小手術」即可達成勞資雙贏，以下舉迫切需要修改的6個條文為例，只要稍加修改，企業雖不滿意，但也可以接受。

1.《勞動合同法實施條例》應規定，合同到期終止後，企業不續約的給予經濟補償金，企業應該只負擔補償金的一半，另一半應由員工自行承擔。因為合同到期不續約，企業並無過失，企業不應該承擔所有的責任，企業不予續簽，一定是員工表現不符合企業的要求，好的員工，企業一定會續簽的。

2.《勞動合同法實施條例》應規定，員工與企業簽訂勞動合同尚未到期提前離職的，企業有權與員工約定賠償金。例如：重新招聘的成本、重新訓練的成本、學習曲線的成本。否則《勞動合同法》只會培養下一代不守法的中國人，員工將視合同為無物，認為反正合同簽了不遵守也沒有關係。而且會造成員工頻繁跳槽，使企業更不願意對員工進行培訓，因為對企業毫無保障可言。目前勞動合同法規定，員工只要提前一個月提出書面通知即可離職，不需承擔任何責任。如此一來，企業不論與員工簽多少年合同，對企業根本都沒有任何保障可言。

3.企業對員工的專業培訓，許多都是在企業內部進行的，特別是模具人員、設計人員、開發人員、技術人員、維修人員等。但在內部所做的培訓，因無法取

得發票，按《勞動合同法》的規定是無法與員工簽訂培訓協議延長服務期限的。這對企業而言，寧可招有經驗的員工，也不願招剛畢業的學生，對畢業生反而失去了就業機會，對在職的員工也會喪失更多學習技術的機會。建議《勞動合同法實施條例》應該規定，在企業內部所做的專業技能或管理技能提升培訓只要能夠提出培訓時數，並以合理的小時培訓費用計算，即可簽訂培訓協議，有助於創造勞資雙贏。

4. 針對簽訂無固定期限勞動合同，建議《勞動合同法實施條例》應規定，若員工選擇簽訂無固定期限勞動合同時，若服務期未滿，企業有權與員工約定違約金，這樣可以迫使員工更慎重的選擇勞動合同期限，而且才符合權責相符原則，對企業與員工簽訂無固定期限勞動合同才有一點保障。

5. 對加班時數的規定，《勞動合同法》規定一個月不能超過36小時，建議《勞動合同法實施條例》應規定，如果是員工自願加班，不是企業強迫的，而且企業有按規定計算加班費，員工可以加班，但加班時數一個月最多不能超過65小時。因為不讓員工加班，員工休息不賺錢，反而要花錢，就會造成員工離職，而且也可以解決企業旺季出貨的問題。

6. 針對外來工的社保問題，由於社保跨區轉移制度不健全，造成員工不願意投保，若企業要求投保，員工就離職。建議《勞動合同實施條例》應規定，在全國社保跨區轉移制度尚不健全之前，針對外來工的社保問題，只需由企業繳納，員工不用繳納，且企業繳納以較低的固定比例繳納，例如：人民幣50～150元。

四、台商負責人如何因應《勞動合同法》的實施

中國大陸勞動合同法律環境大幅改變，台商工廠將面臨勞動爭議增多，罷工、抗爭頻繁，以及勞動成本大幅上升的經營壓力，台商您準備好了嗎？台商負責人採取何種態度面對中國大陸《勞動合同法》及相關政策的實施，是台商在中國大陸能否永續經營的關鍵。

任何事情只要負責人重視，各部門主管自然會動起來。更何況《勞動合同法》的實施是一件攸關企業存亡的大事呢？不重視的企業必將付出沈重的代價，包括：勞動爭議、罷工、經濟補償金及賠償金等層出不窮的成本支出。而且《勞動合同法》不是只有今年才要應付，而是每一年都要遇到的問題，企業唯有做好因應及預防措施，才能一勞永逸免除後患。

企業負責人因應《勞動合同法》的實施需關注以下幾點：重視《勞動合同

法》的衝擊並採取正確的因應計畫、正確評估《勞動合同法》對企業的影響層面、應有的正確態度及風險意識、掌握《勞動合同法》實施後企業增加的成本、《勞動合同法》對接單報價的影響有多大？違反《勞動合同法》的後果及成本有多高？《勞動合同法》對企業的利弊得失為何？企業負責人如何做好轉型升級因應勞動合同法的衝擊？

五、人力資源主管如何因應《勞動合同法》的實施

針對在2008年即將頒布的《工資法》、《社會保險法》、《勞動爭議處理法》等，人力資源主管應持續關注和瞭解，以便因應這一系列法律法規實施後可能出現的問題。人力資源主管您準備好了嗎？

人力資源主管因應新《勞動合同法》及《勞動合同法實施條例》，應從勞動合同管理、管理規章建設以及企業民主管理等3個方面加強落實。人力資源主管因應《勞動合同法》的實施須關注以下幾點：人力資源主管招聘須知及如何防範招聘風險、人力資源主管勞動合同簽訂須知及如何防範風險、人力資源主管勞動規章制度制訂須知及如何防範風險、強化試用期及轉正（試用期滿）後的考核、解除勞動合同合法化、做好人才備胎建立和工作交接管理、做好人力盤點，降低勞動人事成本、建立完整的勞動爭議仲裁證據、非過失性解除勞動合同的選擇及風險因應。

六、結論

因應新《勞動合同法》及《勞動合同法實施條例》，總結近期輔導台商因應勞動合同法的經驗，從員工招聘、企業勞動合同簽訂及管理、管理規章制度系統性的制定、完善員工手冊、獎懲規定、落實員工對勞動規章制度的培訓、建立完善勞動爭議的檔案管理、制定可操作性的勞動人事SOP制度，善用三大法寶並加以細化（制訂詳細的獎懲條款，至少要200條以上），以規避或降低經濟補償金及賠償金的支出。《勞動合同法》「三大法寶」是指，嚴重違反公司規章制度；嚴重失職，造成公司重大損害；營私舞弊，造成公司重大損害。

（**此專題內容由華信統領企業管理諮詢顧問公司袁明仁總經理撰寫，並獲其慨然同意提供，為本報告增色。**）

第五篇

察納雅言——
2008 TEEMA報告趨勢與建言

第**24**章 2008 TEEMA
報告結論彙總

賡續2000～2007《TEEMA調查報告》的調查精神以及符合兩岸廠商及相關社會賢達對《TEEMA調查報告》期許，2008研究團隊秉持「精、細、實、研」的研究態度，完成2008《TEEMA調查報告》，為使報告能夠廣為分享擴散，並能夠成為指引台商佈局中國大陸的重要平台，茲將重要調查成果彙整10項結論，以供快速閱覽中國大陸城市排行。

結論一：有關調查「樣本結構」剖析

TEEMA 2008年針對已經赴中國大陸投資的台商企業進行結構式問卷發放及回收作業，在同一城市回卷台商數超過15份者乃列入TEEMA 2008城市評估之行列，依據最終統計結果，2008年列入評估的中國大陸台商投資密集城市共計90個，而有效台商回卷數為2,612份，有關樣本結構之排序如後：

1. 台商地區別回卷：（1）華東地區（44.60%）；（2）華南地區（25.42%）；（3）華北地區（11.22%）；（4）華中地區（8.31%）；（5）西南地區（6.01%）；（6）東北地區（3.02%）；（7）西北地區（1.42%）。

2. 台商產業類型：（1）電子電器（27.61%）；（2）機械製造（13.36%）；（3）金屬材料（7.67%）；（4）精密器械（7.29%）；（5）塑膠製品（5.66%）。

3. 台商投資區位：（1）經濟開發區（40.01%）；（2）一般市區（24.86%）；（3）高新技術區（14.12%）；（4）保稅區（6.68%）；（5）經濟特區（6.59%）。

結論二：有關「台商分工佈局策略」剖析

2008《TEEMA調查報告》以台商未來佈局的規劃及台商產銷分工模式作為

探討台商兩岸分工佈局策略的依歸，其調查結果分析如下：

1. 台商未來投資佈局規劃：（1）擴大對中國大陸投資生產（54.40%）；（2）台灣母公司繼續生產營造（37.71%）；（3）台灣關閉廠房僅保留業務（20.87%）；（4）希望回台投資（9.88%）；（5）結束在台灣業務（5.02%）。

2. 台商產銷分工模式：（1）台灣地區：接單（49.08%）、行銷（47.78%）和研發（43.84%）為主；（2）大陸地區：生產（73.58%）、出口（58.12%）和接單（45.48%）為重；（3）香港或第三地：財務調度（24.73%）、接單（18.68%）和押匯（17.15%）為產銷分工價值鏈的重心。

結論三：有關「台商未來佈局城市」剖析

2008《TEEMA調查報告》為瞭解台商未來在中國大陸佈局的思維，特別針對台商若面臨轉型、升級、轉移、擴張、成長等有關的策略思考，依2008年的調查結果有關整體台商、高科技產業台商、傳統產業台商、服務業台商未來佈局的前10大城市及排序如下：

1. 台商未來佈局城市：（1）上海；（2）昆山；（3）北京；（4）杭州；（5）越南；（6）蘇州；（7）天津；（8）成都；（9）青島；（10）廈門。其中越南於2007年排名第15位，2008年提昇到第5位，這是自從2000～2008這9年來在中國大陸投資的台商企業將越南列入未來佈局地區的前10名。

2. 高科技產業台商未來佈局：（1）蘇州；（2）昆山；（3）寧波；（4）上海；（5）廈門；（6）北京；（7）無錫；（8）南京；（9）深圳；（10）大連。

3. 傳統產業台商未來佈局：（1）昆山；（2）蘇州；（3）上海；（4）杭州；（5）無錫；（6）寧波；（7）武漢；（8）成都；（9）嘉興；（10）深圳。

4. 服務業台商未來佈局：（1）上海；（2）成都；（3）蘇州；（4）北京；（5）深圳；（6）廈門；（7）青島；（8）大連；（9）昆明；（10）廣州。

結論四：有關「經貿糾紛」剖析

2008《TEEMA調查報告》共計回收2,612份有效問卷，但在回卷的有效數

中，共計有3,506個經貿糾紛類型的案例，由於採取複選方式，因此是以台商在12類型的經貿糾紛中曾經發生者即計算次數，而經貿糾紛的比率則是以經貿糾紛數除以樣本回卷數當做計算基礎，有關經貿糾紛發生比例及類型結果如下：

1. **七大經濟區經貿糾紛比率**：（1）東北地區（229.11%）；（2）西北地區（221.62%）；（3）西南地區（205.10%）；（4）華北地區（196.59%）；（5）華中地區（189.35%）；（6）華南地區（117.74%）；（7）華東地區（98.97%）。

2. **經貿糾紛類型**：（1）勞動糾紛（19.42%）；（2）土地廠房糾紛（13.15%）；（3）關務糾紛（10.92%）；（4）合同糾紛（10.47%）；（5）買賣糾紛（10.21%）；（6）知識產權糾紛（9.13%）；（7）債務糾紛（7.99%）；（8）稅務糾紛（7.82%）；（9）貿易糾紛（3.34%）；（10）醫療保健糾紛（3.02%）。

結論五：有關「城市競爭力」評估

城市競爭力的評估主要是以中國大陸政府統計局以及各省市統計年鑑為次級資料的主要來源，依據「基礎條件」、「財政條件」、「投資條件」、「經濟條件」，以及「就業條件」五構面，共計16項指標為主，TEEMA 2008中國大陸「城市競爭力」評估結果，各項比較項目排名前10位的次序如下：

1. **城市競爭力前10優**：（1）上海；（2）北京；（3）廣州；（4）天津；（5）深圳；（6）蘇州；（7）杭州；（8）南京；（9）寧波；（10）青島。

2. **七大經濟區競爭力排行**：（1）華東地區；（2）華南地區；（3）華北地區；（4）東北地區；（5）華中地區；（6）西南地區；（7）西北地區。

結論六：有關「投資環境力」評估

2008《TEEMA調查報告》以「自然環境」、「基礎建設」、「公共設施」、「社會環境」、「法制環境」、「經濟環境」、以及「經營環境」七構面，共計47項指標，評估台商對當地城市的「投資環境力」，TEEMA 2008中國大陸「投資環境力」評估結果，各項比較項目排名前10位的次序如下：

1. **投資環境力前10優**：（1）蘇州工業區；（2）揚州；（3）天津濱海區；（4）蘇州昆山；（5）蘇州新區；（5）廊坊；（7）無錫江陰；（7）南昌；（9）杭州蕭山；（10）南京江寧。

2. **投資環境力待改善的前10名**：（1）北海；（2）宜昌；（3）哈爾濱；（4）蘭州；（5）東莞長安；（6）西安；（7）長春；（8）東莞厚街；（9）東莞石碣；（10）泰州。

3. **七大經濟區投資環境力排行**：（1）華東地區；（2）華北地區；（3）華中地區；（4）西南地區；（5）華南地區；（6）東北地區；（7）西北地區。

4. **2008投資環境力前10優指標**：（1）當地的海、陸、空交通運輸便利程度與通訊設備、資訊設施、網路建設完善程度；（3）當地人民的生活條件及人均收入狀況；（4）當地的商業及經濟發展程度與該城市未來具有經濟發展潛力的程度；（6）當地的倉儲物流處理能力與學校、教育、研究機構的質與量完備程度；（8）當地生態與地理環境符合企業發展的條件與未來總體發展及建設規劃完善程度；（10）當地的銀行商旅等商務環境便捷程度、民眾及政府歡迎台商投資設廠態度、行政命令與國家法令的一致性程度。

5. **2008投資環境力前10劣指標**：（1）當地政府積極查處違劣仿冒品的力度；（2）當地的專業及技術人才供應充裕程度與台商企業在當地之勞資關係和諧程度；（4）當地民眾的誠信與道德觀程度與經營成本、廠房與相關設施成本合理程度；（6）當地社會風氣及民眾的價值觀程度；（7）金融體系完善的程度且貸款取得便利程度；（8）當地政府對智慧財產權重視的態度；（9）當地解決糾紛的管道完善程度、勞工、工安、消防、衛生行政效率與當地的基層勞力供應充裕程度。

6. **2008比2007投資環境力進度前10優指標**：（1）通訊設備、資訊設施、網路建設完善程度；（2）當地的官員操守清廉程度與學校、教育、研究機構的質與量完備程度；（4）當地民眾生活素質及文化水平的程度、當地城市建設的國際化程度、當地的倉儲物流處理能力、當地的商業及經濟發展程度與環境適合台商發展內需、內銷市場的程度、當地海、陸、空交通運輸便利程度（10）政府與執法機構秉持公正執法態度、當地台商享受政府自主創新獎勵程度、當地的銀行商旅等商務環境便捷程度、當地人民的生活條件及人均收入狀況與醫療、衛生、保健設施的質與量完備程度、當地的污水、廢棄物處理設備完善程度。

結論七：有關「投資風險度」評估

2008《TEEMA調查報告》以「社會風險」、「法制風險」、「經濟風險」以及「經營風險」四構面，共計31項指標，評估台商對當地城市的「投資風險

度」，TEEMA 2008中國大陸「投資風險度」評估結果，各項比較項目排名前10位的次序如下：

1. 投資風險度前10優：（1）蘇州工業區（2）揚州；（3）蘇州昆山；（4）無錫江陰；（5）南京江寧；（6）蘇州新區；（7）天津濱海區；（8）南昌；（9）杭州蕭山；（10）無錫市區。

2. 投資風險度待改善的前10名：（1）北海；（2）蘭州；（3）哈爾濱；（4）宜昌；（5）東莞長安；（6）西安；（7）長春；（8）泰州；（9）惠州；（10）漳州。

3. 七大經濟區投資風險度排行：（1）華東地區；（2）華北地區；（3）華中地區；（4）華南地區；（5）西南地區；（6）東北地區；（7）西北地區。

4. 2008投資風險度前10優指標：（1）「當地跨省運輸不當收費頻繁的風險」；（2）「當地物流、運輸、通路狀況不易掌握的風險」；（3）「當地配套廠商供應不穩定的風險」；（4）「違反對台商合法取得土地使用權承諾風險」、「當地常以刑事方式處理經濟案件的風險」；（6）「當地政府以不當方式要求台商回饋的風險」；（7）「當地人身財產安全受到威脅的風險」、「與當地政府協商過程難以掌控的風險」；（9）「機構無法有效執行司法及仲裁結果的風險」；（10）「官員對法令、合同、規範執行不一致的風險」、「政府調解、仲裁糾紛對台商不公平程度風險」、「當地的地方稅賦政策變動頻繁的風險」、「當地政府對台商優惠政策無法兌現的風險」。

5. 2008投資風險度待改善的前10名：（1）「員工道德操守造成台商企業營運損失的風險」；（2）「員工缺乏忠誠度造成人員流動率頻繁的風險」；（3）「當地適任人才及員工招募不易的風險」；（4）「當地企業信用不佳欠債追索不易的風險」；（5）「當地發生員工抗議、抗爭事件頻繁的風險」；（6）「當地發生水電、燃氣、能源供應不穩定的風險」；（7）「當地發生勞資或經貿糾紛不易排解的風險」、「台商藉由當地銀行體系籌措與取得資金困難」；（9）「當地外匯嚴格管制及利潤匯出不易的風險」；（10）「經常發生社會治安不良、秩序不穩的風險」、「當地經營企業維持人際網絡成本過高的風險」。

6. 2008比2007投資風險度風險下降前10名指標：（1）「當地外匯嚴格管制及利潤匯出不易的風險」；（2）「當地配套廠商供應不穩定的風險」；（3）「機構無法有效執行司法及仲裁結果的風險」、「當地政府以不當方式要求台商回饋的風險」、「當地常以刑事方式處理經濟案件的風險」、「當地跨省運輸不

當收費頻繁的風險」；（7）「與當地政府協商過程難以掌控的風險」；（8）「當地政府收費、攤派、罰款項目繁多的風險」、「當地的地方稅賦政策變動頻繁的風險」；（10）「當地物流、運輸、通路狀況不易掌握的風險」、「貨物通關時，受當地海關行政阻擾的風險」。

　　7. 2008比2007投資風險度風險上升前10名指標：（1）「當地發生員工抗議、抗爭事件頻繁的風險」；（2）「當地發生勞資或經貿糾紛不易排解的風險」；（3）「經常發生社會治安不良、秩序不穩的風險」；（4）「當地政府干預台商企業經營運作的風險」；（5）「當地適任人才及員工招募不易的風險」；（6）「員工缺乏忠誠度造成人員流動率頻繁的風險」；（7）「台商藉由當地銀行體系籌措與取得資金困難」；（8）「當地政府保護主義濃厚影響企業獲利的風險」；（9）「當地水電、燃氣、能源供應不穩定的風險」、「當地人身財產安全受到威脅的風險」。

結論八：有關「台商推薦度」評估

　　TEEMA 2008中國大陸「台商推薦度」評估結果，各項比較項目排名前10位的次序如下：

　　1. 台商推薦度前10優：（1）蘇州昆山；（2）南昌；（3）蘇州工業區；（4）成都；（5）揚州；（6）無錫江陰；（7）杭州蕭山；（8）天津濱海區；（9）蘇州新區；（10）南京江寧。

　　2. 台商推薦度排名最後10名：（1）北海；（2）宜昌；（3）蘭州；（4）哈爾濱；（5）東莞長安；（6）東莞石碣；（7）西安；（8）惠州；（9）長春；（10）泰州。

結論九：有關「轉型升級」年度專題調查

　　2008《TEEMA調查報告》年度專題乃是針對轉型升級為主要的研究議題，依據轉型升級壓力、轉型升級障礙、轉型升級策略、轉型升級需求、轉型升級關鍵成功因素以及轉型升級效益等6項構面進行剖析，共回收540份調查問卷，其調查分析結果如下：

　　1. 轉型升級壓力前5項指標：（1）人民幣升值出口型企業利潤下滑；（2）調整出口退稅政策；（3）原物料價格高漲；（4）台商企業所得稅優惠期滿壓力；（5）利潤匯出收取費用造成成本增加。

2. **轉型升級障礙前5項指標**：（1）政策變動沒有考量台商利益；（2）台幹或員工人身安全保障受到威脅；（3）台商企業經營利潤不易匯出；（4）地方保護主義盛行徒增台商成本；（5）企業經營額外交際費用及其他費用。

3. **轉型升級策略前5項指標**：（1）台商企業經營團隊的升級；（2）產品品質升級；（3）管理幹部本土化的升級；（4）營運模式調整轉型；（5）產品線結構調整的轉型。

4. **轉型升級需求前5項指標**：（1）大陸台商之間形成共同物流；（2）大陸台商之間進行產業共同銷售及建立銷售賣場；（3）經貿部門協助台商拓展國際市場相關資訊與輔導；（4）相關政府部門提供台商回台投資相關資訊與輔導；（5）相關政府機構協助全球佈局建議與輔導。

5. **轉型升級關鍵成功因素前5項指標**：（1）高階主管轉型升級的策略決策；（2）加強國際化人才及團隊建設；（3）提升管理人員整體素質；（4）規範企業內部管理制度；（5）建立共同研發與創新聯盟。

6. **轉型升級效益前5項指標**：（1）企業永續經營基業長青；（2）提升產品附加價值；（3）全球價值鏈分工佈局；（4）擴大企業經營規模；（5）集團經營整合綜效。

結論十：有關「城市綜合實力」評估

2008《TEEMA調查報告》報告秉持TEEMA「兩力」、「兩度」的評估模式，依次級資料評估而得的「城市競爭力」以及依初級調查資料統計分析而得到的「投資環境力」、「投資風險度」以及「台商推薦度」，針對這「兩力兩度」構面，分別依15%、40%、30%、15%的權重進行計算，獲致「城市綜合實力」的評價，並依此評價顯示：

1. **2008列入評比的90個城市推薦等級**：「極力推薦」有23個城市；「值得推薦」有25個城市；「勉予推薦」等級有25個城市；「暫不推薦」有17個城市，詳見表24-1所示。

2. **城市綜合實力前10優**：（1）蘇州工業區；（2）蘇州昆山；（3）天津濱海區；（4）蘇州新區；（5）無錫江陰；（6）杭州蕭山；（7）南京江寧；（8）揚州；（9）成都；（10）南昌。

3. **城市綜合實力後10名**：（1）北海；（2）宜昌；（3）蘭州；（4）哈爾濱；（5）泰州；（6）東莞長安；（7）西安；（8）惠州；（9）長春；（10）漳州。

表24-1　TEEMA 2008中國大陸城市綜合實力推薦等級彙整表

推薦等級	TEEMA 2008調查90個城市			
【A】 極力推薦	蘇州工業區、 無錫江陰、 成　都、 南京市區、 北京亦庄、 威　海、	蘇州昆山、 杭州蕭山、 南　昌、 大　連、 無錫宜興、 青　島、	天津濱海區、 南京江寧、 無錫市區、 寧波北侖區、 蘇州市區、 杭州市區。	蘇州新區、 揚　州、 上海閔行、 廊　坊、 煙　台、
【B】 值得推薦	蘇州太倉、 蘇州張家港、 蘇州吳江、 寧波市區、 上海市區、 常　州、 上海嘉定。	寧波奉化、 廈門島外、 泰　安、 蘇州常熟、 嘉　興、 珠　海、	鎮　江、 濟　南、 廈門島內、 寧波餘姚、 天津市區、 紹　興、	徐　州、 上海松江、 淮　安、 中　山、 溫　州、 上海浦東、
【C】 勉予推薦	佛　山、 瀋　陽、 吉　安、 重　慶、 泉　州、 武漢漢口、 莆　田。	合　肥、 南　通、 昆　明、 福州市區、 深圳市區、 南　寧、	廣州天河、 武漢武昌、 武漢漢陽、 福州馬尾、 長　沙、 石家庄、	北京市區、 江　門、 九　江、 深圳寶安、 廣州市區、 太　原、
【D】 暫不推薦	深圳龍崗、 桂　林、 長　春、 泰　州、 北　海。	東莞市區、 東莞厚街、 惠　州、 哈爾濱、	汕　頭、 東莞石碣、 西　安、 蘭　州、	東莞虎門、 漳　州、 東莞長安、 宜　昌、

　　依據TEEMA 2000～2008每年最終對於評估的城市提供四大類的：「極力推薦」、「值得推薦」、「勉予推薦」、「暫不推薦」四等級，茲將2000～2008四等級的城市評價彙總如表24-2所示。

表24-2 TEEMA 2000～2008中國大陸城市綜合推薦等級變遷分析

推薦等級		2000	2001	2002	2003	2004	2005	2006	2007	2008
【A】極力推薦	A01	蘇州	蘇州	蘇州市區	杭州蕭山	杭州蕭山	上海閔行	蘇州工業區	蘇州工業區	蘇州工業區
	A02	嘉定	昆山	無錫	青島	上海閔行	杭州蕭山	寧波北侖區	蘇州昆山	蘇州昆山
	A03	寧波	吳江	寧波市區	無錫	成都	蘇州昆山	蘇州昆山	杭州蕭山	天津濱海區
	A04	餘姚	餘姚	蘇州昆山	上海市區	揚州	成都	杭州市區	無錫江陰	蘇州新區
	A05	吳江	寧波	杭州市區	寧波市區	徐州	無錫江陰	無錫江陰	天津濱海區	無錫江陰
	A06	奉化	無錫	揚州	大連	無錫江陰	徐州	蘇州市區	蘇州新區	杭州蕭山
	A07	蕭山		杭州蕭山	蘇州市區	天津	天津	天津濱海區	南京市區	南京江寧
	A08			青島	成都	蘇州昆山	上海浦東	南京市區	成都	揚州
	A09				杭州市區	嘉興	揚州	揚州	青島	成都
	A10				揚州	大連	南昌	北京亦莊	南昌	南昌
	A11					南昌	濟南	蘇州新區	廊坊	無錫市區
	A12					汕頭	青島	上海閔行	蘇州市區	上海閔行
	A13					濟南	寧波市區	廈門島外	大連	南京市區
	A14					青島	大連	上海浦東	杭州市區	大連
	A15						南京市區	濟南	威海	寧波北侖區
	A16						廈門	成都	無錫宜興	廊坊
	A17						汕頭	南昌	北京亦莊	北京亦莊
	A18						蘇州市區	杭州蕭山	揚州	無錫宜興
	A19							大連	寧波市區	蘇州市區
	A20							廣州天河		煙台
	A21									威海
	A22									青島
	A23									杭州市區
【B】值得推薦	B01	昆山	福州	寧波奉化	中山	蘇州市區	上海市區	青島	廣州天河	蘇州太倉
	B02	佛山	保定	中山	汕頭	南京市區	北京市區	蘇州常熟	南京市區	寧波奉化
	B03	揚州	惠州	蘇州吳江	廈門	蘇州太倉	上海松江	汕頭	天津市區	鎮江
	B04	大連	鄭州	上海市郊	上海寶山	寧波市區	南京江寧	泉州	南京	徐州
	B05	成都	天津	上海浦東	上海松江	漳州	無錫市區	廊坊	寧波餘姚	蘇州張家港
	B06	北京	常州	上海市區	珠海	紹興	泉州	威海	廈門島外	廈門島外
	B07	廈門	揚州	成都	上海浦東	珠海	嘉興	常州	無錫市區	濟南
	B08	清遠	中山	天津	上海閔行	寧波餘姚	西安	寧波市區	廈門島內	上海松江
	B09	青島	武漢	大連	上海其他	上海松江	合肥	天津市區	徐州	蘇州吳江
	B10	杭州	廈門	廈門	上海	常州	杭州市區	嘉興	煙台	泰安
	B11	廣州	泰安	鄭州	常州	莆田	重慶	煙台	蘇州張家港	廈門島內

表24-2 TEEMA 2000～2008中國大陸城市綜合推薦等級變遷分析（續）

推薦等級		2000	2001	2002	2003	2004	2005	2006	2007	2008
【B】 值得推薦	B12	武漢	青島	惠州	鄭州	上海浦東	莆田	廈門島內	嘉興	淮安
	B13	上海	成都	長沙	漳州	南通	武漢武昌	無錫宜興	桂林	寧波市區
	B14	南京	上海	漳州	蘇州昆山	重慶	寧波奉化	上海其他	昆明	蘇州常熟
	B15	珠海	溫州	南京	濟南	江門	廈門	上海	常州	寧波餘姚
	B16	瀋陽	杭州	桂林	重慶	上海市區	廣州其他	南京江寧	中山	中山
	B17	無錫	南京	石家庄	潘陽	北京市區	常州	廣州市區	嘉興	上海嘉定
	B18	東莞	鎮江	汕頭	上海嘉定	中山	中山	北京市區	莆田	嘉興
	B19	惠州	重慶	潘陽	北京	中山	南通	寧波餘姚	泉州	天津市區
	B20	深圳	北京	珠海	惠州	寧波奉化	北京其他	武漢武昌	泉州	溫州
	B21	天津	蕭山		武昌	東莞厚街	長沙	上海市區	寧波奉化	營口
	B22	中山	大連		深圳福田	蘇州吳江	武漢漢口	寧波奉化	蘇州太倉	珠海
	B23	中山	深圳		南京	武漢	寧波餘姚	泰州	上海松江	紹興
	B24		珠海		天津	上海其他	福州馬尾	蘇州張家港	上海嘉定	上海浦東
	B25		濟南		蘇州吳江		上海嘉定	蘇州太倉	上海浦東	上海嘉定
	B26		奉化		廣州市區		上海其他	中山	重慶	
	B27		昆明		深圳龍崗		武漢漢陽	武漢漢口	上海市區	
	B28		廣州				武漢漢口	武漢松江	蘇州常熟	
	B29		桂林				東莞厚街	上海松江		
	B30		南寧				珠海			
	B31		南昌				蘇州常熟			
	B32		西安							
	B33		長沙							
	B34		鄭州							
	B35		石家庄							
【C】 勉予推薦	C01	汕頭	汕頭	武漢	深圳其他	無錫市區	瀋陽	江門	長沙	佛山
	C02	福州	海口	北京	深圳市區	杭州市區	蕭山海鹽	上海嘉定	漳州	合肥
	C03	西安	東莞	佛山	南寧	桂林	蘇州吳江	重慶市區	蘇州吳江	廣州天河
	C04			濟南	鎮江	北京其他	蘇州張家港	福州馬尾	佛山	北京市區
	C05			鎮江	深圳寶安	深圳龍崗	蘇州太倉	昆明	珠海	瀋陽
	C06			福州市區	深圳寶安	深圳寶安	泰州	福州市區	北京市區	南通
	C07			餘姚	東莞虎門	上海嘉定	福州市區	無錫市區	石家庄	武漢武昌
	C08			常州	莆田	南京嘉定	衡陽	徐州	江門	江門
	C09			昆明	東莞清溪	東莞長安	深圳市區	蘇州吳江	武漢漢口	吉安
	C10			溫州	寧波餘姚	東莞石碣	廣州常熟	漳州	武漢武昌	昆明

表24-2 TEEMA 2000~2008中國大陸城市綜合推薦等級變遷分析（續）

推薦等級		2000	2001	2002	2003	2004	2005	2006	2007	2008
[C] **勉予** **推薦**	C11			深圳祐吉		廣州市區	張家界	石家庄	武漢漢陽	武漢漢陽
	C12			廣州		東莞其他	桂林	合肥	東莞虎門	九江
	C13			深圳龍崗		深圳其他	岳陽	長沙	福州馬尾	重慶
	C14			深圳		佛山	煙台	武漢漢陽	長春	福州市區
	C15			深圳寶安		長沙	東莞石碣	潘陽	溫州	福州馬尾
	C16			福州福清		福州市區	昆明	深圳龍崗	福州市區	深圳寶安
	C17			重慶		河源	東莞長安	桂林	深圳寶安	泉州
	C18					東莞長安	深圳其他	深圳寶安	鎮江	深圳市區
	C19					東莞清溪	東莞清溪	東莞虎門	泰安	長沙
	C20					深圳市區		哈爾濱	廣州市區	廣州漢口
	C21							西安	深圳市區	武漢漢口
	C22							深圳其他	合肥	南寧
	C23								南通	石家庄
	C24								鄭州	太原
	C25								河源	莆田
	C26								汕頭	
[D] **暫不** **推薦**	D01	黃岡	黃岡	南寧	佛山	惠州	惠州	深圳市區	東莞厚街	深圳龍崗
	D02	哈爾濱	湛江	保定		東莞市區	深圳龍崗	東莞石碣	東莞石碣	東莞市區
	D03			泉州	泉州	東莞虎門	深圳寶安	南通	潘陽	汕頭
	D04			東莞	溫州	東莞樟木頭	東莞虎門	惠州	宜昌	東莞虎門
	D05			南昌	泉州	泉州	東莞市區	惠州	東莞市區	桂林
	D06			莆田	東莞市區	保定	東莞其他	東莞長安	深圳龍崗	東莞厚街
	D07				東莞長安	泰州	東莞樟木頭	東莞厚街	岳陽	東莞石碣
	D08				東莞其他			東莞清溪	哈爾濱	漳州
	D09				泰州			東莞其他	南寧	長春
	D10							東莞樟木頭	西安	惠州
	D11						北海		東莞長安	西安
	D12								惠州	東莞長安
	D13								蘭州	泰州
	D14								北海	哈爾濱
	D15									蘭州
	D16									宜昌
	D17									北海
調查城市數		35	46	51	54	65	75	80	88	90

221

第**25**章 2008 TEEMA 報告趨勢觀察

依2008《TEEMA調查報告》總體分析之結論，可以歸納出「兩項首次」、「四個依舊」、「兩類轉向」，共計8項台商投資趨勢，茲分述如下：

趨勢一：首次出現「投資環境力」下降且「投資風險度」上升現象

TEEMA從2000～2005前6年的調查報告中都是出現「投資環境力」上升而「投資風險度」下降的現象，而2006～2007年卻出現連續2年「雙漲現象」，一般而言，應該是投資環境力與投資風險度成反比，環境力越好，風險度越低才合理，而2008《TEEMA調查報告》首次出現「投資環境力」下降且「投資風險度」上升之現象，這是9年來《TEEMA調查報告》第一次得到的調查結果，此與全球經濟放緩、中國大陸加工貿易政策調整，有極高的關聯性。

趨勢二：首次出現越南成為未來台商佈局10大地區之列

《TEEMA調查報告》中，有關現今已在中國大陸投資的台商企業，選擇越南作為未來最想佈局的城市，越南的排名由2007年第15名上升至2008年的第五位，這是越南首次進入未來台商佈局10大地區，從2007年的2.14%提升至2008年的6.82%，隨著中國大陸沿海城市的「三缺」、「四漲」、「五法」、「六荒」、「七金」等大環境變遷導致投資成本的增加，讓台資企業思索未來佈局時，考量另外的投資地點，此一統計數字值得中國大陸各地方官員必須謹慎考慮的重要訊息。

趨勢三：經濟區域依舊是「長三角」優於「環渤海」及「珠三角」

2008年列入《TEEMA調查報告》的極力推薦等級的有23個城市，而長三角經濟圈就有14個城市屬於極力推薦等級，占60.87%，而以華北跟東北為核心的

環渤海經濟圈計有7個城市列入極力推薦等級，占30.43%，2008年由於杭州灣大橋與蘇通大橋的落成通車，使得長三角一體化更加完備，此外，京津高速鐵路的完工更標誌著「大北京」時代的來臨，也使得環渤海經濟圈的交通更加順暢，因此，台商佈局中國大陸依舊是長三角優於環渤海，環渤海優於珠三角的格局。

趨勢四：投資區位依舊是「高新開發區」與「經濟開發區」為重

2008年列入TEEMA報告的極力推薦的23個城市，有7個受評城市屬於「高新開發區」或「經濟開發區」為核心的城市，諸如蘇州工業區（A01）、天津濱海區（A02）、蘇州昆山（A03）、蘇州新區（A04）、上海閔行（A12）、寧波北侖區（A15）、北京亦庄（A17）。由於上述的7個受評城市具有顯著的產業群聚效應、完整的供應鏈以及上下游整合的產業優勢，對重視產業配套的台商企業而言，無疑是最佳的投資區位。

趨勢五：台商依舊未青睞「西部、東北、中部」三大新經濟區

中國大陸近幾年來提出「西部大開發」、「振興老東北」與「中部崛起」等3個新經濟區，作為承接東部沿海發展的梯度轉移地點，然而依據2008《TEEMA調查報告》發現，「振興老東北」涵蓋的城市中，瀋陽只列入「勉予推薦」之列，而哈爾濱則位於「暫不推薦」城市之林。就「西部大開發」所屬的城市而言，發現重慶市區2008年比2007年下滑一個推薦等級列入「勉予推薦」等級，西安仍列入「暫不推薦」城市；此外，就「中部崛起」所在的區位城市而言，合肥、長沙、武漢武昌、武漢漢陽、武漢漢口，此5個城市2008與2007都列為「勉予推薦」城市，由上述分析顯示，近年來中國大陸政府為緩和區域之間發展不平衡，積極推動區域平衡發展策略，但這些屬於「西部大開發」、「振興老東北」與「中部崛起」的城市，並未獲得台商持續的青睞，但表達意見台商增多。

趨勢六：經貿糾紛案例數依舊呈現居高不下的風險

2008《TEEMA調查報告》顯示，台商在中國大陸面對的經貿糾紛總數高達3,506件案例，比2007《TEEMA調查報告》3,316案高，顯示經貿糾紛風險仍持續存在，隨著中國大陸的經濟發展，社會躁動因素持續增加，造成仇富心態頻發，且由於中國大陸內地民營企業崛起，基於地方保護主義，若遇兩岸經貿糾紛，往往較為偏袒當地民營企業，使台商投資權益受損，此一高居不下的經貿糾

紛個案數，值得台商佈局中國大陸引為警惕。

趨勢七：台商全球佈局由「中國大陸唯一」轉向「中國大陸加一」

　　2008年中國大陸政府連番祭出《勞動合同法》、《企業所得稅法》，調整《加工貿易政策》、《出口退稅政策》、《土地從嚴政策》等多項政策緊箍咒後，使得台商在中國大陸的營運成本急遽攀升，而必須面對轉型升級之壓力，且基於投資分散風險之原則，紛紛往東南亞及印度等地思索轉移，過去強調同文同種的「中國唯一」投資思維，漸漸朝分散風險的「中國加一」佈局策略，畢竟全球的跨國企業之所以能夠永續經營與基業長青，必然是多國籍投資思維，因此台商在征戰中國大陸二十載之後，要成為國際化的企業，亦必須除中國大陸投資外，再選擇具有投資綜效、分工效益的第三地進行佈局。

趨勢八：台商中國大陸佈局由「加工製造」轉向「服務創新」

　　依據2008《TEEMA調查報告》年度研究專題顯示，轉型升級已經成為中國大陸台商刻不容緩的議題，過去強調代工生產、出口加工、外向貿易的發展模式似乎已經遇到了發展的瓶頸。隨著中國大陸產業結構的升級與換代、人文創意產業的蓬勃發展、中國大陸政府積極倡議服務業為未來發展的重點產業等趨勢，台商應該掌握此一變革，以價值創新為核心、以服務連鎖為重點，延續台灣往昔重視品質與價值的服務理念，積極轉向中國大陸內需市場佈局服務相關產業，以達先占卡位優勢。

第**26**章 2008 TEEMA 報告建言

2008《TEEMA調查報告》針對列入調查評估的90個城市，在「城市競爭力」、「投資環境力」、「投資風險度」、「台商推薦度」、「城市綜合實力」與「城市綜合實力推薦等級」等6項綜合排行之後，特別針對在中國大陸投資的台商、兩岸政府當局提出2008《TEEMA調查報告》的建言，以反映台商心聲並表達《TEEMA調查報告》的諍言。

一、 2008《TEEMA調查報告》對台商之建言

建言一：預應中國大陸宏觀政策變局妥擬「風險規避」策略

2008年中國大陸提出宏觀調控的主要任務是：防止經濟增長由偏快轉為過熱、防止價格由結構性上漲演變為明顯通貨膨脹的「雙防」政策。而在此指導原則之下，政策的基調也從歷年來的「雙穩」政策調整為「一穩一緊」政策，換言之，就是採取「財政從穩、貨幣從緊」政策，然而隨著台商企業在《勞動合同法》、《企業所得稅法》、出口退稅政策調整、加工貿易政策調整、土地從嚴政策等宏觀政策變局下，面臨前所未有的經營困頓，且由於宏觀政策的壓力，使得中國大陸內地的內資企業亦受到相當程度的衝擊。2008年7月25日中共中央政治局會議進行宏觀政策微調，將原來的「雙防」調整為：保持經濟平穩較快發展以及控制物價過快上漲的「一保一控」政策，顯示中國大陸政府政策調整力度的快速，也顯示中國大陸政府與時俱進的政策制定心態，因此台商應根據外在環境妥擬「多點分工、多國佈局」的投資組合風險規避策略。

建言二：預應中國大陸產業結構調整妥擬「轉型升級」策略

2008年開始，中國大陸政府採取「產業升級、產業換代、結構優化」為經濟

發展主旋律，因此為避免政策的衝擊與組織慣性思維，台商必須隨時思考經略中國大陸的策略，經營模式上必須能夠尋求轉型與蛻變，經營心態上更需要掌握中國大陸政策變動的脈搏，為下一階段的企業永續發展，尋求新的競爭優勢。所謂「機會是眷顧有準備的人」，企業經營必須隨時掃描環境，尤其在瞬息萬變的中國大陸政策環境之下，台商更應有「預變、知變、迎變、控變」的能力，如此才能創造可持續發展的新境界。因此在面對中國大陸從「中國製造」蛻變為「中國創造」；從「製造中國」蛻變為「智造中國」之際，朝「自主創新、自創品牌」的兩自戰略，必然是企業轉型升級必經之路。

建言三：預應中國大陸區域政策優惠妥擬「先占卡位」策略

早期台商佈局中國大陸，主要乃是因跨國企業進入較晚，台商享有「首動利益」（first-mover advantage）與「先佔優勢」（preemptive advantage），但隨著中國大陸民營企業的崛起以及跨國企業的逐鹿中原，台商企業面對前所未有的競爭壓力。隨著珠三角投資環境的惡化以及長三角土地的稀缺，台商企業不得不面臨轉移的壓力，究竟是將企業移至東南亞的「南移」或是接受中國大陸政府安排「梯度轉移」政策，所採取至西部大開發的「西征」，抑或是協助振興老東北工業基地「北擴」，面對此策略抉擇困境，台商企業必須要「謀定而後動」，萬不能「急躁而盲動」，所謂「選對了路，就不怕路遠」，在此中國大陸經濟區塊進行梯度位移之際，台商企業必須秉持正確的策略方向、正確的投資思維、正確的佈局心態，掌握中國大陸區域經濟政策優惠的趨勢，妥擬先占卡位策略。

建言四：預應中國大陸民營企業崛起妥擬「兩岸競合」策略

隨著中國大陸民營企業的崛起，台商企業面臨著「前有來者、後有追兵」的窘境，畢竟民營企業挾著豐沛的人脈網路資源，採取較不規範的經營模式，相對之下，製造成本與台資企業較具優勢。2007年至今，中國大陸知名的資訊大廠比亞迪與台資企業富士康的商業機密竊取官司，引起了兩岸的重視，尤其台商企業大多採取代工製造（OEM）的經營模式，導致世界知名大廠利用兩岸企業競爭心結，從中進行製造利潤的擠壓，世界手機大廠Nokia將製造中心移往亞洲，扶植中國大陸民企比亞迪，以制衡台資企業富士康，深信此種兩岸企業競爭的態勢即將加劇，如何有效進行產業整合與價值分工，將是兩岸刻不容緩的課題。所謂「兩岸合，賺世界人的錢」是當今兩岸企業整合最佳的模式，所以台資企業必須

謀求與中國大陸民企進行競合思維，而非採取正面競爭，方能共創雙贏。

建言五：預應中國大陸內需市場崛起妥擬「品牌深耕」策略

　　根據2008《TEEMA調查報告》研究團隊對珠三角的台資企業進行深度訪談，結論顯示採取自創品牌、佈局內需市場、服務連鎖導向型的企業，對於2008年中國大陸內地「三缺」、「四漲」、「五法」、「六荒」、「七金」的衝擊，比起傳統加工製造、出口貿易導向型的企業來得輕微。加之，中國大陸宏觀政策鼓勵企業朝自主創新、自創品牌、連鎖加盟等創新價值的產業發展，因此，台商企業如何思索佈局中國大陸的內需市場，深耕自有品牌，已經成為突破成長曲線、再創企業經營高峰的不二法門。康師傅（Master Kong）、旺旺食品（Want want）、統一企業（Uni-president）、正新輪胎（Maxxis）、台南企業（Tony Wear）、法藍瓷（Franz）、成霖衛浴（Gerber、Danze）、喬山健康科技（Johnson）、巨大機械（Giant）、華碩電腦（Asus）、宏碁電腦（Acer）都是台商企業佈局中國大陸深耕品牌的典範案例。

建言六：預應台商企業創業精神喪失妥擬「二代接班」策略

　　1987年兩岸開啟交流互動，台商企業與中國大陸允許採取間接貿易與間接投資，忽焉已逾20載，早期赴中國大陸的台商企業家，秉持著旺盛的企圖心以及創業家精神（entrepreneurship），開創一片中國大陸事業的新版圖，但早年的拚搏精神、創業精神卻隨著事業的有成而陷入安逸，況且目前第一代至中國大陸打拚的企業家，平均年齡都已屆60歲，已到培養接班人的關鍵時刻，但由於台商企業家子女都接受國外先進的知識洗禮，學習科技、金融、服務領域之專業，對中國大陸勞動密集型的企業接班意願薄弱。根據台北經營管理研究院（2006）公布《中國大陸台商接班傳承調查報告》結果顯示，在華東與華南地區的161家接受調查的台資企業87%面臨接班傳承的問題，顯示妥擬「二代接班」策略已成為台商永續經營的重心所在。另外，根據英國凱斯商學院（Cass Business School）2007年發布《全球少壯CEO排行榜》顯示：「全球45歲以下最年輕有為的前5名CEO均為中國大陸CEO；而前10名中，中國大陸囊括8名；前50名中，有37名來自中國大陸」。中國大陸企業家的年輕化，正與台商企業第一代企業家的創業精神喪失形成強烈對比，此值得台商企業經營者深思。

二、 2008《TEEMA調查報告》對台灣當局之建言

建言一：建立台商回台投資機制鼓勵台商回流

由2008《TEEMA調查報告》顯示，目前在中國大陸投資的台商企業，「希望回台投資」比例2006年為1.97%，2007年下降為1.83%，但2008年則上升到9.88%，經濟部台商回台投資專案辦公室統計，2006年9月至2008年6月台商回台投資案為166件，其中以中國大陸台商回流最多，占了115件，由於中國大陸對於台商的優惠政策逐漸取消，勞工成本不斷上升，加之《企業所得稅法》、《勞動合同法》及出口退稅等政策頒布。相較之下，台灣正積極改善投資環境，經濟部更提出「土地優惠、資金協助、租稅優惠、升級轉型及外勞聘僱」五大政策機制。所以如何讓台商將全球的利潤回流台灣深耕佈局，實為台灣政府必須重視之課題。同時，企業轉型升級最需要的是資金，台灣政府應該協助台商在取得營運資金方面給予更大的協助。

建言二：建立兩岸和平論壇推動兩岸和平協議

多年來由於兩岸政治對立，台灣國際空間受阻，加上東協10+1的區域經濟整合，台灣國際地位漸步向邊緣化危機。2008年是兩岸和平、經濟雙贏的關鍵年，在馬英九總統提出「以台灣為主，對人民有利」的兩岸政策指導原則下，如何推動兩岸經濟的和平發展，端賴兩岸領導人的睿智、決心、魅力與領導力，抓住此一千載難逢的歷史機遇，共創兩岸繁榮與共贏。2008《TEEMA調查報告》呼應海基會江丙坤董事長所倡議之「綜合性經濟合作協議（Comprehensive Economic Cooperation Agreement；CECA）」與「兩岸和平協議」，透過兩岸民間智庫舉辦「和平論壇」、「經濟論壇」，凝聚增進兩岸人民共同福祉的共識。

建言三：建立專責機構負責推動台商轉型升級

2008《TEEMA調查報告》年度專題顯示，「轉型升級」已經成為2008年台商企業最關切的議題，思索「轉移基地、轉向內銷、轉變策略、轉換行業」已成為台商經營者苦思命題，值此台商希冀政府協助之際，經濟部規劃成立「中國大陸投資輔導專案小組」，擴大對中國大陸台商的服務，其立意甚佳。然而，中國大陸地方政府亦為解決台商轉型升級困境，昆山市政府2008年5月16日公布《關

於成立昆山市台資企業轉型升級推進委員會的通知》，成立專責機構協助昆山台商轉型升級，東莞台商協會亦在協會中成立轉型升級委員會，為能使台商在面對轉型困境之際更有前瞻性及效益性，建請台灣政府設立層次更高的專責機構，協助台商升級轉型策略規劃，以引領台商正確的投資佈局。

建言四：建立專業智庫引領台商全球分工佈局

目前中國大陸台商正面臨前所未有的轉型升級壓力，為能夠協助台商進行高層次的「全面性國際分工」而非「局部性兩岸分工」；輔導台商採取「智慧前進中國大陸」而非「攜資錢進中國大陸」；規劃台商進行「國際策略聯盟」而非僅是「兩岸企業合資」，都需要具有專業素養的智庫進行有系統的資訊蒐集以及專業調查，2008《TEEMA調查報告》希冀台灣政府應該有國際化與全球化的思維，以企業經營績效為主導，並掌握全球經濟發展的趨勢，發展全球市場的佈局策略架構，以協助台商在轉型升級時，朝向全球化與國際化發展，如此既可以分散台商密集投資中國大陸的風險，亦可以引領台商進行有效的全球佈局。

三、 2008《TEEMA調查報告》對大陸當局之建言

建言一：加強政府政策頒布之前考量台商投資權益

依據2008《TEEMA調查報告》年度專題對台商調研結果顯示，台商面臨轉型升級最大的障礙乃是在「中國大陸政策變動沒有考量台商利益」，這說明台商冀望中國大陸政府在推動新的宏觀政策之際，能夠多考量台商權益，中國大陸政府應肯定台商過去20年對中國大陸整體經濟發展的貢獻，不應持「過河拆橋」的心態，應協助台商進行轉型升級，並保護台商在中國大陸的一切投資權益。尤其中國大陸經濟發展正步入收割期，台商企業在中國大陸多年的打拚，理應有所回報，如何讓台商參與中國大陸經濟成長的豐碩成果，實為中國大陸政府應考量之重點。

建言二：加強法制環境建設保障台商既有投資權益

根據2008《TEEMA調查報告》顯示，在「投資環境力」7項評估構面中，2004～2008年在「法制環境」構面上，除了2006年排名在7項構面的第三名外，2005及2007年都處於墊底名次，此現象值得中國大陸當局重視，因為對於台商

來說，企業可以確保其投資利益，最關心的就是中國大陸法制環境的完善化、規範化與法治化。此外，2008年名次從以往的第七名提昇至第五名，可以從而看出中國大陸漸漸開始改善其法制環境，以保障台商權益。兩岸經貿發展日益活絡，衍生之經貿糾紛亦等比增加，2008年因中國大陸宏觀調控、緊縮優惠及諸多增加營運成本法規的頒布，致使已赴中國大陸投資台商遭遇前所未有的經營困境與經貿糾紛。目前兩岸關係特殊，對於經貿糾紛仍未能有效處理，更遑論建構「客觀、中立」調處或仲裁機構，2008《TEEMA調查報告》建議兩岸儘快商談「台商投資保障機制」、設立經貿糾紛調處、仲裁機構，俾有效解決台商經貿問題。對於已赴中國大陸投資且產生經貿糾紛的台商，希冀各地方台辦給予協助；至於已經發生重大經濟案件的台商，建請中央台辦責成地方協助限期解決。

建言三：加強政府政策推動之延續性與行政透明度

根據2008《TEEMA調查報告》指出，在「投資風險度」4項構面之32項指標中，「政府干預台商企業經營運作的風險」較2007年的第三名明顯退步至18名。就政策延續性與行政透明度而言，都不是排名最前面評估指標，反映許多台商對於這兩方面的想法，建議中國大陸政府能夠重視招商與投資的「政策延續性」與「行政透明度」。畢竟政策的反覆與行政模糊都將增加企業營運的成本，愈「規範化、透明化、制度化」的投資環境，必然能夠吸引更多的外資企業。

建言四：加強金融開放與自由化協助台商融通資金

金融與資本市場是企業發展最主要的集資管道，所以完善的金融制度與國際接軌的金融發展環境，將對於企業的經營更加有利。依據2008《TEEMA調查報告》研究結果顯示，「當地的資金匯兌與利潤匯出便利程度」與「當地金融體系完善的程度且貸款取得便利的程度」這兩項與金融自由化有關的評估指標上，蘇州昆山和杭州蕭山都位居前幾名，而根據整體環境的調查而言，蘇州和杭州也都是台商極力推薦的城市前幾名，更印證了金融與資本市場完整性對於台商的重要性。中國大陸自改革開放以來，在金融市場的改革上已經有顯著的效果，不過至於金融體制與結構優化上，仍需要更自由化與現代化。

建言五：加強輔導台商容許台灣公協會設正式機構

台灣公協會主要任務乃是提供產業資訊、產業諮詢、教育訓練、產業聯盟以

擴大會員商機，台灣公協會在80年代台灣經濟面臨轉型升級之際，發揮絕對性的貢獻，諸如：推動工廠自動化、企業資訊化、落實全面品質管理、提昇能源使用效率，經由公協會輔導企業產生極高的轉型升級效益，而今，中國大陸台商企業與民營企業均面臨類似情景，建請中國大陸主管部門允許這類台灣公協會在中國大陸設立正式辦事處，協助兩岸企業共同面對轉型升級此一艱鉅任務，畢竟縮短嘗試錯誤成本，移植台灣經驗，也將有利於中國大陸本土性的公協會導入相關的轉型升級輔導措施。

四、2008《TEEMA調查報告》對兩岸政府之建言

建言一：建議兩岸訂立和平協定增進兩岸彼此互信

　　兩岸隔海分治已久，仍有相當多的台商對兩岸持續經貿交流存在疑慮，為維持一個穩定和平的架構，以支撐頻密的兩岸交流活動，建議兩岸政府應嘗試推動「五十年擱置爭議」及建立「軍事互信機制」，更有甚者朝簽訂「兩岸和平協定」，此架構若能實現，相信必然是兩岸人民之福祉，「挑戰漢唐、超越漢唐」偉大的民族使命，必然可期。

建言二：建議兩岸建立戰略經濟對話機制加強對話

　　兩岸交流互動涉及層面繁多，包括經貿投資、科技認證、環保議題，均需兩岸主管機構相互協商，建議兩岸政府除在事務性協商進行對話外，能夠舉行類似美國與中國大陸每半年舉行一次之部長級會議，也就是所謂的「戰略經濟對話」（Strategic Economic Dialogue；SED），以利共同討論兩岸彼此關心之重大議題，相信此一對話機制若能建立，對於推動及解決現存的兩岸問題將有所裨益，此舉既符合潮流也符合民心，並有利於兩岸關係和平、穩定與持續發展。

建言三：建議儘速開放大陸資金投資台灣公共建設

　　為讓一般民眾感覺發展兩岸經貿之好處，除開放中國大陸觀光客赴台參訪外，建請開放中國大陸投資台灣之愛台十二大公共建設，同時准許中國大陸資本投資台灣的證券市場，包括「合格境外機構投資者」（Qualified Foreign Institutional Investor；QFII）或「合格境內機構投資者」（Qualified domestic institutional investor；QDII），既解決現階段中國大陸缺乏投資管道同時也活絡台灣

經濟。此一建言必須得到兩岸政府共同的認可，方能夠順利推展。

建言四：建議兩岸推動標準制定以利整合共赴全球

　　兩岸經貿發展綿密，產業交流互動頻仍，若能建立兩岸產業共同標準，將實現「資源共享、優勢互補」的整合綜效，此舉將讓台灣的「應用技術、創投資金、管理理念」與中國大陸的「基礎研究、市場需求、勤奮勞動」相結合。基於佈局全球市場的考量，建請兩岸政府建立「兩岸產品相互認證平台」，讓兩岸電子產品通過各自的政府機構檢驗，則不需再經過對方的查核，換言之，即可進行「一站式」的兩岸市場銷售。兩岸攜手共定標準，當標準成形及產業成熟時，不僅企業可免付給跨國大廠高額的權利金，甚至可對全球使用者收取技術授權的利益。

第六篇

城市速描——
2008 TEEMA城市排行資訊揭露

第27章 2008中國大陸城市綜合實力評估彙總表

蛻變躍升謀商機──2008年中國大陸地區投資環境與風險調查

① 蘇州工業區

城市名稱	① 蘇州工業區	綜合指標	2008年	97.15分	綜合排名	A01/01	極力推薦
			2007年	95.68分		A01/01	極力推薦

競爭力 (15%)	項目	基礎條件	財政條件	投資條件	經濟條件	就業條件	加權平均
	分數	58.13	90.45	94.20	96.50	79.83	84.43
	排名	22	7	3	4	7	6

環境力 (40%)	項目	自然環境	基礎建設	公共設施	社會環境	法制環境	經濟環境	經營環境	加權平均
	分數	4.72	4.71	4.52	4.68	4.66	4.66	4.68	4.67
	排名	2	1	1	1	1	1	1	1

風險度 (30%)	項目	社會風險	法制風險	經濟風險	經營風險	加權平均
	分數	1.43	1.38	1.41	1.40	1.41
	排名	2	1	1	1	1

推薦度 (15%)	2008年	加權平均	4.59	2007年	加權平均	4.76
		排名	3		排名	1

② 蘇州昆山

城市名稱	② 蘇州昆山	綜合指標	2008年	95.61分	綜合排名	A02/02	極力推薦
			2007年	95.20分		A02/02	極力推薦

競爭力 (15%)	項目	基礎條件	財政條件	投資條件	經濟條件	就業條件	加權平均
	分數	58.13	90.45	94.20	96.50	79.83	84.43
	排名	22	7	3	4	7	6

環境力 (40%)	項目	自然環境	基礎建設	公共設施	社會環境	法制環境	經濟環境	經營環境	加權平均
	分數	4.33	4.44	4.28	4.34	4.33	4.34	4.30	4.34
	排名	9	7	4	3	4	6	4	4

風險度 (30%)	項目	社會風險	法制風險	經濟風險	經營風險	加權平均
	分數	1.60	1.55	1.56	1.63	1.59
	排名	5	4	3	4	3

推薦度 (15%)	2008年	加權平均	4.66	2007年	加權平均	4.54
		排名	1		排名	5

③ 天津濱海

城市名稱	③ 天津濱海	綜合指標	2008年	93.93分	綜合排名	A03/03	極力推薦
			2007年	87.02分		A05/05	極力推薦

競爭力 (15%)	項目	基礎條件	財政條件	投資條件	經濟條件	就業條件	加權平均
	分數	82.28	93.10	90.17	87.48	85.57	87.15
	排名	4	4	4	7	5	4

環境力 (40%)	項目	自然環境	基礎建設	公共設施	社會環境	法制環境	經濟環境	經營環境	加權平均
	分數	4.78	4.62	4.33	4.35	4.25	4.41	4.34	4.43
	排名	1	2	5	3	6	3	3	3

風險度 (30%)	項目	社會風險	法制風險	經濟風險	經營風險	加權平均
	分數	1.56	1.70	1.76	1.59	1.68
	排名	4	7	8	3	7

推薦度 (15%)	2008年	加權平均	4.45	2007年	加權平均	4.16
		排名	8		排名	15

《① 蘇州工業區、② 蘇州昆山、③ 天津濱海區》

城市名稱	④ 蘇州新區		綜合指標	2008年	92.32分	綜合排名		A04/04	極力推薦
				2007年	85.64分			A07/07	極力推薦

競爭力 (15%)	項目	基礎條件	財政條件	投資條件		經濟條件		就業條件	加權平均
	分數	58.13	90.45	94.20		96.50		79.83	84.43
	排名	22	7	3		1		7	6

環境力 (40%)	項目	自然環境	基礎建設	公共設施	社會環境	法制環境	經濟環境	經營環境	加權平均
	分數	4.30	4.43	4.40	4.26	4.14	4.29	4.28	4.31
	排名	12	8	3	7	10	8	7	5

風險度 (30%)	項目	社會風險	法制風險	經濟風險	經營風險	加權平均
	分數	1.48	1.59	1.66	1.63	1.63
	排名	3	6	6	4	5

推薦度 (15%)	2008年	加權平均	4.39	2007年	加權平均	4.28
		排名	9		排名	9

城市名稱	⑤ 無錫江陰		綜合指標	2008年	90.38分	綜合排名		A05/05	極力推薦
				2007年	88.91分			A04/04	極力推薦

競爭力 (15%)	項目	基礎條件	財政條件	投資條件		經濟條件		就業條件	加權平均
	分數	48.65	77.55	78.13		88.75		54.00	70.54
	排名	31	14	14		6		29	15

環境力 (40%)	項目	自然環境	基礎建設	公共設施	社會環境	法制環境	經濟環境	經營環境	加權平均
	分數	4.45	4.51	4.34	4.26	4.18	4.32	4.22	4.30
	排名	5	4	4	7	9	7	10	7

風險度 (30%)	項目	社會風險	法制風險	經濟風險	經營風險	加權平均
	分數	1.66	1.54	1.63	1.63	1.62
	排名	6	3	5	4	4

推薦度 (15%)	2008年	加權平均	4.48	2007年	加權平均	4.58
		排名	6		排名	4

城市名稱	⑥ 杭州蕭山		綜合指標	2008年	90.20分	綜合排名		A06/06	極力推薦
				2007年	93.23分			A03/03	極力推薦

競爭力 (15%)	項目	基礎條件	財政條件	投資條件		經濟條件		就業條件	加權平均
	分數	79.70	87.05	81.00		86.60		83.30	83.49
	排名	6	8	9		8		6	7

環境力 (40%)	項目	自然環境	基礎建設	公共設施	社會環境	法制環境	經濟環境	經營環境	加權平均
	分數	4.35	4.36	4.05	4.30	4.30	4.29	4.23	4.28
	排名	7	9	17	5	4	8	9	9

風險度 (30%)	項目	社會風險	法制風險	經濟風險	經營風險	加權平均
	分數	1.71	1.74	1.69	1.81	1.78
	排名	8	9	7	11	9

推薦度 (15%)	2008年	加權平均	4.48	2007年	加權平均	4.43
		排名	6		排名	6

城市名稱	⑦ 南京江寧		綜合指標	2008年	89.74分	綜合排名		A07/07	極力推薦
				2007年	83.69分			A10/10	極力推薦

競爭力 (15%)	項目	基礎條件	財政條件	投資條件		經濟條件		就業條件	加權平均
	分數	75.80	82.70	79.27		78.43		75.80	77.97
	排名	7	10	12		11		8	8

環境力 (40%)	項目	自然環境	基礎建設	公共設施	社會環境	法制環境	經濟環境	經營環境	加權平均
	分數	4.31	4.51	4.19	4.18	4.22	4.38	4.11	4.26
	排名	10	4	12	11	7	4	13	10

風險度 (30%)	項目	社會風險	法制風險	經濟風險	經營風險	加權平均
	分數	1.66	1.56	1.58	1.69	1.63
	排名	6	5	4	8	5

推薦度 (15%)	2008年	加權平均	4.38	2007年	加權平均	4.12
		排名	10		排名	18

《④ 蘇州新區、⑤ 無錫江陰、⑥ 杭州蕭山、⑦ 南京江寧》

城市名稱	⑧ 揚州		綜合指標	2008年	88.64分	綜合排名		A08/08	極力推薦
				2007年	76.61分			A20/20	極力推薦

競爭力 (15%)	項目	基礎條件	財政條件	投資條件		經濟條件		就業條件	加權平均
	分數	34.00	29.25	39.03		37.00		28.67	34.37
	排名	45	42	38		39		46	44

環境力 (40%)	項目	自然環境	基礎建設	公共設施	社會環境	法制環境	經濟環境	經營環境	加權平均
	分數	4.48	4.56	4.41	4.49	4.54	4.52	4.54	4.52
	排名	4	3	2	2	2	2	2	2

風險度 (30%)	項目	社會風險	法制風險	經濟風險	經營風險	加權平均
	分數	1.42	1.47	1.48	1.49	1.48
	排名	1	2	2	2	2

推薦度 (15%)	2008年	加權平均	4.57	2007年	加權平均	4.00
		排名	5		排名	26

城市名稱	⑨ 成都		綜合指標	2008年	86.93分	綜合排名		A09/09	極力推薦
				2007年	84.52分			A09/09	極力推薦

競爭力 (15%)	項目	基礎條件	財政條件	投資條件		經濟條件		就業條件	加權平均
	分數	81.43	77.50	87.33		63.33		64.33	73.37
	排名	5	16	7		18		17	13

環境力 (40%)	項目	自然環境	基礎建設	公共設施	社會環境	法制環境	經濟環境	經營環境	加權平均
	分數	4.34	4.21	4.18	4.18	4.21	4.21	4.24	4.23
	排名	8	13	13	11	8	10	8	11

風險度 (30%)	項目	社會風險	法制風險	經濟風險	經營風險	加權平均
	分數	1.89	1.89	1.88	1.90	1.90
	排名	16	14	14	14	13

推薦度 (15%)	2008年	加權平均	4.59	2007年	加權平均	4.61
		排名	3		排名	3

城市名稱	⑩ 南昌		綜合指標	2008年	85.43分	綜合排名		A10/10	極力推薦
				2007年	82.67分			A12/12	極力推薦

競爭力 (15%)	項目	基礎條件	財政條件	投資條件		經濟條件		就業條件	加權平均
	分數	44.78	36.15	45.93		37.45		39.63	40.92
	排名	34	38	33		38		39	41

環境力 (40%)	項目	自然環境	基礎建設	公共設施	社會環境	法制環境	經濟環境	經營環境	加權平均
	分數	4.44	4.25	4.25	4.19	4.28	4.21	4.38	4.30
	排名	6	12	9	10	5	10	3	7

風險度 (30%)	項目	社會風險	法制風險	經濟風險	經營風險	加權平均
	分數	1.84	1.71	1.77	1.66	1.74
	排名	11	8	9	7	8

推薦度 (15%)	2008年	加權平均	4.64	2007年	加權平均	4.02
		排名	2		排名	22

城市名稱	⑪ 無錫市區		綜合指標	2008年	83.50分	綜合排名		A11/11	極力推薦
				2007年	68.82分			B07/28	值得推薦

競爭力 (15%)	項目	基礎條件	財政條件	投資條件		經濟條件		就業條件	加權平均
	分數	48.65	77.55	78.13		88.75		54.00	70.54
	排名	31	14	14		6		29	15

環境力 (40%)	項目	自然環境	基礎建設	公共設施	社會環境	法制環境	經濟環境	經營環境	加權平均
	分數	4.12	4.17	3.93	3.99	4.05	4.13	4.09	4.08
	排名	18	15	22	20	14	14	14	15

風險度 (30%)	項目	社會風險	法制風險	經濟風險	經營風險	加權平均
	分數	1.81	1.76	1.78	1.82	1.80
	排名	9	10	10	12	10

推薦度 (15%)	2008年	加權平均	4.13	2007年	加權平均	3.88
		排名	15		排名	37

《⑧ 揚州、⑨ 成都、⑩ 南昌、⑪ 無錫市區》

城市名稱	⑫ 上海閔行		綜合指標	2008年	83.47分	綜合排名	A12/12	極力推薦
				2007年	85.43分		A08/08	極力推薦
競爭力 (15%)	項目	基礎條件	財政條件	投資條件		經濟條件	就業條件	加權平均
	分數	85.75	100.00	99.40		97.83	93.63	95.10
	排名	3	1	1		1	3	1
環境力 (40%)	項目	自然環境	基礎建設	公共設施	社會環境	法制環境	經濟環境	經營環境	加權平均
	分數	4.03	4.15	4.30	3.98	3.93	4.13	3.92	4.05
	排名	22	16	6	23	22	14	23	17
風險度 (30%)	項目	社會風險		法制風險		經濟風險		經營風險	加權平均
	分數	1.87		1.92		2.02		1.99	1.98
	排名	13		18		24		19	19
推薦度 (15%)	2008年		加權平均	4.20		2007年		加權平均	4.25
			排名	13				排名	11

城市名稱	⑬ 南京市區		綜合指標	2008年	82.84分	綜合排名	A13/13	極力推薦
				2007年	70.63分		B02/23	值得推薦
競爭力 (15%)	項目	基礎條件	財政條件	投資條件		經濟條件	就業條件	加權平均
	分數	75.80	82.70	79.27		78.43	75.80	77.97
	排名	7	10	12		11	8	8
環境力 (40%)	項目	自然環境	基礎建設	公共設施	社會環境	法制環境	經濟環境	經營環境	加權平均
	分數	3.98	4.02	4.08	4.06	3.98	4.08	4.10	4.06
	排名	24	22	14	16	18	17	14	16
風險度 (30%)	項目	社會風險		法制風險		經濟風險		經營風險	加權平均
	分數	1.88		1.86		1.91		1.84	1.88
	排名	14		12		16		13	12
推薦度 (15%)	2008年		加權平均	4.08		2007年		加權平均	4.01
			排名	21				排名	23

城市名稱	⑭ 大連		綜合指標	2008年	81.95分	綜合排名	A14/14	極力推薦
				2007年	79.31分		A15/15	極力推薦
競爭力 (15%)	項目	基礎條件	財政條件	投資條件		經濟條件	就業條件	加權平均
	分數	70.20	81.00	78.70		74.10	63.73	72.86
	排名	14	11	13		13	18	14
環境力 (40%)	項目	自然環境	基礎建設	公共設施	社會環境	法制環境	經濟環境	經營環境	加權平均
	分數	4.31	4.13	4.24	4.12	4.06	4.09	3.97	4.11
	排名	10	20	10	14	13	16	20	14
風險度 (30%)	項目	社會風險		法制風險		經濟風險		經營風險	加權平均
	分數	1.90		1.94		1.81		1.97	1.92
	排名	18		20		11		18	14
推薦度 (15%)	2008年		加權平均	4.13		2007年		加權平均	4.28
			排名	15				排名	9

城市名稱	⑮ 寧波北崙		綜合指標	2008年	80.39分	綜合排名	A15/15	極力推薦
				2007年	86.11分		A06/06	極力推薦
競爭力 (15%)	項目	基礎條件	財政條件	投資條件		經濟條件	就業條件	加權平均
	分數	65.03	87.05	80.97		81.43	74.10	77.15
	排名	17	8	10		9	12	9
環境力 (40%)	項目	自然環境	基礎建設	公共設施	社會環境	法制環境	經濟環境	經營環境	加權平均
	分數	4.14	4.14	3.85	3.94	3.94	4.08	4.00	4.02
	排名	17	17	27	26	19	17	18	20
風險度 (30%)	項目	社會風險		法制風險		經濟風險		經營風險	加權平均
	分數	1.91		1.94		1.88		2.02	1.96
	排名	19		20		14		21	18
推薦度 (15%)	2008年		加權平均	4.29		2007年		加權平均	3.95
			排名	12				排名	30

《⑫ 上海閔行、⑬ 南京市區、⑭ 大連、⑮ 寧波北崙》

城市名稱	16 廊坊		綜合指標		2008年	80.34分	綜合排名		A16/16	極力推薦
					2007年	82.44分			A13/13	極力推薦

競爭力 (15%)	項目	基礎條件	財政條件	投資條件		經濟條件		就業條件		加權平均
	分數	27.55	10.30	23.50		14.60		12.00		18.02
	排名	49	53	47		52		55		51

環境力 (40%)	項目	自然環境	基礎建設	公共設施	社會環境	法制環境	經濟環境	經營環境	加權平均
	分數	4.54	4.48	4.30	4.27	4.05	4.33	4.32	4.31
	排名	3	6	6	6	14	5	5	5

風險度 (30%)	項目	社會風險	法制風險	經濟風險	經營風險	加權平均
	分數	1.85	1.80	1.82	1.80	1.82
	排名	12	11	12	10	11

推薦度 (15%)	2008年	加權平均	4.36	2007年	加權平均	4.21
		排名	11		排名	13

城市名稱	17 北京亦庄		綜合指標		2008年	80.20分	綜合排名		A17/17	極力推薦
					2007年	78.91分			A19/19	極力推薦

競爭力 (15%)	項目	基礎條件	財政條件	投資條件		經濟條件		就業條件		加權平均
	分數	87.45	98.20	98.23		92.20		96.50		93.92
	排名	2	2	2		2		1		2

環境力 (40%)	項目	自然環境	基礎建設	公共設施	社會環境	法制環境	經濟環境	經營環境	加權平均
	分數	3.95	4.21	4.08	3.82	3.83	4.08	4.04	4.00
	排名	27	13	14	30	28	17	16	21

風險度 (30%)	項目	社會風險	法制風險	經濟風險	經營風險	加權平均
	分數	1.83	2.17	1.86	1.79	1.95
	排名	10	31	13	9	17

推薦度 (15%)	2008年	加權平均	4.00	2007年	加權平均	4.32
		排名	24		排名	8

城市名稱	18 無錫宜興		綜合指標		2008年	79.48分	綜合排名		A18/18	極力推薦
					2007年	79.06分			A18/18	極力推薦

競爭力 (15%)	項目	基礎條件	財政條件	投資條件		經濟條件		就業條件		加權平均
	分數	48.65	77.55	78.13		88.75		54.00		70.54
	排名	31	14	14		6		29		15

環境力 (40%)	項目	自然環境	基礎建設	公共設施	社會環境	法制環境	經濟環境	經營環境	加權平均
	分數	4.30	4.29	4.24	4.20	4.11	4.14	4.15	4.19
	排名	12	10	9	11	13	12	12	12

風險度 (30%)	項目	社會風險	法制風險	經濟風險	經營風險	加權平均
	分數	1.99	1.95	2.05	2.07	2.03
	排名	24	23	27	26	24

推薦度 (15%)	2008年	加權平均	4.11	2007年	加權平均	4.23
		排名	18		排名	12

城市名稱	19 蘇州市區		綜合指標		2008年	79.10分	綜合排名		A19/19	極力推薦
					2007年	79.43分			A14/14	極力推薦

競爭力 (15%)	項目	基礎條件	財政條件	投資條件		經濟條件		就業條件		加權平均
	分數	58.13	90.45	94.20		96.50		79.83		84.43
	排名	22	7	3		2		7		6

環境力 (40%)	項目	自然環境	基礎建設	公共設施	社會環境	法制環境	經濟環境	經營環境	加權平均
	分數	4.29	3.96	3.99	3.98	3.94	3.98	3.92	4.00
	排名	14	24	20	23	19	22	23	21

風險度 (30%)	項目	社會風險	法制風險	經濟風險	經營風險	加權平均
	分數	1.88	1.90	1.93	1.95	1.93
	排名	14	16	18	16	16

推薦度 (15%)	2008年	加權平均	4.04	2007年	加權平均	4.03
		排名	22		排名	21

《16 廊坊、17 北京亦庄、18 無錫宜興、19 蘇州市區》

⑳ 煙台

城市名稱	⑳ 煙台	綜合指標	2008年	78.63分	綜合排名	A20/20	極力推薦
			2007年	65.10分		B10/31	值得推薦

競爭力(15%)	項目	基礎條件	財政條件	投資條件		經濟條件		就業條件	加權平均
	分數	53.85	57.70	70.63		69.33		55.13	62.49
	排名	26	24	17		15		26	19

環境力(40%)	項目	自然環境	基礎建設	公共設施	社會環境	法制環境	經濟環境	經營環境	加權平均
	分數	4.10	4.12	3.94	3.99	4.05	3.98	3.96	4.03
	排名	20	21	21	20	14	22	21	19

風險度(30%)	項目	社會風險	法制風險	經濟風險	經營風險	加權平均
	分數	1.95	1.87	1.92	1.92	1.92
	排名	20	13	17	15	14

推薦度(15%)	2008年	加權平均	4.09	2007年	加權平均	3.69
		排名	20		排名	47

㉑ 威海

城市名稱	㉑ 威海	綜合指標	2008年	77.79分	綜合排名	A21/21	極力推薦
			2007年	79.06分		A17/17	極力推薦

競爭力(15%)	項目	基礎條件	財政條件	投資條件		經濟條件		就業條件	加權平均
	分數	54.28	35.30	48.23		60.73		49.93	52.24
	排名	25	39	32		23		33	30

環境力(40%)	項目	自然環境	基礎建設	公共設施	社會環境	法制環境	經濟環境	經營環境	加權平均
	分數	4.15	4.26	4.08	4.13	4.10	4.20	4.18	4.16
	排名	16	11	14	13	12	12	11	13

風險度(30%)	項目	社會風險	法制風險	經濟風險	經營風險	加權平均
	分數	2.03	1.98	2.01	2.01	2.01
	排名	25	24	23	20	23

推薦度(15%)	2008年	加權平均	4.19	2007年	加權平均	4.01
		排名	14		排名	23

㉒ 青島

城市名稱	㉒ 青島	綜合指標	2008年	76.00分	綜合排名	A22/22	極力推薦
			2007年	83.49分		A11/11	極力推薦

競爭力(15%)	項目	基礎條件	財政條件	投資條件		經濟條件		就業條件	加權平均
	分數	72.38	79.25	80.43		70.63		74.67	74.61
	排名	11	8	11		14		11	10

環境力(40%)	項目	自然環境	基礎建設	公共設施	社會環境	法制環境	經濟環境	經營環境	加權平均
	分數	4.25	4.14	4.00	4.10	3.82	4.02	4.04	4.05
	排名	15	17	19	15	30	21	16	17

風險度(30%)	項目	社會風險	法制風險	經濟風險	經營風險	加權平均
	分數	2.06	1.94	2.04	2.09	2.05
	排名	29	20	26	29	27

推薦度(15%)	2008年	加權平均	4.04	2007年	加權平均	4.15
		排名	22		排名	17

㉓ 杭州市區

城市名稱	㉓ 杭州市區	綜合指標	2008年	75.36分	綜合排名	A23/23	極力推薦
			2007年	79.12分		A16/16	極力推薦

競爭力(15%)	項目	基礎條件	財政條件	投資條件		經濟條件		就業條件	加權平均
	分數	79.70	87.05	81.00		86.60		83.30	83.49
	排名	6	8	8		8		6	7

環境力(40%)	項目	自然環境	基礎建設	公共設施	社會環境	法制環境	經濟環境	經營環境	加權平均
	分數	4.09	4.01	4.02	3.98	3.92	3.92	3.85	3.96
	排名	21	23	23	23	26	27	27	23

風險度(30%)	項目	社會風險	法制風險	經濟風險	經營風險	加權平均
	分數	2.03	1.92	1.93	2.05	1.99
	排名	25	18	18	24	20

推薦度(15%)	2008年	加權平均	3.96	2007年	加權平均	4.69
		排名	27		排名	2

《⑳ 煙台、㉑ 威海、㉒ 青島、㉓ 杭州市區》

城市名稱	24 蘇州太倉		綜合指標	2008年	71.85分	綜合排名	B01/24	值得推薦
				2007年	53.37分		B21/42	值得推薦

競爭力(15%)	項目	基礎條件	財政條件	投資條件		經濟條件		就業條件		加權平均
	分數	58.13	90.45	94.20		96.50		79.83		84.43
	排名	22	7	3		2		7		6

環境力(40%)	項目	自然環境	基礎建設	公共設施	社會環境	法制環境	經濟環境	經營環境	加權平均
	分數	3.82	3.94	3.86	4.01	3.94	3.98	3.91	3.94
	排名	32	25	26	18	19	22	25	25

風險度(30%)	項目	社會風險	法制風險	經濟風險	經營風險	加權平均
	分數	2.03	2.01	1.99	2.07	2.04
	排名	25	26	21	26	26

推薦度(15%)	2008年	加權平均	3.81	2007年	加權平均	3.72
		排名	37		排名	44

城市名稱	25 寧波奉化		綜合指標	2008年	70.24分	綜合排名	B02/25	值得推薦
				2007年	54.13分		B20/41	值得推薦

競爭力(15%)	項目	基礎條件	財政條件	投資條件		經濟條件		就業條件		加權平均
	分數	65.03	87.05	80.97		81.43		74.10		77.15
	排名	17	8	10		9		12		9

環境力(40%)	項目	自然環境	基礎建設	公共設施	社會環境	法制環境	經濟環境	經營環境	加權平均
	分數	3.92	3.90	3.85	3.80	3.92	3.89	3.80	3.88
	排名	28	27	27	31	23	29	30	27

風險度(30%)	項目	社會風險	法制風險	經濟風險	經營風險	加權平均
	分數	2.15	1.98	2.10	2.08	2.08
	排名	31	24	31	28	29

推薦度(15%)	2008年	加權平均	3.96	2007年	加權平均	3.82
		排名	27		排名	40

城市名稱	26 鎮江		綜合指標	2008年	69.38分	綜合排名	B03/26	值得推薦
				2007年	29.54分		C18/66	勉予推薦

競爭力(15%)	項目	基礎條件	財政條件	投資條件		經濟條件		就業條件		加權平均
	分數	36.15	24.10	32.70		39.58		39.60		35.97
	排名	44	46	43		37		40		43

環境力(40%)	項目	自然環境	基礎建設	公共設施	社會環境	法制環境	經濟環境	經營環境	加權平均
	分數	4.03	3.88	3.89	3.94	3.91	3.91	3.81	3.91
	排名	22	28	25	26	26	28	28	26

風險度(30%)	項目	社會風險	法制風險	經濟風險	經營風險	加權平均
	分數	1.96	1.90	2.02	2.04	2.00
	排名	21	16	24	23	22

推薦度(15%)	2008年	加權平均	4.13	2007年	加權平均	3.50
		排名	15		排名	59

城市名稱	27 徐州		綜合指標	2008年	68.97分	綜合排名	B04/27	值得推薦
				2007年	65.56分		B09/30	值得推薦

競爭力(15%)	項目	基礎條件	財政條件	投資條件		經濟條件		就業條件		加權平均
	分數	44.35	42.20	33.30		34.03		36.73		37.3
	排名	36	35	41		42		43		42

環境力(40%)	項目	自然環境	基礎建設	公共設施	社會環境	法制環境	經濟環境	經營環境	加權平均
	分數	4.11	3.86	3.59	3.85	3.83	3.84	3.96	3.88
	排名	19	29	37	29	28	31	21	27

風險度(30%)	項目	社會風險	法制風險	經濟風險	經營風險	加權平均
	分數	1.96	1.89	2.00	2.02	1.99
	排名	21	14	22	21	20

推薦度(15%)	2008年	加權平均	4.11	2007年	加權平均	3.69
		排名	18		排名	38

《24 蘇州太倉、25 寧波奉化、26 鎮江、27 徐州》

城市名稱	28 蘇州張家港	綜合指標	2008年	68.00分	綜合排名	B05/28	值得推薦
			2007年	61.34分		B11/32	值得推薦

競爭力 (15%)	項目	基礎條件	財政條件	投資條件	經濟條件	就業條件	加權平均
	分數	58.13	90.45	94.20	96.50	79.83	84.43
	排名	22	7	3	2	7	6

環境力 (40%)	項目	自然環境	基礎建設	公共設施	社會環境	法制環境	經濟環境	經營環境	加權平均
	分數	3.80	3.79	3.90	4.06	3.73	3.97	3.70	3.83
	排名	35	37	24	16	33	25	35	31

風險度 (30%)	項目	社會風險	法制風險	經濟風險	經營風險	加權平均
	分數	2.15	2.09	2.19	2.15	2.16
	排名	31	29	33	30	31

推薦度 (15%)	2008年	加權平均	3.90	2007年	加權平均	3.88
		排名	33		排名	37

城市名稱	29 廈門島外	綜合指標	2008年	65.78分	綜合排名	B06/29	值得推薦
			2007年	68.84分		B06/27	值得推薦

競爭力 (15%)	項目	基礎條件	財政條件	投資條件	經濟條件	就業條件	加權平均
	分數	47.78	68.90	54.00	53.43	75.23	58.32
	排名	32	18	26	27	10	21

環境力 (40%)	項目	自然環境	基礎建設	公共設施	社會環境	法制環境	經濟環境	經營環境	加權平均
	分數	3.96	4.14	3.84	3.69	3.67	3.81	3.79	3.83
	排名	26	17	30	37	34	33	31	31

風險度 (30%)	項目	社會風險	法制風險	經濟風險	經營風險	加權平均
	分數	1.98	2.08	2.05	2.06	2.06
	排名	23	28	27	25	28

推薦度 (15%)	2008年	加權平均	3.95	2007年	加權平均	3.72
		排名	30		排名	44

城市名稱	30 濟南	綜合指標	2008年	64.85分	綜合排名	B07/30	值得推薦
			2007年	69.36分		B04/25	值得推薦

競爭力 (15%)	項目	基礎條件	財政條件	投資條件	經濟條件	就業條件	加權平均
	分數	74.10	63.70	51.10	61.58	71.20	64.12
	排名	10	22	29	21	13	17

環境力 (40%)	項目	自然環境	基礎建設	公共設施	社會環境	法制環境	經濟環境	經營環境	加權平均
	分數	3.92	3.80	3.77	3.88	3.84	3.79	3.91	3.86
	排名	28	33	32	28	27	34	25	29

風險度 (30%)	項目	社會風險	法制風險	經濟風險	經營風險	加權平均
	分數	1.89	2.20	2.23	2.34	2.24
	排名	16	33	34	37	34

推薦度 (15%)	2008年	加權平均	3.91	2007年	加權平均	3.93
		排名	32		排名	32

城市名稱	31 上海松江	綜合指標	2008年	64.57分	綜合排名	B08/31	值得推薦
			2007年	53.14分		B22/43	值得推薦

競爭力 (15%)	項目	基礎條件	財政條件	投資條件	經濟條件	就業條件	加權平均
	分數	85.75	100.00	99.40	97.83	93.63	95.10
	排名	3	1	1	1	3	1

環境力 (40%)	項目	自然環境	基礎建設	公共設施	社會環境	法制環境	經濟環境	經營環境	加權平均
	分數	3.58	3.80	3.84	3.63	3.48	3.73	3.63	3.66
	排名	47	33	30	44	48	38	37	37

風險度 (30%)	項目	社會風險	法制風險	經濟風險	經營風險	加權平均
	分數	2.03	2.27	2.29	2.30	2.28
	排名	25	37	37	33	36

推薦度 (15%)	2008年	加權平均	3.80	2007年	加權平均	3.81
		排名	38		排名	41

《28 蘇州張家港、29 廈門島外、30 濟南、31 上海松江》

城市名稱	③② 蘇州吳江		綜合指標	2008年	64.50分	綜合排名		B09/32	值得推薦
				2007年	46.13分			C03/51	勉予推薦

競爭力 (15%)	項目	基礎條件	財政條件	投資條件		經濟條件		就業條件	加權平均
	分數	58.13	90.45	94.20		96.50		79.83	84.43
	排名	22	7	3		2		7	6

環境力 (40%)	項目	自然環境	基礎建設	公共設施	社會環境	法制環境	經濟環境	經營環境	加權平均
	分數	3.84	3.80	3.34	3.68	3.66	3.72	3.60	3.67
	排名	31	33	56	38	37	39	39	36

風險度 (30%)	項目	社會風險	法制風險	經濟風險	經營風險	加權平均
	分數	2.27	2.19	2.25	2.32	2.27
	排名	36	32	35	36	35

推薦度 (15%)	2008年	加權平均	3.87	2007年	加權平均	3.70
		排名	36		排名	46

城市名稱	③③ 泰安		綜合指標	2008年	64.03分	綜合排名		B10/33	值得推薦
				2007年	--			--	--

競爭力 (15%)	項目	基礎條件	財政條件	投資條件		經濟條件		就業條件	加權平均
	分數	39.15	26.70	13.73		27.55		22.37	25.99
	排名	40	43	52		48		48	47

環境力 (40%)	項目	自然環境	基礎建設	公共設施	社會環境	法制環境	經濟環境	經營環境	加權平均
	分數	3.89	3.65	3.93	4.01	3.99	4.03	4.00	3.96
	排名	30	40	22	18	17	20	18	23

風險度 (30%)	項目	社會風險	法制風險	經濟風險	經營風險	加權平均
	分數	2.06	2.23	2.06	2.17	2.15
	排名	29	36	29	31	30

推薦度 (15%)	2008年	加權平均	3.96	2007年	加權平均	4.35
		排名	27		排名	7

城市名稱	③④ 廈門島內		綜合指標	2008年	63.37分	綜合排名		B11/34	值得推薦
				2007年	67.72分			B08/29	值得推薦

競爭力 (15%)	項目	基礎條件	財政條件	投資條件		經濟條件		就業條件	加權平均
	分數	47.78	68.90	54.00		53.43		75.23	58.32
	排名	32	18	26		27		10	21

環境力 (40%)	項目	自然環境	基礎建設	公共設施	社會環境	法制環境	經濟環境	經營環境	加權平均
	分數	3.82	3.85	3.85	3.79	3.67	3.75	3.74	3.78
	排名	32	30	27	32	34	37	33	34

風險度 (30%)	項目	社會風險	法制風險	經濟風險	經營風險	加權平均
	分數	2.17	2.09	2.14	2.21	2.17
	排名	33	29	32	32	32

推薦度 (15%)	2008年	加權平均	3.92	2007年	加權平均	4.19
		排名	31		排名	14

城市名稱	③⑤ 淮安		綜合指標	2008年	62.09分	綜合排名		B12/35	值得推薦
				2007年	--			--	--

競爭力 (15%)	項目	基礎條件	財政條件	投資條件		經濟條件		就業條件	加權平均
	分數	24.08	14.60	18.37		10.30		10.87	15.21
	排名	52	49	49		54		57	52

環境力 (40%)	項目	自然環境	基礎建設	公共設施	社會環境	法制環境	經濟環境	經營環境	加權平均
	分數	3.78	3.73	3.69	3.99	3.92	3.92	3.81	3.86
	排名	36	39	34	20	23	28	28	29

風險度 (30%)	項目	社會風險	法制風險	經濟風險	經營風險	加權平均
	分數	2.29	2.04	1.98	1.95	2.03
	排名	38	27	20	16	24

推薦度 (15%)	2008年	加權平均	4.00	2007年	加權平均	4.35
		排名	24		排名	7

《③② 蘇州吳江、③③ 泰安、③④ 廈門島內、③⑤ 淮安》

城市名稱	36 寧波市區		綜合指標	2008年	61.07分	綜合排名		B13/36	值得推薦
				2007年	75.68分			A21/21	極力推薦
競爭力 (15%)	項目	基礎條件	財政條件	投資條件		經濟條件		就業條件	加權平均
	分數	65.03	87.05	80.97		81.43		74.10	77.15
	排名	17	8	10		9		12	9
環境力 (40%)	項目	自然環境	基礎建設	公共設施	社會環境	法制環境	經濟環境	經營環境	加權平均
	分數	3.62	3.74	3.46	3.34	3.49	3.79	3.40	3.55
	排名	43	38	48	54	46	34	50	45
風險度 (30%)	項目	社會風險		法制風險		經濟風險		經營風險	加權平均
	分數	2.24		2.21		2.09		2.31	2.22
	排名	35		35		30		35	33
推薦度 (15%)	2008年		加權平均	3.97		2007年		加權平均	4.35
			排名	26				排名	7

城市名稱	37 蘇州常熟		綜合指標	2008年	60.42分	綜合排名		B14/37	值得推薦
				2007年	50.38分			B27/48	值得推薦
競爭力 (15%)	項目	基礎條件	財政條件	投資條件		經濟條件		就業條件	加權平均
	分數	58.13	90.45	94.20		96.50		79.83	84.43
	排名	22	7	3		2		7	6
環境力 (40%)	項目	自然環境	基礎建設	公共設施	社會環境	法制環境	經濟環境	經營環境	加權平均
	分數	3.64	3.58	3.55	3.63	3.61	3.77	3.61	3.64
	排名	42	44	40	44	39	36	38	39
風險度 (30%)	項目	社會風險		法制風險		經濟風險		經營風險	加權平均
	分數	2.29		2.36		2.37		2.38	2.37
	排名	38		40		40		40	39
推薦度 (15%)	2008年		加權平均	3.76		2007年		加權平均	3.38
			排名	40				排名	63

城市名稱	38 寧波餘姚		綜合指標	2008年	59.98分	綜合排名		B15/38	值得推薦
				2007年	68.96分			B05/26	值得推薦
競爭力 (15%)	項目	基礎條件	財政條件	投資條件		經濟條件		就業條件	加權平均
	分數	65.03	87.05	80.97		81.43		74.10	77.15
	排名	17	8	10		9		12	9
環境力 (40%)	項目	自然環境	基礎建設	公共設施	社會環境	法制環境	經濟環境	經營環境	加權平均
	分數	3.78	3.65	3.56	3.66	3.49	3.86	3.67	3.68
	排名	36	40	39	39	46	30	36	35
風險度 (30%)	項目	社會風險		法制風險		經濟風險		經營風險	加權平均
	分數	2.45		2.48		2.50		2.47	2.49
	排名	45		45		45		43	44
推薦度 (15%)	2008年		加權平均	3.75		2007年		加權平均	3.91
			排名	41				排名	33

城市名稱	39 中山		綜合指標	2008年	58.55分	綜合排名		B16/39	值得推薦
				2007年	55.78分			B16/37	值得推薦
競爭力 (15%)	項目	基礎條件	財政條件	投資條件		經濟條件		就業條件	加權平均
	分數	37.45	25.80	33.27		50.83		51.10	42.19
	排名	42	45	42		31		32	38
環境力 (40%)	項目	自然環境	基礎建設	公共設施	社會環境	法制環境	經濟環境	經營環境	加權平均
	分數	3.97	3.91	3.66	3.72	3.78	3.83	3.78	3.81
	排名	25	26	35	36	31	32	32	33
風險度 (30%)	項目	社會風險		法制風險		經濟風險		經營風險	加權平均
	分數	2.38		2.35		2.34		2.37	2.37
	排名	41		39		38		38	39
推薦度 (15%)	2008年		加權平均	3.90		2007年		加權平均	3.67
			排名	33				排名	48

《36 寧波市區、37 蘇州常熟、38 寧波餘姚、39 中山》

⑩ 上海市區

城市名稱	⑩ 上海市區	綜合指標	2008年	58.01分	綜合排名	B17/40	值得推薦
			2007年	50.51分		B26/47	值得推薦

競爭力 (15%)	項目	基礎條件	財政條件	投資條件	經濟條件	就業條件	加權平均
	分數	85.75	100.00	99.40	97.83	93.63	95.10
	排名	3	1	1	1	3	1

環境力 (40%)	項目	自然環境	基礎建設	公共設施	社會環境	法制環境	經濟環境	經營環境	加權平均
	分數	3.56	3.84	3.70	3.52	3.21	3.59	3.45	3.51
	排名	48	31	33	48	56	45	46	47

風險度 (30%)	項目	社會風險	法制風險	經濟風險	經營風險	加權平均
	分數	2.23	2.36	2.44	2.41	2.40
	排名	34	40	42	41	41

推薦度 (15%)	2008年	加權平均	3.65	2007年	加權平均	3.61
		排名	43		排名	51

㊶ 嘉興

城市名稱	㊶ 嘉興	綜合指標	2008年	55.58分	綜合排名	B18/41	值得推薦
			2007年	59.90分		B12/33	值得推薦

競爭力 (15%)	項目	基礎條件	財政條件	投資條件	經濟條件	就業條件	加權平均
	分數	31.40	39.60	53.40	54.68	64.90	50.30
	排名	46	37	27	26	15	31

環境力 (40%)	項目	自然環境	基礎建設	公共設施	社會環境	法制環境	經濟環境	經營環境	加權平均
	分數	3.82	3.83	3.52	3.65	3.64	3.61	3.45	3.64
	排名	32	32	44	41	38	44	46	39

風險度 (30%)	項目	社會風險	法制風險	經濟風險	經營風險	加權平均
	分數	2.27	2.20	2.27	2.37	2.30
	排名	36	33	36	38	37

推薦度 (15%)	2008年	加權平均	3.63	2007年	加權平均	4.16
		排名	44		排名	15

㊷ 天津市區

城市名稱	㊷ 天津市區	綜合指標	2008年	55.55分	綜合排名	B19/42	值得推薦
			2007年	69.62分		B03/24	值得推薦

競爭力 (15%)	項目	基礎條件	財政條件	投資條件	經濟條件	就業條件	加權平均
	分數	82.28	93.10	90.17	87.48	85.57	87.15
	排名	4	4	4	7	5	4

環境力 (40%)	項目	自然環境	基礎建設	公共設施	社會環境	法制環境	經濟環境	經營環境	加權平均
	分數	3.67	3.65	3.40	3.64	3.53	3.39	3.29	3.50
	排名	39	40	54	42	44	53	54	48

風險度 (30%)	項目	社會風險	法制風險	經濟風險	經營風險	加權平均
	分數	2.51	2.50	2.50	2.52	2.52
	排名	46	48	45	46	46

推薦度 (15%)	2008年	加權平均	3.89	2007年	加權平均	3.90
		排名	35		排名	36

㊸ 溫州

城市名稱	㊸ 溫州	綜合指標	2008年	54.81分	綜合排名	B20/43	值得推薦
			2007年	30.78分		C15/63	勉予推薦

競爭力 (15%)	項目	基礎條件	財政條件	投資條件	經濟條件	就業條件	加權平均
	分數	52.95	62.90	41.30	56.43	60.27	54.12
	排名	27	23	35	24	22	25

環境力 (40%)	項目	自然環境	基礎建設	公共設施	社會環境	法制環境	經濟環境	經營環境	加權平均
	分數	3.65	3.45	3.59	3.74	3.67	3.68	3.57	3.64
	排名	41	51	37	35	34	41	42	39

風險度 (30%)	項目	社會風險	法制風險	經濟風險	經營風險	加權平均
	分數	2.32	2.42	2.36	2.44	2.41
	排名	40	43	39	42	42

推薦度 (15%)	2008年	加權平均	3.70	2007年	加權平均	3.50
		排名	42		排名	59

《⑩ 上海市區、㊶ 嘉興、㊷ 天津市區、㊸ 溫州》

城市名稱	44 常州		綜合指標	2008年	53.93分	綜合排名		B21/44	值得推薦
				2007年	56.64分			B15/36	值得推薦
競爭力 (15%)	項目	基礎條件	財政條件	投資條件		經濟條件		就業條件	加權平均
	分數	40.90	56.85	62.03		62.88		44.80	54.09
	排名	38	25	22		20		38	26
環境力 (40%)	項目	自然環境	基礎建設	公共設施	社會環境	法制環境	經濟環境	經營環境	加權平均
	分數	3.66	3.56	3.55	3.66	3.60	3.69	3.49	3.61
	排名	40	45	40	39	40	40	45	42
風險度 (30%)	項目	社會風險	法制風險		經濟風險		經營風險		加權平均
	分數	2.56	2.29		2.37		2.30		2.36
	排名	49	38		40		33		38
推薦度 (15%)	2008年	加權平均	3.56		2007年		加權平均		3.60
		排名	48				排名		54

城市名稱	45 珠海		綜合指標	2008年	51.99分	綜合排名		B22/45	值得推薦
				2007年	43.12分			C05/53	勉予推薦
競爭力 (15%)	項目	基礎條件	財政條件	投資條件		經濟條件		就業條件	加權平均
	分數	44.78	26.65	26.37		42.63		66.03	42.89
	排名	34	44	46		36		14	37
環境力 (40%)	項目	自然環境	基礎建設	公共設施	社會環境	法制環境	經濟環境	經營環境	加權平均
	分數	3.72	3.80	3.60	3.33	3.43	3.64	3.52	3.57
	排名	38	33	36	56	49	42	44	43
風險度 (30%)	項目	社會風險	法制風險		經濟風險		經營風險		加權平均
	分數	2.51	2.36		2.49		2.49		2.47
	排名	46	40		43		45		43
推薦度 (15%)	2008年	加權平均	3.78		2007年		加權平均		3.64
		排名	39				排名		49

城市名稱	46 紹興		綜合指標	2008年	51.69分	綜合排名		B23/46	值得推薦
				2007年	55.48分			B17/38	值得推薦
競爭力 (15%)	項目	基礎條件	財政條件	投資條件		經濟條件		就業條件	加權平均
	分數	37.03	47.35	49.97		63.30		60.30	53.18
	排名	43	33	30		19		21	27
環境力 (40%)	項目	自然環境	基礎建設	公共設施	社會環境	法制環境	經濟環境	經營環境	加權平均
	分數	3.56	3.51	3.46	3.75	3.74	3.63	3.71	3.66
	排名	48	48	41	34	32	43	34	37
風險度 (30%)	項目	社會風險	法制風險		經濟風險		經營風險		加權平均
	分數	2.53	2.50		2.62		2.78		2.65
	排名	48	48		49		55		50
推薦度 (15%)	2008年	加權平均	3.62		2007年		加權平均		3.61
		排名	45				排名		51

城市名稱	47 上海浦東		綜合指標	2008年	51.49分	綜合排名		B24/47	值得推薦
				2007年	52.32分			B24/45	值得推薦
競爭力 (15%)	項目	基礎條件	財政條件	投資條件		經濟條件		就業條件	加權平均
	分數	85.75	100.00	99.40		97.83		93.63	95.10
	排名	3	1	1		1		3	1
環境力 (40%)	項目	自然環境	基礎建設	公共設施	社會環境	法制環境	經濟環境	經營環境	加權平均
	分數	3.38	3.41	3.45	3.35	3.25	3.43	3.31	3.36
	排名	53	53	50	53	54	49	52	54
風險度 (30%)	項目	社會風險	法制風險		經濟風險		經營風險		加權平均
	分數	2.39	2.48		2.60		2.52		2.53
	排名	42	45		48		46		47
推薦度 (15%)	2008年	加權平均	3.55		2007年		加權平均		3.96
		排名	51				排名		28

《44 常州、45 珠海、46 紹興、47 上海浦東》

城市名稱	48 上海嘉定		綜合指標	2008年	50.52分	綜合排名		B25/48	值得推薦
				2007年	52.54分			B23/44	值得推薦
競爭力 (15%)	項目	基礎條件	財政條件	投資條件		經濟條件		就業條件	加權平均
	分數	85.75	100.00	99.40		97.83		93.63	95.10
	排名	3	1	1		1		3	1
環境力 (40%)	項目	自然環境	基礎建設	公共設施	社會環境	法制環境	經濟環境	經營環境	加權平均
	分數	3.27	3.49	3.48	3.23	3.10	3.41	3.37	3.33
	排名	61	49	46	61	61	52	51	55
風險度 (30%)	項目	社會風險		法制風險		經濟風險		經營風險	加權平均
	分數	2.44		2.57		2.67		2.59	2.61
	排名	44		51		50		49	49
推薦度 (15%)	2008年		加權平均	3.56	2007年		加權平均		3.94
			排名	48			排名		31

城市名稱	49 佛山		綜合指標	2008年	48.75分	綜合排名		C01/49	勉予推薦
				2007年	45.66分			C04/52	勉予推薦
競爭力 (15%)	項目	基礎條件	財政條件	投資條件		經濟條件		就業條件	加權平均
	分數	47.38	71.50	60.30		80.15		56.27	63.98
	排名	33	17	23		10		25	18
環境力 (40%)	項目	自然環境	基礎建設	公共設施	社會環境	法制環境	經濟環境	經營環境	加權平均
	分數	3.61	3.65	3.47	3.37	3.32	3.55	3.42	3.47
	排名	44	40	47	52	52	46	49	50
風險度 (30%)	項目	社會風險		法制風險		經濟風險		經營風險	加權平均
	分數	2.69		2.49		2.50		2.55	2.54
	排名	57		47		45		48	48
推薦度 (15%)	2008年		加權平均	3.56	2007年		加權平均		4.04
			排名	48			排名		20

城市名稱	50 合肥		綜合指標	2008年	48.46分	綜合排名		C02/50	勉予推薦
				2007年	27.24分			C22/70	勉予推薦
競爭力 (15%)	項目	基礎條件	財政條件	投資條件		經濟條件		就業條件	加權平均
	分數	49.53	43.95	56.23		30.15		37.30	42.05
	排名	30	34	25		46		42	39
環境力 (40%)	項目	自然環境	基礎建設	公共設施	社會環境	法制環境	經濟環境	經營環境	加權平均
	分數	3.41	3.52	3.52	3.48	3.53	3.51	3.58	3.53
	排名	52	47	44	50	44	47	41	46
風險度 (30%)	項目	社會風險		法制風險		經濟風險		經營風險	加權平均
	分數	2.56		2.46		2.49		2.48	2.51
	排名	49		44		43		44	45
推薦度 (15%)	2008年		加權平均	3.62	2007年		加權平均		3.22
			排名	45			排名		75

城市名稱	51 廣州天河		綜合指標	2008年	44.32分	綜合排名		C03/51	勉予推薦
				2007年	72.10分			B01/22	值得推薦
競爭力 (15%)	項目	基礎條件	財政條件	投資條件		經濟條件		就業條件	加權平均
	分數	90.90	93.05	89.63		93.05		93.63	92.05
	排名	1	5	6		4		4	3
環境力 (40%)	項目	自然環境	基礎建設	公共設施	社會環境	法制環境	經濟環境	經營環境	加權平均
	分數	3.30	3.39	3.55	3.34	3.29	3.43	3.45	3.41
	排名	59	55	40	54	53	49	46	52
風險度 (30%)	項目	社會風險		法制風險		經濟風險		經營風險	加權平均
	分數	3.12		3.01		3.02		2.99	3.03
	排名	74		68		66		63	65
推薦度 (15%)	2008年		加權平均	3.30	2007年		加權平均		4.08
			排名	56			排名		19

《48 上海嘉定、49 佛山、50 合肥、51 廣州天河》

城市名稱 52 北京市區 ｜ 綜合指標　2008年 42.86分／2007年 41.44分 ｜ 綜合排名　C04/52 勉予推薦／C06/54 勉予推薦

競爭力(15%)	基礎條件	財政條件	投資條件	經濟條件	就業條件	加權平均
分數	87.45	98.20	98.23	92.20	96.50	93.92
排名	2	2	2	5	1	2

環境力(40%)	自然環境	基礎建設	公共設施	社會環境	法制環境	經濟環境	經營環境	加權平均
分數	3.19	3.19	3.25	3.00	2.90	3.30	3.09	3.14
排名	63	60	58	67	70	54	63	63

風險度(30%)	社會風險	法制風險	經濟風險	經營風險	加權平均
分數	2.62	2.85	2.85	2.74	2.80
排名	53	61	60	54	56

推薦度(15%)	2008年 加權平均 3.30 / 排名 56	2007年 加權平均 3.30 / 排名 68

城市名稱 53 瀋陽 ｜ 綜合指標　2008年 42.46分／2007年 24.24分 ｜ 綜合排名　C05/53 勉予推薦／D03/77 暫不推薦

競爭力(15%)	基礎條件	財政條件	投資條件	經濟條件	就業條件	加權平均
分數	74.95	79.25	90.17	68.05	64.90	74.34
排名	8	12	4	16	15	11

環境力(40%)	自然環境	基礎建設	公共設施	社會環境	法制環境	經濟環境	經營環境	加權平均
分數	3.44	3.39	3.54	3.64	3.55	3.30	3.30	3.46
排名	51	55	43	42	42	54	53	51

風險度(30%)	社會風險	法制風險	經濟風險	經營風險	加權平均
分數	2.39	3.10	3.05	3.07	3.02
排名	42	75	68	66	65

推薦度(15%)	2008年 加權平均 3.30 / 排名 56	2007年 加權平均 3.11 / 排名 80

城市名稱 54 南通 ｜ 綜合指標　2008年 41.48分／2007年 26.76分 ｜ 綜合排名　C05/54 勉予推薦／C23/71 勉予推薦

競爭力(15%)	基礎條件	財政條件	投資條件	經濟條件	就業條件	加權平均
分數	42.63	50.00	62.60	52.98	35.60	49.06
排名	37	30	21	28	45	33

環境力(40%)	自然環境	基礎建設	公共設施	社會環境	法制環境	經濟環境	經營環境	加權平均
分數	3.35	3.18	3.32	3.51	3.33	3.25	3.16	3.30
排名	54	61	57	49	51	56	58	56

風險度(30%)	社會風險	法制風險	經濟風險	經營風險	加權平均
分數	2.64	2.66	2.68	2.73	2.70
排名	55	52	53	53	53

推薦度(15%)	2008年 加權平均 3.45 / 排名 52	2007年 加權平均 3.38 / 排名 64

城市名稱 55 武漢武昌 ｜ 綜合指標　2008年 41.43分／2007年 33.44分 ｜ 綜合排名　C07/55 勉予推薦／C10/58 勉予推薦

競爭力(15%)	基礎條件	財政條件	投資條件	經濟條件	就業條件	加權平均
分數	74.10	77.55	77.53	67.18	75.80	73.39
排名	9	14	15	17	8	12

環境力(40%)	自然環境	基礎建設	公共設施	社會環境	法制環境	經濟環境	經營環境	加權平均
分數	3.33	3.14	3.16	3.30	3.21	3.19	3.18	3.22
排名	55	65	62	58	56	58	57	59

風險度(30%)	社會風險	法制風險	經濟風險	經營風險	加權平均
分數	2.71	2.77	2.75	2.81	2.78
排名	59	56	55	58	55

推薦度(15%)	2008年 加權平均 3.28 / 排名 62	2007年 加權平均 3.33 / 排名 65

《52 北京市區、53 瀋陽、54 南通、55 武漢武昌》

56 江門

城市名稱	56 江門		綜合指標	2008年	39.70分	綜合排名	C08/56	勉予推薦
				2007年	38.76分		C08/56	勉予推薦

競爭力 (15%)	項目	基礎條件	財政條件	投資條件	經濟條件	就業條件	加權平均
	分數	19.33	18.90	19.47	31.43	23.50	23.78
	排名	54	48	48	45	47	49

環境力 (40%)	項目	自然環境	基礎建設	公共設施	社會環境	法制環境	經濟環境	經營環境	加權平均
	分數	3.59	3.48	3.24	3.57	3.35	3.23	3.28	3.38
	排名	45	50	60	46	50	57	55	53

風險度 (30%)	項目	社會風險	法制風險	經濟風險	經營風險	加權平均
	分數	2.57	2.66	2.68	2.59	2.65
	排名	51	52	53	49	50

推薦度 (15%)	2008年	加權平均	3.33	2007年	加權平均	3.63
		排名	54		排名	50

57 吉安

城市名稱	57 吉安		綜合指標	2008年	39.53分	綜合排名	C09/57	勉予推薦
				2007年	--		--	--

競爭力 (15%)	項目	基礎條件	財政條件	投資條件	經濟條件	就業條件	加權平均
	分數	16.75	5.10	6.87	1.28	1.13	5.84
	排名	56	56	57	59	59	58

環境力 (40%)	項目	自然環境	基礎建設	公共設施	社會環境	法制環境	經濟環境	經營環境	加權平均
	分數	3.55	3.54	3.41	3.78	3.55	3.51	3.54	3.56
	排名	50	46	52	33	42	47	43	44

風險度 (30%)	項目	社會風險	法制風險	經濟風險	經營風險	加權平均
	分數	2.67	2.86	2.76	2.79	2.80
	排名	56	62	56	56	56

推薦度 (15%)	2008年	加權平均	3.61	2007年	加權平均	--
		排名	47		排名	--

58 昆明

城市名稱	58 昆明		綜合指標	2008年	38.68分	綜合排名	C10/58	勉予推薦
				2007年	59.39分		B14/35	值得推薦

競爭力 (15%)	項目	基礎條件	財政條件	投資條件	經濟條件	就業條件	加權平均
	分數	68.05	55.95	40.17	32.70	55.13	48.08
	排名	16	26	36	44	26	35

環境力 (40%)	項目	自然環境	基礎建設	公共設施	社會環境	法制環境	經濟環境	經營環境	加權平均
	分數	3.59	3.40	3.44	3.39	3.17	3.14	3.14	3.29
	排名	45	54	51	51	59	61	60	57

風險度 (30%)	項目	社會風險	法制風險	經濟風險	經營風險	加權平均
	分數	2.82	2.74	2.80	2.85	2.83
	排名	61	55	58	59	59

推薦度 (15%)	2008年	加權平均	3.34	2007年	加權平均	3.51
		排名	53		排名	57

59 武漢漢陽

城市名稱	59 武漢漢陽		綜合指標	2008年	38.47分	綜合排名	C11/59	勉予推薦
				2007年	32.87分		C11/59	勉予推薦

競爭力 (15%)	項目	基礎條件	財政條件	投資條件	經濟條件	就業條件	加權平均
	分數	74.10	77.55	77.53	67.18	75.80	73.39
	排名	9	14	15	17	8	12

環境力 (40%)	項目	自然環境	基礎建設	公共設施	社會環境	法制環境	經濟環境	經營環境	加權平均
	分數	3.10	3.12	3.25	3.31	3.18	3.19	3.13	3.19
	排名	66	66	58	57	58	58	61	60

風險度 (30%)	項目	社會風險	法制風險	經濟風險	經營風險	加權平均
	分數	2.91	2.73	2.84	2.86	2.84
	排名	63	54	59	60	60

推薦度 (15%)	2008年	加權平均	3.11	2007年	加權平均	3.10
		排名	67		排名	81

《56 江門、57 吉安、58 昆明、59 武漢漢陽》

城市名稱　60 九江

綜合指標	2008年	37.92分	綜合排名	C12/60	勉予推薦
	2007年	--		--	--

競爭力(15%)	項目	基礎條件	財政條件	投資條件	經濟條件	就業條件	加權平均
	分數	24.98	5.10	13.17	5.55	13.17	12.44
	排名	50	57	53	57	54	56

環境力(40%)	項目	自然環境	基礎建設	公共設施	社會環境	法制環境	經濟環境	經營環境	加權平均
	分數	3.33	3.42	3.35	3.54	3.56	3.42	3.59	3.50
	排名	55	52	55	47	41	51	40	48

風險度(30%)	項目	社會風險	法制風險	經濟風險	經營風險	加權平均
	分數	2.63	2.54	2.67	2.70	2.65
	排名	54	50	50	51	50

推薦度(15%)	2008年	加權平均	3.29	2007年	加權平均	--
		排名	59		排名	--

城市名稱　61 重慶

綜合指標	2008年	37.36分	綜合排名	C13/61	勉予推薦
	2007年	52.31分		B25/46	值得推薦

競爭力(15%)	項目	基礎條件	財政條件	投資條件	經濟條件	就業條件	加權平均
	分數	60.30	93.05	76.97	61.15	47.63	64.63
	排名	20	5	16	22	34	16

環境力(40%)	項目	自然環境	基礎建設	公共設施	社會環境	法制環境	經濟環境	經營環境	加權平均
	分數	3.31	3.18	3.41	3.14	3.23	3.08	3.21	3.24
	排名	58	61	52	62	55	65	56	58

風險度(30%)	項目	社會風險	法制風險	經濟風險	經營風險	加權平均
	分數	2.92	3.08	3.00	3.17	3.09
	排名	64	74	64	72	68

推薦度(15%)	2008年	加權平均	3.32	2007年	加權平均	3.83
		排名	55		排名	39

城市名稱　62 福州市區

綜合指標	2008年	35.23分	綜合排名	C14/62	勉予推薦
	2007年	30.77分		C16/64	勉予推薦

競爭力(15%)	項目	基礎條件	財政條件	投資條件	經濟條件	就業條件	加權平均
	分數	56.85	53.40	51.67	49.10	53.40	52.45
	排名	23	27	28	32	30	29

環境力(40%)	項目	自然環境	基礎建設	公共設施	社會環境	法制環境	經濟環境	經營環境	加權平均
	分數	3.29	3.17	3.13	3.25	3.08	3.06	3.16	3.16
	排名	60	63	64	60	64	66	58	61

風險度(30%)	項目	社會風險	法制風險	經濟風險	經營風險	加權平均
	分數	2.59	2.83	2.97	2.86	2.87
	排名	52	60	62	60	61

推薦度(15%)	2008年	加權平均	3.29	2007年	加權平均	3.49
		排名	59		排名	61

城市名稱　63 福州馬尾

綜合指標	2008年	35.21分	綜合排名	C15/63	勉予推薦
	2007年	32.33分		C13/61	勉予推薦

競爭力(15%)	項目	基礎條件	財政條件	投資條件	經濟條件	就業條件	加權平均
	分數	56.85	53.40	51.67	49.10	53.40	52.45
	排名	23	27	28	32	30	29

環境力(40%)	項目	自然環境	基礎建設	公共設施	社會環境	法制環境	經濟環境	經營環境	加權平均
	分數	3.32	3.09	2.99	3.11	3.11	3.15	3.03	3.12
	排名	57	68	71	64	60	60	69	64

風險度(30%)	項目	社會風險	法制風險	經濟風險	經營風險	加權平均
	分數	2.80	2.78	2.79	2.80	2.80
	排名	60	57	57	57	56

推薦度(15%)	2008年	加權平均	3.17	2007年	加權平均	3.44
		排名	65		排名	62

《60 九江、61 重慶、62 福州市區、63 福州馬尾》

城市名稱	64 深圳寶安	綜合指標	2008年	31.56分	綜合排名	C16/64	勉予推薦
			2007年	29.68分		C17/65	勉予推薦

競爭力(15%)	項目	基礎條件	財政條件	投資條件	經濟條件	就業條件	加權平均
	分數	54.70	95.65	83.87	95.65	95.97	85.17
	排名	24	3	8	3	2	5

環境力(40%)	項目	自然環境	基礎建設	公共設施	社會環境	法制環境	經濟環境	經營環境	加權平均
	分數	2.95	3.29	3.10	2.72	2.78	3.12	2.98	2.98
	排名	73	58	65	77	74	63	72	71

風險度(30%)	項目	社會風險	法制風險	經濟風險	經營風險	加權平均
	分數	3.05	2.96	3.00	3.07	3.03
	排名	72	66	64	66	66

推薦度(15%)	2008年	加權平均	2.94	2007年	加權平均	3.17
		排名	74		排名	77

城市名稱	65 泉州	綜合指標	2008年	30.81分	綜合排名	C17/65	勉予推薦
			2007年	54.72分		B19/40	值得推薦

競爭力(15%)	項目	基礎條件	財政條件	投資條件	經濟條件	就業條件	加權平均
	分數	37.48	48.25	39.07	55.15	54.57	47.59
	排名	41	32	37	25	28	36

環境力(40%)	項目	自然環境	基礎建設	公共設施	社會環境	法制環境	經濟環境	經營環境	加權平均
	分數	3.21	3.34	3.21	3.09	3.10	3.13	3.09	3.16
	排名	62	57	61	65	61	62	63	61

風險度(30%)	項目	社會風險	法制風險	經濟風險	經營風險	加權平均
	分數	2.95	3.15	3.13	3.15	3.14
	排名	66	76	72	71	72

推薦度(15%)	2008年	加權平均	3.29	2007年	加權平均	3.91
		排名	59		排名	33

城市名稱	66 深圳市區	綜合指標	2008年	30.16分	綜合排名	C18/66	勉予推薦
			2007年	28.76分		C21/69	勉予推薦

競爭力(15%)	項目	基礎條件	財政條件	投資條件	經濟條件	就業條件	加權平均
	分數	54.70	95.65	83.87	95.65	95.97	85.17
	排名	24	3	8	3	2	5

環境力(40%)	項目	自然環境	基礎建設	公共設施	社會環境	法制環境	經濟環境	經營環境	加權平均
	分數	2.95	3.09	2.91	2.59	2.74	2.94	2.82	2.86
	排名	73	68	76	79	75	76	76	75

風險度(30%)	項目	社會風險	法制風險	經濟風險	經營風險	加權平均
	分數	2.95	2.80	2.90	3.03	2.94
	排名	66	58	61	65	62

推薦度(15%)	2008年	加權平均	2.80	2007年	加權平均	3.30
		排名	80		排名	68

城市名稱	67 長沙	綜合指標	2008年	28.97分	綜合排名	C19/67	勉予推薦
			2007年	47.30分		C01/49	勉予推薦

競爭力(15%)	項目	基礎條件	財政條件	投資條件	經濟條件	就業條件	加權平均
	分數	68.50	68.90	68.90	48.20	56.30	60.09
	排名	15	19	18	34	24	20

環境力(40%)	項目	自然環境	基礎建設	公共設施	社會環境	法制環境	經濟環境	經營環境	加權平均
	分數	3.02	2.86	2.77	2.87	2.86	3.03	3.00	2.94
	排名	70	78	80	72	73	69	71	73

風險度(30%)	項目	社會風險	法制風險	經濟風險	經營風險	加權平均
	分數	2.85	2.88	2.99	3.00	2.96
	排名	62	63	63	64	63

推薦度(15%)	2008年	加權平均	3.00	2007年	加權平均	3.78
		排名	71		排名	42

《64 深圳寶安、65 泉州、66 深圳市區、67 長沙》

68 廣州市區

城市名稱	68 廣州市區	綜合指標	2008年	28.32分	綜合排名	C20/68	勉予推薦
			2007年	29.34分		C20/68	勉予推薦

競爭力(15%)	項目	基礎條件	財政條件	投資條件	經濟條件	就業條件	加權平均
	分數	90.90	93.05	89.63	93.05	93.63	92.05
	排名	1	5	6	4	4	3

環境力(40%)	項目	自然環境	基礎建設	公共設施	社會環境	法制環境	經濟環境	經營環境	加權平均
	分數	2.86	3.07	2.92	2.61	2.73	2.87	2.88	2.86
	排名	77	70	75	78	76	77	74	75

風險度(30%)	項目	社會風險	法制風險	經濟風險	經營風險	加權平均
	分數	3.10	2.91	3.24	3.11	3.12
	排名	73	64	76	69	71

推薦度(15%)	2008年	加權平均	2.84	2007年	加權平均	3.17
		排名	78		排名	77

69 武漢漢口

城市名稱	69 武漢漢口	綜合指標	2008年	27.87分	綜合排名	C21/69	勉予推薦
			2007年	38.44分		C09/57	勉予推薦

競爭力(15%)	項目	基礎條件	財政條件	投資條件	經濟條件	就業條件	加權平均
	分數	74.10	77.55	77.53	67.18	75.80	73.39
	排名	9	14	15	17	8	12

環境力(40%)	項目	自然環境	基礎建設	公共設施	社會環境	法制環境	經濟環境	經營環境	加權平均
	分數	3.15	2.81	2.99	3.06	3.01	3.01	3.02	3.02
	排名	64	79	71	66	68	73	70	70

風險度(30%)	項目	社會風險	法制風險	經濟風險	經營風險	加權平均
	分數	2.95	3.03	3.14	3.32	3.17
	排名	66	70	74	81	74

推薦度(15%)	2008年	加權平均	3.10	2007年	加權平均	3.21
		排名	68		排名	76

70 南寧

城市名稱	70 南寧	綜合指標	2008年	27.24分	綜合排名	C22/70	勉予推薦
			2007年	18.84分		D09/83	暫不推薦

競爭力(15%)	項目	基礎條件	財政條件	投資條件	經濟條件	就業條件	加權平均
	分數	51.25	30.15	27.53	51.25	36.17	41.38
	排名	29	40	45	29	44	40

環境力(40%)	項目	自然環境	基礎建設	公共設施	社會環境	法制環境	經濟環境	經營環境	加權平均
	分數	3.11	3.24	3.01	3.00	3.08	3.11	3.11	3.11
	排名	65	59	67	64	64	62	65	65

風險度(30%)	項目	社會風險	法制風險	經濟風險	經營風險	加權平均
	分數	3.03	3.02	3.13	3.28	3.15
	排名	70	69	72	80	73

推薦度(15%)	2008年	加權平均	3.25	2007年	加權平均	3.29
		排名	63		排名	70

71 石家庄

城市名稱	71 石家庄	綜合指標	2008年	26.68分	綜合排名	C22/71	勉予推薦
			2007年	39.83分		C07/55	勉予推薦

競爭力(15%)	項目	基礎條件	財政條件	投資條件	經濟條件	就業條件	加權平均
	分數	59.00	49.10	48.80	51.23	37.33	49.30
	排名	21	31	31	30	41	32

環境力(40%)	項目	自然環境	基礎建設	公共設施	社會環境	法制環境	經濟環境	經營環境	加權平均
	分數	3.08	2.77	3.09	3.14	3.06	3.03	3.04	3.05
	排名	67	81	66	62	67	69	68	68

風險度(30%)	項目	社會風險	法制風險	經濟風險	經營風險	加權平均
	分數	3.23	3.07	3.11	3.25	3.17
	排名	78	72	71	78	74

推薦度(15%)	2008年	加權平均	3.14	2007年	加權平均	3.27
		排名	66		排名	72

《68 廣州市區、69 武漢漢口、70 南寧、71 石家庄》

72 太原

城市名稱	72 太原		綜合指標	2008年	26.19分	綜合排名	C24/72	勉予推薦
				2007年	--		--	--

競爭力 (15%)

項目	基礎條件	財政條件	投資條件	經濟條件	就業條件	加權平均
分數	71.53	40.45	35.03	35.28	63.73	48.69
排名	12	36	39	41	18	34

環境力 (40%)

項目	自然環境	基礎建設	公共設施	社會環境	法制環境	經濟環境	經營環境	加權平均
分數	3.01	3.05	3.15	2.99	3.08	3.06	3.05	3.08
排名	72	71	63	69	64	66	67	67

風險度 (30%)

項目	社會風險	法制風險	經濟風險	經營風險	加權平均
分數	3.21	3.07	3.24	3.14	3.17
排名	76	72	76	70	74

推薦度 (15%)

2008年	加權平均	3.10	2007年	加權平均	--
	排名	68		排名	--

73 莆田

城市名稱	73 莆田		綜合指標	2008年	26.03分	綜合排名	C25/73	勉予推薦
				2007年	55.40分		B18/39	值得推薦

競爭力 (15%)

項目	基礎條件	財政條件	投資條件	經濟條件	就業條件	加權平均
分數	7.73	1.70	5.10	6.83	14.33	7.65
排名	59	58	58	55	53	57

環境力 (40%)

項目	自然環境	基礎建設	公共設施	社會環境	法制環境	經濟環境	經營環境	加權平均
分數	3.07	3.03	3.06	2.91	2.97	3.02	3.08	3.03
排名	68	72	68	70	69	71	66	69

風險度 (30%)

項目	社會風險	法制風險	經濟風險	經營風險	加權平均
分數	2.69	2.82	2.67	2.72	2.74
排名	57	59	50	52	54

推薦度 (15%)

2008年	加權平均	3.08	2007年	加權平均	4.00
	排名	70		排名	26

74 深圳龍崗

城市名稱	74 深圳龍崗		綜合指標	2008年	23.81分	綜合排名	D01/74	暫不推薦
				2007年	20.40分		D06/80	暫不推薦

競爭力 (15%)

項目	基礎條件	財政條件	投資條件	經濟條件	就業條件	加權平均
分數	54.70	95.65	83.87	95.65	95.97	85.17
排名	24	3	8	2	2	5

環境力 (40%)

項目	自然環境	基礎建設	公共設施	社會環境	法制環境	經濟環境	經營環境	加權平均
分數	2.68	2.88	2.94	2.52	2.53	2.98	2.67	2.74
排名	80	76	74	82	83	74	82	79

風險度 (30%)

項目	社會風險	法制風險	經濟風險	經營風險	加權平均
分數	3.27	3.21	3.24	3.20	3.24
排名	79	79	76	75	79

推薦度 (15%)

2008年	加權平均	2.97	2007年	加權平均	3.23
	排名	73		排名	74

75 東莞市區

城市名稱	75 東莞市區		綜合指標	2008年	23.38分	綜合排名	D02/75	暫不推薦
				2007年	20.69分		D05/79	暫不推薦

競爭力 (15%)

項目	基礎條件	財政條件	投資條件	經濟條件	就業條件	加權平均
分數	39.20	66.35	58.00	74.95	45.37	57.63
排名	39	20	24	12	37	22

環境力 (40%)

項目	自然環境	基礎建設	公共設施	社會環境	法制環境	經濟環境	經營環境	加權平均
分數	2.87	3.00	2.98	2.73	2.67	2.89	2.82	2.84
排名	76	74	73	76	78	74	76	77

風險度 (30%)

項目	社會風險	法制風險	經濟風險	經營風險	加權平均
分數	2.94	3.00	3.10	3.18	3.10
排名	65	67	70	73	69

推薦度 (15%)

2008年	加權平均	2.84	2007年	加權平均	3.28
	排名	78		排名	71

《72 太原、73 莆田、74 深圳龍崗、75 東莞市區》

城市名稱	76 汕頭		綜合指標	2008年	23.17分	綜合排名		D03/76	暫不推薦
				2007年	25.09分			C26/74	勉予推薦

競爭力 (15%)	項目	基礎條件	財政條件	投資條件		經濟條件		就業條件		加權平均
	分數	14.20	11.15	8.00		14.60		15.47		13.03
	排名	58	52	56		51		51		55
環境力 (40%)	項目	自然環境	基礎建設	公共設施	社會環境	法制環境	經濟環境	經營環境		加權平均
	分數	3.04	3.03	2.91	2.91	2.90	3.05	2.90		2.97
	排名	69	72	76	70	70	68	73		72
風險度 (30%)	項目	社會風險		法制風險		經濟風險		經營風險		加權平均
	分數	3.03		2.94		3.02		2.95		2.98
	排名	70		65		66		62		64
推薦度 (15%)	2008年		加權平均	3.18		2007年		加權平均		3.04
			排名	64				排名		83

城市名稱	77 東莞虎門		綜合指標	2008年	22.58分	綜合排名		D04/77	暫不推薦
				2007年	32.47分			C12/60	勉予推薦

競爭力 (15%)	項目	基礎條件	財政條件	投資條件		經濟條件		就業條件		加權平均
	分數	39.20	66.35	58.00		74.95		45.37		57.63
	排名	39	20	24		12		37		22
環境力 (40%)	項目	自然環境	基礎建設	公共設施	社會環境	法制環境	經濟環境	經營環境		加權平均
	分數	2.78	3.11	2.87	2.57	2.65	2.86	2.82		2.81
	排名	78	67	80	79	79	79	76		78
風險度 (30%)	項目	社會風險		法制風險		經濟風險		經營風險		加權平均
	分數	3.19		3.05		3.06		3.10		3.10
	排名	75		71		69		68		69
推薦度 (15%)	2008年		加權平均	2.90		2007年		加權平均		3.78
			排名	77				排名		42

城市名稱	78 桂林		綜合指標	2008年	20.13分	綜合排名		D05/78	暫不推薦
				2007年	59.77分			B13/34	值得推薦

競爭力 (15%)	項目	基礎條件	財政條件	投資條件		經濟條件		就業條件		加權平均
	分數	24.95	14.60	9.13		5.55		15.47		13.04
	排名	51	49	55		56		51		54
環境力 (40%)	項目	自然環境	基礎建設	公共設施	社會環境	法制環境	經濟環境	經營環境		加權平均
	分數	3.02	3.15	3.09	3.27	3.09	3.02	3.09		3.11
	排名	70	64	66	59	63	71	63		65
風險度 (30%)	項目	社會風險		法制風險		經濟風險		經營風險		加權平均
	分數	2.98		3.27		3.26		3.20		3.22
	排名	69		81		80		75		77
推薦度 (15%)	2008年		加權平均	2.98		2007年		加權平均		3.61
			排名	72				排名		51

城市名稱	79 東莞厚街		綜合指標	2008年	18.30分	綜合排名		D06/79	暫不推薦
				2007年	24.68分			D01/75	勉予推薦

競爭力 (15%)	項目	基礎條件	財政條件	投資條件		經濟條件		就業條件		加權平均
	分數	39.20	66.35	58.00		74.95		45.37		57.63
	排名	39	20	24		12		37		22
環境力 (40%)	項目	自然環境	基礎建設	公共設施	社會環境	法制環境	經濟環境	經營環境		加權平均
	分數	2.58	2.64	2.65	2.50	2.60	2.67	2.58		2.63
	排名	82	83	83	83	82	83	83		83
風險度 (30%)	項目	社會風險		法制風險		經濟風險		經營風險		加權平均
	分數	3.32		3.19		3.25		3.19		3.23
	排名	80		78		79		74		78
推薦度 (15%)	2008年		加權平均	2.94		2007年		加權平均		3.91
			排名	74				排名		33

《76 汕頭、77 東莞虎門、78 桂林、79 東莞厚街》

⑧⓪ 東莞石碣

城市名稱	⑧⓪ 東莞石碣		綜合指標	2008年	16.40分	綜合排名	D07/80	暫不推薦
				2007年	24.58分		D02/76	暫不推薦

競爭力(15%)	項目	基礎條件	財政條件	投資條件	經濟條件	就業條件	加權平均
	分數	39.20	66.35	58.00	74.95	45.37	57.63
	排名	39	20	24	12	37	22

環境力(40%)	項目	自然環境	基礎建設	公共設施	社會環境	法制環境	經濟環境	經營環境	加權平均
	分數	2.65	2.87	2.59	2.34	2.61	2.74	2.70	2.67
	排名	81	77	84	85	81	81	80	82

風險度(30%)	項目	社會風險	法制風險	經濟風險	經營風險	加權平均
	分數	3.37	3.25	3.16	3.24	3.24
	排名	81	80	75	77	79

推薦度(15%)	2008年	加權平均	2.36	2007年	加權平均	3.51
		排名	85		排名	57

⑧① 漳州

城市名稱	⑧① 漳州		綜合指標	2008年	14.72分	綜合排名	D08/81	暫不推薦
				2007年	46.67分		C02/50	勉予推薦

競爭力(15%)	項目	基礎條件	財政條件	投資條件	經濟條件	就業條件	加權平均
	分數	15.93	9.45	16.60	12.45	16.60	14.51
	排名	57	55	50	53	50	53

環境力(40%)	項目	自然環境	基礎建設	公共設施	社會環境	法制環境	經濟環境	經營環境	加權平均
	分數	2.91	2.95	3.01	2.86	2.87	2.87	2.86	2.91
	排名	75	75	69	73	72	75	75	74

風險度(30%)	項目	社會風險	法制風險	經濟風險	經營風險	加權平均
	分數	3.22	3.18	3.46	3.25	3.32
	排名	77	77	83	78	81

推薦度(15%)	2008年	加權平均	2.93	2007年	加權平均	4.01
		排名	76		排名	23

⑧② 長春

城市名稱	⑧② 長春		綜合指標	2008年	14.20分	綜合排名	D09/82	暫不推薦
				2007年	30.82分		C14/62	勉予推薦

競爭力(15%)	項目	基礎條件	財政條件	投資條件	經濟條件	就業條件	加權平均
	分數	65.00	50.80	63.17	48.65	45.93	54.50
	排名	18	28	20	33	36	24

環境力(40%)	項目	自然環境	基礎建設	公共設施	社會環境	法制環境	經濟環境	經營環境	加權平均
	分數	2.47	2.46	2.73	2.56	2.48	2.40	2.36	2.49
	排名	85	85	81	81	84	85	85	84

風險度(30%)	項目	社會風險	法制風險	經濟風險	經營風險	加權平均
	分數	3.66	3.63	3.52	3.53	3.57
	排名	84	84	84	84	84

推薦度(15%)	2008年	加權平均	2.79	2007年	加權平均	3.32
		排名	81		排名	66

⑧③ 惠州

城市名稱	⑧③ 惠州		綜合指標	2008年	13.33分	綜合排名	D10/83	暫不推薦
				2007年	11.89分		D12/86	暫不推薦

競爭力(15%)	項目	基礎條件	財政條件	投資條件	經濟條件	就業條件	加權平均
	分數	18.50	21.50	33.83	33.58	53.40	33.37
	排名	55	47	40	43	31	45

環境力(40%)	項目	自然環境	基礎建設	公共設施	社會環境	法制環境	經濟環境	經營環境	加權平均
	分數	2.72	2.79	2.69	2.81	2.63	2.77	2.72	2.74
	排名	79	80	82	74	80	80	79	79

風險度(30%)	項目	社會風險	法制風險	經濟風險	經營風險	加權平均
	分數	3.47	3.38	3.31	3.35	3.37
	排名	82	82	81	82	82

推薦度(15%)	2008年	加權平均	2.78	2007年	加權平均	2.64
		排名	83		排名	87

《⑧⓪ 東莞石碣、⑧① 漳州、⑧② 長春、⑧③ 惠州》

城市名稱	84 西安		綜合指標	2008年	12.86分	綜合排名		D11/84	暫不推薦
				2007年	17.23分			D10/84	暫不推薦
競爭力 (15%)	項目	基礎條件	財政條件	投資條件		經濟條件	就業條件		加權平均
	分數	70.65	50.80	63.20		36.15	63.17		55.33
	排名	13	28	19		40	20		23
環境力 (40%)	項目	自然環境	基礎建設	公共設施	社會環境	法制環境	經濟環境	經營環境	加權平均
	分數	2.49	2.26	2.34	2.40	2.41	2.41	2.38	2.41
	排名	84	86	85	84	85	84	84	85
風險度 (30%)	項目	社會風險		法制風險		經濟風險	經營風險		加權平均
	分數	3.83		3.79		3.72	3.71		3.75
	排名	86		86		85	85		85
推薦度 (15%)	2008年		加權平均	2.37		2007年		加權平均	3.07
			排名	84				排名	82

城市名稱	85 東莞長安		綜合指標	2008年	12.38分	綜合排名		D12/85	暫不推薦
				2007年	17.14分			D11/85	暫不推薦
競爭力 (15%)	項目	基礎條件	財政條件	投資條件		經濟條件	就業條件		加權平均
	分數	39.20	66.35	58.00		74.95	45.37		57.63
	排名	39	20	24		12	37		22
環境力 (40%)	項目	自然環境	基礎建設	公共設施	社會環境	法制環境	經濟環境	經營環境	加權平均
	分數	2.23	2.58	2.28	1.96	1.99	2.28	2.2	2.21
	排名	86	84	87	88	88	86	86	86
風險度 (30%)	項目	社會風險		法制風險		經濟風險	經營風險		加權平均
	分數	3.71		3.78		3.78	3.83		3.80
	排名	85		85		86	86		86
推薦度 (15%)	2008年		加權平均	2.32		2007年		加權平均	3.17
			排名	86				排名	77

城市名稱	86 泰州		綜合指標	2008年	11.50分	綜合排名		D13/86	暫不推薦
				2007年	29.39分			C19/67	勉予推薦
競爭力 (15%)	項目	基礎條件	財政條件	投資條件		經濟條件	就業條件		加權平均
	分數	28.00	29.30	28.10		29.25	11.43		25.21
	排名	48	41	44		47	56		48
環境力 (40%)	項目	自然環境	基礎建設	公共設施	社會環境	法制環境	經濟環境	經營環境	加權平均
	分數	2.54	2.66	2.89	2.78	2.69	2.71	2.69	2.72
	排名	83	82	78	75	77	82	81	81
風險度 (30%)	項目	社會風險		法制風險		經濟風險	經營風險		加權平均
	分數	3.47		3.46		3.41	3.42		3.44
	排名	82		83		82	83		83
推薦度 (15%)	2008年		加權平均	2.79		2007年		加權平均	3.53
			排名	81				排名	56

城市名稱	87 哈爾濱		綜合指標	2008年	9.96分	綜合排名		D14/87	暫不推薦
				2007年	19.35分			D08/82	暫不推薦
競爭力 (15%)	項目	基礎條件	財政條件	投資條件		經濟條件	就業條件		加權平均
	分數	62.88	66.35	43.07		44.35	58.57		52.84
	排名	19	20	34		35	23		28
環境力 (40%)	項目	自然環境	基礎建設	公共設施	社會環境	法制環境	經濟環境	經營環境	加權平均
	分數	2.12	2.08	2.24	2.21	2.15	2.20	2.10	2.17
	排名	87	88	86	87	87	87	88	88
風險度 (30%)	項目	社會風險		法制風險		經濟風險	經營風險		加權平均
	分數	3.98		4.12		4.10	4.01		4.07
	排名	87		89		88	88		88
推薦度 (15%)	2008年		加權平均	2.28		2007年		加權平均	3.02
			排名	87				排名	84

《84 西安、85 東莞長安、86 泰州、87 哈爾濱》

城市名稱	88 蘭州		綜合指標	2008年	6.41分	綜合排名	D15/88	暫不推薦
				2007年	5.50分		D13/87	暫不推薦
競爭力 (15%)	項目	基礎條件	財政條件	投資條件		經濟條件	就業條件	加權平均
	分數	52.55	13.75	11.47		19.80	47.07	29.53
	排名	28	51	54		49	35	46
環境力 (40%)	項目	自然環境	基礎建設	公共設施	社會環境	法制環境	經濟環境	經營環境	加權平均
	分數	2.06	2.11	2.29	2.23	2.20	2.17	2.16	2.19
	排名	88	87	86	86	86	88	87	87
風險度 (30%)	項目	社會風險		法制風險		經濟風險		經營風險	加權平均
	分數	4.16		4.09		4.10		4.04	4.09
	排名	89		88		88		89	89
推薦度 (15%)	2008年		加權平均	2.22		2007年	加權平均	2.64
			排名	88			排名	87

城市名稱	89 宜昌		綜合指標	2008年	4.40分	綜合排名	D16/89	暫不推薦
				2007年	22.29分		D04/78	暫不推薦
競爭力 (15%)	項目	基礎條件	財政條件	投資條件		經濟條件	就業條件	加權平均
	分數	28.38	10.25	14.87		15.45	21.80	18.67
	排名	47	54	51		50	49	50
環境力 (40%)	項目	自然環境	基礎建設	公共設施	社會環境	法制環境	經濟環境	經營環境	加權平均
	分數	1.95	1.62	2.03	1.89	1.87	1.98	1.90	1.92
	排名	89	89	90	89	89	89	89	89
風險度 (30%)	項目	社會風險		法制風險		經濟風險		經營風險	加權平均
	分數	4.07		3.93		3.95		3.93	3.96
	排名	88		87		87		87	87
推薦度 (15%)	2008年		加權平均	2.03		2007年	加權平均	3.58
			排名	89			排名	55

城市名稱	90 北海		綜合指標	2008年	0.79分	綜合排名	D17/90	暫不推薦
				2007年	2.67分		D14/88	暫不推薦
競爭力 (15%)	項目	基礎條件	財政條件	投資條件		經濟條件	就業條件	加權平均
	分數	19.75	0.00	0.00		2.58	2.83	5.29
	排名	53	59	59		58	58	59
環境力 (40%)	項目	自然環境	基礎建設	公共設施	社會環境	法制環境	經濟環境	經營環境	加權平均
	分數	1.49	1.48	2.06	1.65	1.68	1.63	1.74	1.71
	排名	90	90	89	90	90	90	90	90
風險度 (30%)	項目	社會風險		法制風險		經濟風險		經營風險	加權平均
	分數	4.30		4.20		4.16		4.13	4.18
	排名	90		90		90		90	90
推薦度 (15%)	2008年		加權平均	1.86		2007年	加權平均	2.87
			排名	90			排名	86

《88 蘭州、89 宜昌、90 北海》

第**28**章 2008 TEEMA
調查報告參考文獻

一、中文年鑑、年報、研究報告

1. 中共黨史出版社編寫組(2005)，關注「十一五」──中國經濟社會發展若干重要問題解析，中共黨史出版社。

2. 方邇國(2008)，十三位台商顧問的中國經驗，台北市進出口商業同業公會。

3. 台灣區電機電子工業同業公會(2002)，2002年中國大陸地區投資環境與風險調查，商周編輯顧問股份有限公司。

4. 台灣區電機電子工業同業公會(2003)，當商機遇上風險：2003年中國大陸地區投資環境與風險調查，商周編輯顧問股份有限公司。

5. 台灣區電機電子工業同業公會(2004)，兩力兩度見商機：2004年中國大陸地區投資環境與風險調查，商周編輯顧問股份有限公司。

6. 台灣區電機電子工業同業公會(2005)，內銷內貿領商機：2005年中國大陸地區投資環境與風險調查，商周編輯顧問股份有限公司。

7. 台灣區電機電子工業同業公會(2006)，自主創新興商機：2006年中國大陸地區投資環境與風險調查，商周編輯顧問股份有限公司。

8. 台灣區電機電子工業同業公會(2007)，自創品牌贏商機：2007年中國大陸地區投資環境與風險調查，商周編輯顧問股份有限公司。

9. 何德旭編(2007)，中國服務業發展報告No.5：中國服務業體制改革與創新，北京：社會科學文獻出版社。

10. 亞洲開發銀行研究小組(2007)，2007年關鍵指標，亞洲開發銀行(Asian Development Bank；ADB)。

11. 倪鵬飛(2007)，中國城市競爭力報告No.5，品牌：城市最美的風景，北京：社會科學文獻出版社。

12. 張幼文、黃仁偉(2005)，2005中國國際地位報告，人民出版社。

13. 連玉明、武建忠(2005)，中國國力報告2005，中國時代經濟出版社。

14. 連玉明主編(2004)，2004中國城市報告，中國時代經濟出版社。

15. 連玉明主編(2005)，中國城市年度報告2005，中國時代經濟出版社。

16. 郭練生、胡樹華(2004)，中部區域創新發展戰略研究報告，經濟管理出版社。

17. 景體華主編(2005)，2004~2005年：中國區域經濟發展報告，社會科學文獻出版社。

18. 董珮真、蔡順達(2008)，台商在中國的經營策略，台北市進出口商業同業公會。

二、中文出版刊物、專著

1. Fernandez J. A. and L. A. Uuderwood(2006)，Voices of Experience from 20 International Business Leaders，洪惠芳譯，中國CEO：20位外商執行長談中國市場，財訊出版社股份有限公司。

2. Jose Fre Ches(2008)，Quand Les Chinois Cesseront De Rire Le Monde Pleurera，王忠菊譯，中國不笑，世界會哭，北京：人民日報出版社。

3. The Economist Newspaper Limited—吳怡靜譯(2006)，「奧運登場前夕—中國抓得住改革契機嗎?」，天下雜誌出版。

4. 人民日報社論(2008)，喜迎偉大的2008，人民日報，2007/12/31。

5. 人民出版社(2006)，中共中央國務院關於實施科技規劃綱要增強自主創新能力的決定，北京：人民出版社。

6. 上海證大研究所編(2005)，文明的和解——中國和平崛起以後的世界，北京：人民出版社。

7. 中國社會科學院經濟研究院(2006)，「十五」計劃回顧與「十一五」規劃展望，北京；中國市場出版社。

8. 尹傳高(2006)，中國企業戰略路線圖，北京：東方出版社。

9. 文現深(2006)，福建「海峽西岸經濟區」——「用經濟臍帶牽引台灣」，天下雜誌出版。

10. 毛蘊詩、李敏、袁靜(2005)，跨國公司在華經營策略，中國財政經濟出版社。

11. 毛蘊詩、蔣敦福、曾國軍(2005)，跨國公司在華撤資：行為、過程、動因與案例，中國財政經濟出版社。

12. 王介良等作(2005)，中國貿易經營環境與管理實務，台北市進出口商業同業公會。

13. 王長勝、范劍平(2008)，2008年中國經濟展望和宏觀調控政策取向，中國網，2008/01/23。

14. 王亭、吳揚(2007)，台商稱：治安問題已成台商選擇投資地首要因素，中國新聞網，2007/04/10。

15. 王建華、范迎春與趙曉輝(2005)，中國新五年規劃的制定理念將發生革命性變化，新華網新聞，2005/10/11。

16. 王煦棋、方立維(2007)，大陸新勞動合同法重點解析與因應，兩岸經貿網。

17. 王夢奎(2005)，中國長期發展的重要問題，北京：中國發展出版社。

18. 石齊平(2006)，「極限戰」V.S「超限戰」，商業周刊出版。

19. 向駿主編(2006)，2050中國第一？權力轉移理論下的美中臺關係之迷思，博陽文化事業有限公司。

20. 朱炎(2006)，台商在中國：中國旅日經濟學者的觀察報告，蕭志強譯，台北市：財訊出版社。

21. 吳松弟主編(2006)，中國百年經濟拼圖——港口城市及其腹地與中國現代化，山東畫報出版社。

22. 吳金土(2008)，大陸台商經營戰略理論與實務，捷幼出版社。

23. 吳霽虹‧桑德森(2006)，下一步：中國企業的全球化路徑，中信出版社。

24. 呂郁青(2008)，15家中概股，獲利受大陸勞動合同法衝擊分析，經濟日報，2008/01/03。

25. 宋秉忠(2007)，政策掉頭設路障：中國逼退中小台商內幕，今週刊第563期。

26. 李少民、葉匡時、畢自力(2008)，當代中國工商環境與企業管理，前程文化。

27. 李文(2008)，關於我國建立的生育保險制度，中律網，2008/06/10。

28. 李芳齡譯(2007)，中國與印度顛覆全球經濟的關鍵，P. Engardio (Chindia：How China and India are Revolutionizing Global Business)，美商麥格羅‧希爾國際出版公司台灣分公司。

29. 李書良(2007)，缺油缺電：珠三角台商兩頭燒，工商時報，2007/10/31。

30. 周振華、陳向明、黃建富主編(2004)，世界城市——國際經驗與上海發展，上海社會科學院出版社。

31. 孟繁華(1997)，眾神狂歡：當代中國的文化衝突問題，今日中國出版社。

32. 尚紅(2005)，共贏：長三角16城市市長訪談錄，世紀出版集團上海書店出版社。

33. 林永法(2006)，台商的人力資源問題把脈，台商張老師月刊，第95期。

34. 林克(2006)，「改革論戰—胡錦濤急踩煞車」，商業周刊出版。

35. 林俊甫(2008)，台商經營中國內銷市場困難研析，海商會報月刊，第20期。

36. 林嘉慧(2007)，健全中小企業財務與融資輔導機制之重要性，全球台商e焦點，第92期。

37. 林毅夫(2008)，中特的新經濟現象，聯合晚報，2008/05/02。

38. 牧之(2004)，鼎—托起中國的大城市群，世界知識出版社。

39. 邱振淼、戴育毅(2002)，個案分析-台商西進成敗案例分析，台灣知識庫股份有限公司。

40. 邱詩文(2007)，東莞深圳勞資關係拉警報，經濟日報，2007/11/29。

41. 金文學(2006)，東亞三國志：中、日、韓文化比較體驗記，中信出版社。

42. 金玉梅整理(2006)，「中國策略之外台商需要全球策略」，天下雜誌出版。

43. 金耀基(2004)，中國的「現代轉向」，Oxford University Press。

44. 南昌大學中國中部經濟發展研究中心編著(2005)，中部與東部的互動——論江西對長珠閩的戰略，北京：北京出版社。

45. 姜杰、張喜民、王在勇(2003)，城市競爭力，山東人民出版社。

46. 洪銀興等(2003)，長江三角洲地區經濟發展的模式和機制，清華大學出版社。

47. 苗潤生(2006)，中國地區綜合經濟實力評價方法研究，北京：中國人民大學出版社。

48. 浦軍(2005)，中國企業對外投資效益評價體系：理論與方法，北京：中國經濟出版社。

49. 秦朔(2002)，大變局：中國民間企業的崛起與變革，聯經出版事業股份有限公司。

50. 秦朔(2004)，告別GDP崇拜：中國發展的一種解讀，杭州：浙江人民出版社。

51. 袁明仁(2004)，如何提升台幹競爭力與成功推動幹部本土化，台商張老師月刊，第71期。

52. 袁明仁(2005)，開拓大陸內銷市場工具書及操作實務，華信統領企業管理諮詢顧問有限公司。

53. 袁明仁(2006)，內外資企所稅併軌影響評估，大陸台商簡訊，第164期。

54. 財訊出版社編著(2006)，IT零組件關鍵報告，財訊出版社股份有限公司。

55. 財訊出版社編著(2006)，中國飆股，財訊出版社股份有限公司。

56. 財訊出版社編著(2006)，太陽鍊金術：透視全球太陽光電產業，財訊出版社股份有限公司。

57. 馬丁沃夫(2006)，中國處於十字路口—「獨裁政體V.S市場經濟」，商業周刊出版。

58. 高希均(2007)，我們的V型選擇：另一個台灣是可能的，台北市：天下遠見出版股份有限公司。

59. 高希均、林祖嘉、莊素玉、成章瑜、江逸之合著(2002)，練兵與翻牌-台商新戰實錄，台北市：天下遠見。

60. 高長(2004)，大陸宏觀調控政策成效與衍生問題，全球台商e焦點，第12期。

61. 高爽(2003)，高層次人才短缺是最大難題，新京報，2003/12/22。

62. 商弈(2006)，財經時評：十一五為中國編織什麼願景，中國評論新聞網，2006/03/10。

63. 康燕(2001)，解讀上海，海鴿文化出版圖書有限公司。

64. 張彥寧，陳蘭通主編(2008)，2007中國企業社會責任發展報告，北京：中國電力出版社。

65. 張劍荊(2007)，中國如何影響世界：對力量的思考，北京：新華出版社。

66. 張冀明(2007)，科技企業與法律投資大陸停看聽，經濟日報，2007/03/26。

67. 張澤偉(2007)，新華時評：不走《先污染 後治理》的老路，新華網，2007/08/02。

68. 莫邦富(2002)，中國：世界工廠 世紀市場，吳輝譯，經要文化出版有限公司。

69. 莫建備(2005)，大整合‧大突破——長江三角洲區域協調發展研究，上海人民出版社。

70. 許玉君(2007)，低價農產品時代 bye-bye，聯合報，2007/12/06。

71. 許勝雄(2007)，願景領航，使命相隨，輝煌與創新：台灣區電機電子工業同業公會60周年紀念特刊。

72. 連玉明主編(2006)，中國政府創新案例，中國時代經濟出版社。

73. 陳明璋(2008)，贏家勝經：台商行業狀元成功秘訣，序曲文化出版社。

74. 陳桂明(2005)，持續發展的動力——東莞工業產業升級之路，廣州，廣東人民出版社。

75. 陳祖傑(2008)，大陸，五年內躍最大能源消耗國，經濟日報，2008/01/11。

76. 陳廣漢，鄭宇碩，周運源(2002)，區域經濟整合：模式、策略與可持續發展，中山大學出版社。

77. 陳德昇(2005)，兩岸危機管理：SARS經驗、教訓與比較，晶典文化事業出版社。

78. 陳德昇(2006)，東莞與昆山台商治理策略、績效與轉型挑戰之比較，台商大陸投資：東莞與昆山經驗學術研討會，11月25-26日，政治大學國際關係研究中心。

79. 陳德昇(2007)，中國區域經濟發展：政治意涵、偏好與整合挑戰，中國區域經濟發展與台商投資：變遷、趨勢與挑戰學術研討會，5月26-27日，政治大學國際關係研究中心。

80. 陳德昇主編(2005)，經濟全球化與台商大陸投資：策略、佈局與比較，晶典文化事業出版社。

81. 陸學藝(2008)，到2010年我國人均GDP就可以達到3000美元，新華網，2008/01/03。

82. 陶冬(2008)，中國內需黃金時代來臨，瑞士信貸證券。

83. 彭漣漪(2007)，西進停滯44%企業減少雇用基層台幹，中國時報，2007/12/13。

84. 焦興華(2006)，高盛報告：民工荒捲土重來，大紀元，2006/03/10。

85. 焦興華(2007)，大陸新勞動合同法將上路企業成本增加，大紀元，2007/07/23。

86. 賀靜萍(2007)，缺大陸煤炭價格明年漲勢底定，工商時報，2007/12/13。

87. 黃碩風(1999)，綜合國力新論：兼論中國綜合國力，中國社會科學出版社出版發行。

88. 黑田篤郎(2002)，中國製造：揭開世界工廠的真相，宋昭儀、李弘元譯，經濟新潮社。

89. 新華社新聞信息中心、五洲傳播出版社編(2005)，圖說中國，北京：五洲傳播出版社。

90. 楊少強(2006)，「中國多消費—難彌平逆差」，商業周刊出版。

91. 楊少強(2006)，財富不均—「大陸社會衝突擴大」，商業周刊出版。

92. 楊明(2007)，中國水資源污染嚴重飲用水欠安全，大紀元，2007/03/14。

93. 楊淑娟(2006)，「Bye Bye中國，Hello印度！」，天下雜誌出版。

94. 溫世仁(2001)，西部開發十年可成，生活‧讀書‧新知三聯書店。

95. 溫世仁(2001)，新經濟與中國，生活‧讀書‧新知三聯書店。

96. 溫世仁(2002)，中國西部，台商投資新熱點，未來書城股份有限公司。

97. 溫世仁、林光信(2003)，告別貧窮，八億農民的出路，北京：生活‧讀書‧新知三聯書店。

98. 萬瑞君(2002)，遠見中國，經濟天下-WTO引領未來發展的28顆星，台北：世茂出版社。

99. 經濟合作與發展組織(2005)，創新集群：國家創新體系的推動力，科學技術文獻出版社。

100. 趙成儀(2005)，當前中國大陸生態環境惡化之研析，展望與探索月刊，第四卷第二期。

101. 齊中熙(2005)，能源工業型城市應告別三高一低發展模式，新華網，2005/03/06。

102. 劉元黃(2005)，中國商戰策略，台北市：海洋文化。

103. 劉志彪(2006)，長三角托起的中國製造，中國人民大學出版社。

104. 劉哲綸整理(2006)，「中國正踏上日本舊路」，商業周刊出版。

105. 劉偉、蔡志洲(2005)，走下神壇的GDP：從經濟增長到可持續發展，北京：中信出版社。

106. 劉詠編(2002)，投資上海論壇系列：投資上海，浦東電子出版社。

107. 劉瑞慶(2002)，外商投資台灣大解構，先知文化。

108. 劉道捷(2008)，需求＋炒作 農產品漲勢驚人，經濟日報，2008/01/07。

109. 蔣慧工(2004)，國家核心競爭力三元素：人才、創新、制度，經濟科學出版社。

110. 蔡宏明(2008)，2007年台商投資現況調查，大陸台商簡訊，第181期。

111. 蔡宏明(2008)，2008陸況調查，工業總會服務網。

112. 蔡宏明(2008)，加工貿易業在大陸的困境與轉型，兩岸經貿月刊，2008年4月號。

113. 蔡卓勳(2007)，大陸兩稅合併是好事還是壞事，台商張老師月刊，第103期。

114. 蔡昉、林毅夫著(2003)，中國經濟透析全球最大經濟體、掌握大陸市場經營契機，美商麥格羅‧希爾國際出版公司。

115. 鄭必堅(2006)，中國和平崛起進程中面臨著三大挑戰，人民日報，2006/4/10。

116. 盧泰宏主編(2001)，行銷大中國，時報國際廣告股份有限公司。

117. 蕭新永(2008)，大陸台商人力資源管理(改版)：完全活用《勞動合同法》，商業周刊出版。

118. 蕭錦惠(2007)，中國出口退稅政策對化工產業的影響，ITIS產業資訊服務網。

119. 賴筱凡(2007)，台商困境－七大利空夾擊 大陸世界工廠光環不再！鉅亨網，2007/12/15。

120. 賴錦宏(2007)，快閃工人專門敲台商，聯合報，2007/11/19。

121. 謝明明(2008)，大陸生產優勢不再，工業總會服務網，2008/01/02。

122. 魏萼(2000)，中國富國論：經濟中國的第三隻手，時報文化出版企業股份有限公司。

123. 蘇長和(2005)，發現中國新外交－多邊國際制度與中國外交新思維，世界經濟與政治，2005/5/31。

124. 顧強編(2005)，中國產業集群：第3輯，北京：機械工業出版社。

三、英文出版刊物、專著、研究報告

1. Chandler, A. D., Strategy and Structure：Chapters In The History of American Industrial Enterprise, Cambridge, MA：MIT Press.

2. Dahlman C. J. & J. E. Aubert(2001)，中國與知識經濟：把握21世紀，熊義志等譯，北京：北京大學出版社。

3. Elizabeth C. Economy (2007)，The Great Leap Backward？中國的大躍退，外交事務期刊(Foreign Affairs)。

4. Energy Information Administration, EIA (美國能源部能源情報署)，2008國際能源展望報告，美國能源部能源資訊署研製出版。

5. International Monetary Fund；IMF(2008)，World Economic Outlook(世界經濟展望報告)。

6. John Hawksworth主編(2008)，2050年的世界金磚四國之外，普華永道，2008/03/05。

7. Jonathan R. Woetzel (2003)，Capitalist China：strategies for a revolutionized economy，齊思賢譯，麥肯錫中國投資報告，時報文化出版企業股份有限公司。

8. LaurenceJ. B. (2002)，China＇s century :the awakening of the next economic powerhouse，龍安志譯，中國的世紀：全球景氣與和平的最後倚仗，劉安平譯，台北：商周出版。

9. Ted C. Fishman (2005)，China Inc.：how the rise of the next superpower challenges America and the world；胡瑋珊譯，中國企業無限公司，時報文化出版企業股份有限公司。

10. Wilde G. and K. Davies (2000)，中國趨勢報告，雷達、鄭超愚等譯，北京：新華出版社。

11. Woetzel J. R. (2003)，Capitalist China: strategies for a revolutionized economy，齊思賢譯，麥肯錫中國投資報告，時報文化出版。

12. World Bank(2008), Global Development Finance 2008, New York: Oxford University Press, 2008.

13. 日本《讀賣新聞》(2008)，專文：現在，世界正發生大變化，2008/01/01。

14. 法國《世界報》(2008)，專文：如果沒有中國，我們該怎麼辦，2008/01/04。

15. 美國《外交雜誌》(2007)，專文：中國崛起和西方未來，2007/12/26。

16. 美國《新聞週刊》(News Week)(2007)，專文：一個強大而脆弱的超級大國的崛起，2007/12/31。

17. 美國《新聞週刊》(News Week)(2007)，專文：中國2008，2007/12/31。

18. 美國《新聞週刊》(News Week)(2008)，專文：未來屬於中國嗎？，2008/05/09。

19. 英國《獨立報》(2008)，專文：2008新超級強國的誕生之年，2008/01/01。

20. 高盛全球經濟研究部(2003)，與BRICs一起夢想，展望2050，高盛證券，2003/10/01。

21. 高盛全球經濟研究部(2004)，成長與發展：通向2050年之路，高盛證券，2004/02/21。

22. 麥肯錫研究小組(2005)，2005關鍵報告，麥肯錫(McKinsey & Company)。

23. 德國《法蘭克福匯報》(2008)，專文：處於奧運會權力之巔，2008/01/28。

蛻變躍升謀商機：中國大陸地區投資環境與風險調查.
2008年/台灣區電機電子工業同業公會.—初版.—臺
北市：商周編輯顧問,2008.08
　　面；　　　公分
　　參考書目：面

　　ISBN 978-986-7877-23-9（平裝）

　　1. 投資環境 2.經濟地理 3.中國
552.2　　　　　　　　　　　　　　　　97015429

蛻變躍升謀商機
——2008年中國大陸地區投資環境與風險調查

發 行 人　金惟純
社　　長　俞國定
總 編 輯　孫碧卿
作　　者　台灣區電機電子工業同業公會
理 事 長　焦佑鈞
副理事長　鄭富雄・歐正明
總 幹 事　陳文義
副總幹事　羅懷家
地　　址　台北市內湖區民權東路六段109號6樓
電　　話　(02) 8792-6666
傳　　真　(02) 8792-6137
文字編輯　阮大宏・孫景莉・董元雄・田美雲・陳秀梅・吳美諭・姚柏舟・簡上棋・
　　　　　羅德禎・林淑媛
美術編輯　王雅奇
出　　版　商周編輯顧問股份有限公司
地　　址　台北市中山區民生東路二段141號4樓
電　　話　(02) 2505-6789
傳　　真　(02) 2507-6773
劃　　撥　台灣區電機電子工業同業公會（帳號：50000105）
　　　　　商周編輯顧問股份有限公司（帳號：18963067）
總 經 銷　農學股份有限公司
印　　刷　銓美印刷事業股份有限公司

出版日期2008年8月初版1刷
定價600元